本书成果获国家自然科学基金项目"逆向交叉上市与海外主动退市的理论与实证研究"（批准号 71473235）资助

主动退市与逆向交叉上市：
动因、效应与定价

——基于境外上市中国内地公司的实证

易荣华　著

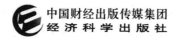

中国财经出版传媒集团
经济科学出版社

图书在版编目（CIP）数据

主动退市与逆向交叉上市：动因、效应与定价：基于
境外上市中国内地公司的实证/易荣华著 . —北京：经济
科学出版社，2020.6
ISBN 978 - 7 - 5218 - 1564 - 1

Ⅰ.①主… Ⅱ.①易… Ⅲ.①上市公司 – 研究 –
中国 Ⅳ.①F279.246

中国版本图书馆 CIP 数据核字（2020）第 079456 号

责任编辑：黎子民
责任校对：李 建
责任印制：邱 天

主动退市与逆向交叉上市：动因、效应与定价
——基于境外上市中国内地公司的实证
易荣华 著
经济科学出版社出版、发行 新华书店经销
社址：北京市海淀区阜成路甲 28 号 邮编：100142
总编部电话：010 – 88191217 发行部电话：010 – 88191522
网址：www. esp. com. cn
电子邮箱：esp@ esp. com. cn
天猫网店：经济科学出版社旗舰店
网址：http：//jjkxcbs. tmall. com
北京季蜂印刷有限公司印装
710 × 1000 16 开 17 印张 270000 字
2020 年 6 月第 1 版 2020 年 6 月第 1 次印刷
ISBN 978 - 7 - 5218 - 1564 - 1 定价：58.00 元
（图书出现印装问题，本社负责调换。电话：010 – 88191510）
（版权所有 侵权必究 打击盗版 举报热线：010 – 88191661
QQ：2242791300 营销中心电话：010 – 88191537
电子邮箱：dbts@ esp. com. cn）

前　　言

　　经典金融理论认为，企业在效率更高的成熟市场上市可以获得更高的声誉和估值溢价等多方面的好处；通过在多个市场的交叉上市则有助于克服市场分割、降低融资成本、增加股票流动性、减缓信息不对称、提升定价效率和企业价值，而交叉上市的典型路径是先在新兴市场上市再到成熟市场上市。

　　20 世纪 90 年代以来，随着经济全球化和金融一体化的逐步推进，交易所之间的竞争加剧，企业上市地的选择项越来越多，逐渐形成了新兴国家企业到境外成熟市场上市、优质企业在多个市场交叉上市的跨境上市潮流。这一趋势既改善了新兴国家优质企业的融资环境，促进了其发展，也使全球资本越来越集中于少数成熟市场。然而，21 世纪以来，随着新兴市场的快速发展以及美国等成熟市场监管升级带来的境外上市好处逐步减少，新兴国家企业（中国、俄罗斯、以色列等）选择境外市场主动退市与回归上市、来自成熟市场的企业到新兴市场交叉上市（逆向交叉上市）等有悖于经典金融理论的现象日益增多。

　　中国作为世界上规模最大、增长最快的发展中国家，中国内地股票市场作为一个仅有 30 年发展历史的新兴市场，在规范发展和走向成熟的过程中，面临着加快对外开放、有效应对上市资源与交易资源竞争、支持实体经济发展、加快打造国际资本金融中心等重大任务。经过 30 年的发展，中国已经构建起与美国类似的多层次资本市场，市值和交易规模仅次于美国，居世界第二。境外上市、主动退市和回归上市的中国内地企业数量均居世界前列，这些企业的融资行为实践交织着许多经典金融理论难以解释的异象，对中国内地企业行为的研究，对于解读主动退市和逆向交叉上市等金融异象、以及由此带来的新兴市场金融监管制度设计等问题具有典型的学术价值和应用价值。

主动退市与逆向交叉上市：动因、效应与定价

关于境外市场主动退市的动因，现有研究主要从税收节约、降低代理成本、抵制低估值、减少交易成本、财富转移、反恶意收购和转板上市需求等视角来解读。关于境外市场主动退市的经济后果，研究视角主要包括对证券市场资源配置的影响、宣布退市时的市场反应、退市后的财务绩效以及投资者保护等。众多文献的结论是混杂的，对不同时期、不同国家、不同行业的主动退市动因和经济后果的研究结果支持着不同的结论，而对境外上市中国公司主动退市研究更显不足。

从经典金融理论上讲，逆向交叉上市（含回归上市）将失去典型交叉上市带来的好处，但越来越多的已经在成熟市场上市的企业不惜放弃这种好处而选择在新兴市场交叉上市，现有研究对此的解释视角包括：消费者市场绑定、扩大再融资功能、分享新兴（或母国）市场发展成就、获取短期估值溢价等，显然，对于具有主动决策权的企业而言，单一动因的解读是不合适的，需要对长期与短期的得失进行综合度量，才能做出正确的决策。

公司治理制度研究结果表明，上市公司具有明显的制度优势，绝大部分境外市场主动退市的公司最终也选择了再次上市（以回归上市为主）。因此，新兴市场（母国资本市场）的竞争力、定价机制与效率、交易活跃程度、监管制度体系等市场层面因素以及宏观经济发展环境因素，对于境外上市企业的主动退市到回归上市、逆向交叉上市的经济后果评价和决策选择具有至关重要的影响。

鉴于此，本书聚焦于已在境外成熟市场上市的中国内地公司主动退市的动因与经济后果、已经实现回归上市（含单一回归上市和逆向交叉上市）企业的经济后果、大量企业回归上市对中国内地证券市场的冲击与积极影响，此外，对中国内地企业主动退市和回归上市决策有着重要影响的中国内地证券市场的竞争力、回归上市定价机制和定价效率等问题也是本书重点关注的议题。

本书通过以经典金融理论和现有最新研究成果为出发点，运用有关理论假设，集成运用多种研究方法，多视角考察了主动退市、回归上市企业（含单一回归上市和逆向交叉上市）的动因和经济后果、回归上市对内地市场的综合效应；从国际比较的视角对中国内地证券市场的竞争力进行了定量评价，对回归上市定价机制和方法进行了比较研究，得出了众多有助于上市企业、投资者、市场监管者决策的实证分析结论，丰富了本领域理论创新成果，并为有关本领域的中国内地证券市场改革开放大事件的效果评价提供了实证依据和经验解释。在此基础上，面向中国内地证券市场规范发展和建设国际资本金融中心的目标，提出了一系列政策建议，包括：进一步完善鼓励回归上市的政策和制度设计、改进回归上市定价机制和方法、改革 IPO 制度提升定价效率、加快启动国际板建设等。

目　　录

第二篇　中国内地公司逆向交叉上市的
决策动因和效应研究

第一篇 >>>

境外上市中国内地公司
境外市场主动退市研究

第一章

绪　　论

第一节　研究背景和研究意义

一、研究背景

21世纪初以来，先后有近千家中国内地公司奔赴境外上市，与此同时，面对市值低估、融资受阻、做空危机等困境，也有相当数量的公司选择了主动退市（Voluntary Delisting），形成了境外上市潮与主动退市潮共生的特殊景象。

2007年7月，"华晨汽车"宣布从纽约证券交易所（NYSE）退市，第一家境外上市公司的主动退市引起社会广泛关注，主动退市现象开始正式进入大众视野。2010年，美股市场做空机构频频猎杀中国公司，导致许多在美国上市的中国公司股价暴跌，有些甚至跌至每股一两美元；2002年颁布的萨班斯—奥克斯法案（Sarbanes – Oxley Act，SOX）① 对美国股市产生了重大影响，其带来的合规成本和信息披露成本增加使很多上市公司选择主动退市或被强制退市，中国公司也包括在其中。由于少数境外上市中国内地公司财务造假，使境外投资者对中国内地公司的信心严重受挫，造成信任危机，连累一大批境外上市中国内地公司价值遭低估，再融资功能基本丧失。另外，内

---

① 萨班斯—奥克斯法案（Sarbanes – Oxley Act），下文简称SOX。

地 A 股市场的火热也吸引了许多境外上市中国内地公司的眼光。2015 年 3 月 24 日，在境外注册上市的"暴风科技"作为首家拆除"协议控制"架构（Variable Interest Entities，VIE）模式回归 A 股的互联网公司在深圳创业板上市，在股票市场连续 28 个涨停板的疯涨势头强烈刺激了境外上市的中概股公司。上市不到 3 个月，股价从 7.14 元的发行价飙升至 309 元，成为当年的"妖股"，也让境外上市中国内地公司计划回归 A 股市场的情绪更加迫切。在上述背景下，许多境外上市中国内地公司萌生主动退市想法，其中不乏知名企业，如"奇虎360""聚美优品""7 天连锁""博纳影业"等。统计显示，2010 年开始，主动退市的内地公司数量在逐年增长，主动退市俨然成为一种潮流。

福斯特等（Foerster et al.，1993）认为加拿大公司在美国上市可以获得更高的声誉和知名度。费尔南德斯等（Fernandes et al.，2005）则认为企业境外上市可以获得信息优势，帮助企业快速走向国际化。对中国内地企业来说，境外上市同样可以获得上述好处，是企业发展阶段中具有里程碑意义的事件，是大多数企业追求的目标。然而，为何众多的境外上市中国内地公司反其道而行之，背后的驱动因素是什么？究竟是理性的回归还是无奈的选择？对公司本身和同行业产生了什么样的影响？中国市场监管主体和上市公司又该如何应对？这些都是迫切需要解决的议题。

二、研究意义

第一，丰富中国企业退市现象的理论和实证研究。目前关于主动退市的案例大多集中在境外资本市场，研究对象也以发达国家公司为主体，对中国内地公司在境外退市情况的研究较少。本篇在国内外已有研究的基础上，以中国内地公司境外主动退市为研究对象，结合中国具体情况，对其主动退市动因和经济后果进行深入分析，试图比较全面、系统地揭示中国内地公司境外主动退市问题，进一步完善相关主动退市方面的理论研究，为中国内地公司谋求境外上市或寻求退市提供理论指导和经验借鉴。

第二，帮助中国内地企业更加充分地认识境外资本市场的特点。中国内地企业需要加深对境外资本市场的认识，明确其与国内资本市场间的重大差异。境外上市除了给企业带来更多的发展机会之外，也带来了高昂的成本，只有充分了解境外的法律法规、会计准则以及投资者文化等，企业才能从容应对各种状况，为上市后的顺利发展打下良好基础。

第三，警示内地公司理性对待私有化退市回归。内地公司在境外上市后，若确实认为境外资本市场不适合公司发展，可以选择私有化回归到本土市场。但私有化回归 A 股同样面临着许多不确定性因素，包括 VIE 结构能否顺利拆除、资金是否足够充裕以支付私有化的高昂成本、能否接受回归上市的漫长等待时间等。私有化退市回归是企业发展的一个选择，但必须理性分析其中的代价和成本。

第二节　研究方法和研究内容

一、研究方法

本篇的研究方法主要包括文献分析、系统性研究和实证研究方法。文献分析法是通过对国内外大量相关文献的阅读、概括与总结，形成对研究问题的科学认识，建立理论基础。系统性研究体现在本篇对中国内地公司境外主动退市现象的一个全面整体的研究。本篇研究了中国内地公司境外主动退市的动机，进一步剖析其产生的经济后果，通过对这些现象的观察和分析，进而反映现象背后折射出的公司治理以及资本市场监管等问题，从上市公司角度和监管机构角度对此类现象给出政策建议。实证研究方法体现为本篇的研究除了定性的理论分析之外，选择了 2005 ~ 2015 年内地公司境外主动退市的部分公司作为研究样本，基于交叉上市（Cross-listing）理论提出相应假设，构建 Logit 模型进行假设检验来发现和推断公司的退市动机；采用事件研究法分析主动退市的公告对股票市场产生的影响；采用配对样本比较方法分析主动退市企业和仍在境外上市的内地企业之间的特征差异等。

二、研究内容

以 2005 ~ 2015 年境外主动退市的中国内地公司为样本，研究其主动退市的动因和产生的经济后果。本篇包括七章的内容。

第一章：绪论。介绍研究背景和选题意义、研究内容以及创新之处。

第二章：概念界定与文献综述。界定境外上市中国内地公司、境外证券市场和主动退市等关键概念；回顾总结国内外有关主动退市的经典文献和研究成果，并结合境外上市中国内地公司实际情况提出本篇研究假设，明确本篇后续研究方向。

第三章：中国内地公司境外上市、退市现状。从境外上市（退市）数量的分布、上市（退市）的方式等方面进行描述统计，利用图表直观展示中国内地公司私有化退市现状和发展阶段，为后续的研究提供现实背景基础。

第四章：境外上市中国内地公司主动退市的动因。首先从内部因素和外部因素进行定性的分析；其次以 2005～2015 年境外主动退市的中国内地公司为研究样本，基于交叉上市理论提出研究假设，构建相关模型进行实证研究。最后对实证结果进行全面深入的解读，厘清主动退市企业的一般性特征，分析推断其主动退市的真正动因。

第五章：境外上市中国内地公司主动退市的经济后果。从股票市场表现角度，采用事件研究法等研究方法，分析主动退市公司在事件公告前后的市场表现和公告效应；从企业运营角度，对主动退市企业在退市之后的发展现状进行定性描述，分析主动退市对公司竞争力和发展前景产生的影响；从运营绩效角度，对中国内地公司境外主动退市回归境内 A 股市场之后，分析这些回归上市公司在境内市场的表现。

第六章：境外主动退市典型案例分析——华晨汽车美国退市。华晨汽车在香港和纽约两地交叉上市，与一般单一上市公司的退市情况有所不同，选择华晨汽车美国退市进行单独分析有其特殊意义。重点从其在中国香港和美国两地的股票表现和经营绩效视角，考察其在两个市场的绩效是否存在联动性以及主动退市的决策是否对企业发展有利。

第七章：本篇结论与展望。揭示本篇对中国内地公司境外主动退市动因和经济后果的研究结论，从上市公司和监管机构主体两个角度提出相应的对策建议和后续研究设想。

本篇研究技术路线图如下：

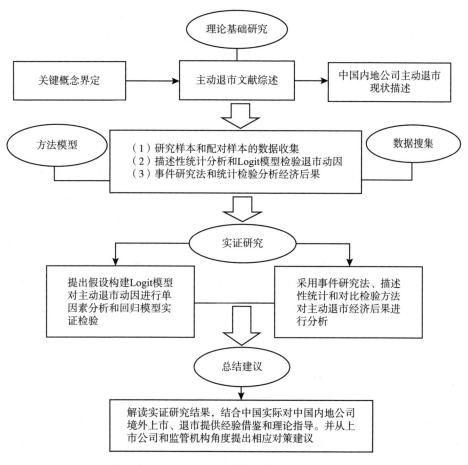

图1-1 技术路线图

第三节 主要创新点

一、多视角集成研究

目前国外学者对主动退市的研究多集中在私有化退市方面，国内学者主要针对在美国市场的中概股，研究多为新闻报道、案例分析或是从某一方面展开，系统性研究和实证研究较少。本篇的研究视角相对全面，从动因和经济后果两个方面，包括股票市场表现、公司绩效影响、回归上市（逆向交叉上市）后的公司发展、对 A 股市场的影响、市场监管对策建议等多个视角，对中国内地公司的境外主动退市现象进行了全面系统的研究。

二、全样本与典型剖析相结合

国内学者对中国内地公司境外退市的研究集中在美国市场，以美国三大交易所中中国内地公司的私有化退市为主，但美国股市并非中国境外上市唯一场所，中国香港、新加坡等成熟市场中的中国内地上市公司也相对较多。因而本篇在选择境外主动退市样本中，除美国之外，还增加了新加坡、中国香港和英国三大成熟市场。扩大研究对象的范围，有利于厘清不同市场间的差异，也为中国内地公司进行境外上市地的选择提供了一些经验参考。此外，对华晨集团主动退市的全过程深入剖析有助于为其他企业的退市决策和实施提供借鉴。

三、全过程与配对分析相结合

集成运用多种方法跟踪研究主动退市公司退市前后的经营状况和市场表现，按照行业的相似性构建配对样本进行比较研究，分析主动退市公司和配对样本公司之间的差异，为分析挖掘退市公司的一般性特征提供了新的思路。另外与经典信号假说相结合，采用事件研究法来检验主动退市公告的市场反应，对主动退市的经济后果有了更深层次的理解。

第二章

概念界定与文献综述

第一节 概念界定

一、境外上市中国内地公司

本书研究的境外上市中国内地公司是指在境外证券市场①上市的中国内地公司，包括单一上市公司和交叉上市公司，上市方式包括直接上市和间接上市。直接上市即首次公开发行上市（IPO），以内地公司的名义向境外证券主管部门申请登记，并在当地证券交易所挂牌。间接上市主要包括两种方式：买壳上市和造壳上市。一般分为三个步骤：首先内地公司在境外注册公司；其次，境外公司通过收购、股权置换等途径获得内地资产的控制权；最后再向境外证券市场申请挂牌交易。

二、主动退市

主动退市是指上市公司基于公司利益发展考虑，主动向证券交易所申请退出证券市场的一种行为。主动退市包括撤回上市（Withdrawal of Listing）

---

① 本书研究的境外证券市场包括在伦敦交易所（LSE）、新加坡交易所（SGX）、美国三大证券交易所（AMEX、NYSE、NASDAQ）和香港联交所（HKEx）。

和私有化退市（Going Private）。撤回上市是指经过证券交易所批准，上市公司主动撤回其在证券市场的上市身份。私有化退市是指上市公司的控股股东和相关关联方采取一系列交易来回购目标公司的股票，使原先的公众持股变为单一股东持股或少数股东持股，以达到从证券交易所摘牌的目的①。

撤回上市和私有化退市都属于主动退市的范畴，两者存在的区别在于：私有化退市之前公司通常会采取一连串的相关交易，比如实施并购、收购、股份合并等来调整公司的股权结构，使其不再满足上市的要求，随之向证券交易所提出退市申请；而撤回上市的过程则相对简单，在公司股权分布合理，满足证券交易所上市条件的前提下，召开股东大会进行决议，通过之后便可以向证券交易所申请退市。

三、回归上市

回归上市是指境外注册或境内注册、业务主要集中在本土的公司先在境外市场上市，之后再回归本土市场上市的双重交叉上市或境外退市后回归本土市场的单一上市。对于新兴市场（Developing Market）的公司如若先在成熟市场（Developed Market）上市再回归本土新兴市场上市，则亦可称为逆向交叉上市（Reverse Cross-listing），因此，现阶段境外上市中国内地公司的回归上市均为逆向交叉上市。

第二节　主动退市动因文献综述

一、国外文献综述

国外学者对主动退市动因方面的研究得到了丰富的成果，本篇从以下几个角度对其归纳：税收节约、降低代理成本、抵制低估值、减少交易成本、

---

① 主动退市的定义是根据 MBA 智库百科作出的简述。

财富转移和反恶意收购。

(一) 税收节约

洛温斯坦 (Lowenstein, 1985) 认为绝大多数的私有化交易都是通过举债、增加财务杠杆获得资金进行的,这一行为会提升企业的负债水平,税前的利息支付抵扣了部分税收,产生强大的税盾效应,成为重要的财富聚集源。且私有化过程中不断产生的现金流使得企业在交易完成后的很长一段时间内无须纳税,使股东的利益大大增加。伦内博等 (Renneboog et al., 2007) 研究认为私有化产生的税盾效应是英国上市公司选择进行私有化退市的重要因素。哈尔佩恩等 (Halpern et al., 1999) 还指出由于债务原因,公司会选择主动退市进行大量税负节约。桑纳贾斯特 (Sannajust, 2010) 研究了欧洲、北美和亚洲证券市场的主动退市现象发现,出于税收节约因素而主动退市的上市公司在亚洲市场体现得更加明显。

(二) 降低代理成本

代理成本理论 (Agency Cost Theory) 最先由史密斯 (Smith, 1776) 提出,伯利等 (Berle et al., 1932) 的研究也证明了公司管理层和股东之间存在利益分歧,当作为股东代理人的管理层行为偏离了股东的既定目标时,公司的代理成本便产生了。韦尔等 (Weir et al., 2005) 认为私有化退市可以降低代理成本。代理成本的降低主要通过三个渠道,一是减少自由现金流,二是强化股权控制,三是协调管理层与所有者之间的利益。公司在主动退市的过程中往往需要大量的自由现金流支付负债,因而可以减少管理者对自由现金流的流出。莱恩等 (Lehn et al., 1989) 研究了 1980~1987 年美国上市公司私有化退市现象后发现,企业的自由现金流与私有化退市决策显著正相关。桑纳贾斯特 (2010) 以美国、欧洲、亚洲三大资本市场的私有化公司为研究对象发现,私有化公司的自由现金流多于仍在上市公司的自由现金流,这一现象在美国和亚洲资本市场更为显著。相关学者研究也表明,一些股权分散的公司会产生投资不足问题,而通过私有化退市可以进一步优化股权结构,使股权更加集中。卡洛西等 (Croci et al., 2014) 研究显示,高度集中的股权会导致监管弱化,大股东享有控制权而带来的更多收益。而詹森

（Jensen，1986）认为企业可以通过提高负债水平和管理层持股来协调股东与管理层之间的利益，进一步提升企业的经营效率。卡普兰（Kaplan，1989）认为在私有化过程中通过股份回购使股权高度集中，股东财富急剧增长，同时管理者获得丰厚回报，两者之间的利益冲突得到协调。通常情况下，公司私有化退市后公司股东会更加积极地参与公司治理，这对于代理成本的降低和公司经营效率的提升是具有显著效果的。

（三）抵制低估值

众多学者的研究均表明，私有化退市的公司价值通常是被低估的。麦金森等（Megginson et al.，2004）等研究发现，管理者和投资者之间对公司估值存在信息不对称，使资产的价值被低估，这一点在小公司里体现得尤为明显。洛温斯坦（1985）研究了私有化退市中选择以管理层收购方式的公司，结果表明，由于信息不对称的存在，公司在私有化过程中为了获得超额收益，会采取一些技巧使得私有化前的股票价格走低。迈赫兰等（Mehran et al.，2010）认为若上市公司的股票关注度低，则表明其市场流动性差，投资者的认知度不高，就会有更大的可能性导致市场价值被低估，因而投资者的认知度对公司市值的提升具有重要作用。

（四）减少交易成本

科菲（Coffee，1999）认为，由于股票市场结构、法制、税务和公司法不完善，来自新兴市场的公司为了提供给境外投资者以高质量的信号，产生了大量合规成本。主动退市则可以减少许多不必要的开支，同时可以减少有价值信息的披露。2002 年美国推出的 SOX 法案导致的监管加强与维护成本增加是一个境外主动退市的重要驱动因素（Engel et al.，2007；Witmer，2005；Marosi et al.，2008；Doidge et al.，2010）。统计显示，在 SOX 法案颁布后，从 NYSE 退市平均将为公司每年减少 300 万美元与信息披露相关的支出。主动退市之后将不再受到严格的法律束缚，相关诉讼费用的减少也减轻了公司不小的成本压力。查普林斯基等（Chaplinsky et al.，2012）检验了 1961 ~ 2004 年境外公司在美股退市的原因，其认为 SOX 法案的颁布使美国资本市场更加复杂多变，额外增加了外企在美股上市的成本，导致主动退市的外企愈发增多。迪安杰洛等（DeAngelo et al.，1984）等研究发现，规模较大的公司通过创造更大的价值来降低上市成本在企业成本中的比例，而小规模企业会因为过高的上市成本选择主动退市。

（五）财富转移

由于大部分企业的私有化均是通过举债的方式进行，这就使企业的债务迅速大量增加，一方面导致偿债能力降低，另一方面也令债权人的利益遭受损失，从而将债权人的财富转移到股票持有者身上。马雷斯等（Marais et al.，1989）研究了 1974~1985 年美国上市公司的私有化现象后发现，在私有化交易完成后企业的债券评级下降。另外，特拉弗洛斯等（Travlos et al.，1993）研究了美国 10 家公司的私有化交易，结果表明，私有化交易的完成不仅导致债券评级的下降，还使债券价值损失约为 1.08%。施莱费尔等（Shleifer et al.，1988）认为，财富转移不仅体现在债权人与股东之间，还涉及其他的利益相关主体，包括公司员工、持有优先股股东等。就目前市场的私有化交易价格来看，其要约价格一般会高于市价，但由于信息不对称的存在，私有化价格仍然很有可能低于企业的内在价值。事实上，小股东在公司私有化过程中没有议价权，通常会产生利益损失，他们必须按照协议价格出售给大股东，失去长期持有股票带来的增值机会，造成财富从小股东到大股东的强制性转移。

（六）反恶意收购

企业选择主动退市是一种战略防卫，对外部恶意收购的一种抵制。恶意收购的发起方通常会在二级市场上大量购买目标公司的股票，直至其满足成为公司控股股东的要求。而上市公司的主动退市则会使其无法轻易购买到需要的股票，因而，当上市公司面临外部收购威胁时，主动退市不失为一个维护公司控股权和打击恶意收购的有效策略。洛温斯坦（1985）发现，企业管理层认为恶意收购会导致其失去工作，进而选择以管理层收购来私有化。肯尼迪等（Kennedy et al.，1996）研究发现，英国有 40.14% 的企业在被收购之后的第一年便会换掉原有 CEO。马丁等（Martin et al.，1991）指出，美国有 41.9% 的高管在公司被收购之后会失去工作。因而管理层认为当公司面临恶意收购的可能时，应该以管理层收购方式来进行自我防御。詹森等（1983）认为，当公司管理层持股比例较高时，来自外部的恶意收购可能性会大大减小。但法国学者桑纳贾斯特（2010）并不这么认为，在分别检验反恶意收购对北美、欧洲、亚洲证券市场中主动退市企业的决策影响后发现，该因素对主动退市决策的影响并不显著，也即公司出于反恶意收购原因而主动退市的占比较少。

二、国内文献综述

中国学者在这方面的研究以中概股私有化退市案例分析和定性分析为主，实证分析相对较少。研究的主要视角包括：境外市场的低估值、做空机构的猎杀、规避监管、战略调整和资源整合以及转板上市的需求。

（一）境外市场的低估值

众多学者认同中国内地公司在境外市场估值过低是退市的主要原因。孙铮等（2011）认为境外上市中国内地公司频频被曝财务造假等行为，引发投资者的信任危机，导致内地公司整体估值下跌，退市风潮由此盛行。叶伟（2012）研究了中概股在美私有化退市的现象，认为中概股的股价长期下行，成交低迷，对公司的市值提升产生严重的负面影响。宋思勤等（2012）指出中概股公司二级市场长期低迷，股票流动性差是其私有化退市的重要因素。祝继高等（2015）发现，公司价值被低估是多数中概股公司进行私有化退市的重要出发点。

（二）做空机构的猎杀

境外上市中国内地公司自 2010 年下半年开始被各大做空机构频频狙击，其中以浑水公司（Muddy Waters Research）做空"东方纸业"为开端，后续许多中概股公司都被做空机构曝出财务造假行为，如分众传媒、新东方等公司。后来甚至蔓延至加拿大市场，在加拿大上市 10 多年之久的"嘉汉林业"被质疑虚增资产，最终致使其申请破产。通过统计中概股公司被做空机构狙击的情况发现，被做空的公司均经历了股价狂跌，甚至直接造成停牌或退市。

如"绿诺科技"和"多元水务"。余波（2013）在对中概股境外退市问题的研究中认为，在做空机制中，调查公司和律师事务所形成了颇具规模的利益链，在做空中概股中获得了巨大的利润。郭嵘（2011）、李欢丽（2013）也认为在不断遭到浑水公司等做空机构的猎杀后，境外投资者对中国内地公司的信心不足，关注度下降，进一步造成上市公司交易萎靡，再融资功能基本丧失，选择退市似乎是一个更好的选择。

（三）规避监管，降低成本

与境内上市相比，境外上市门槛虽然相对较低，但上市之后的监管非常严格，公司必须严格遵守各项法律法规、规章制度、规范性文件以及自律条例，时常需要接受来自各方监管机构的监督和审查。为了保证公司的运作合法合规，上市公司必须雇用独立的会计师、律师等专业人员，为公司出具名目众多的报告和相关文件，这些专业人员服务的费用并非是一笔小数目，上市公司为此增加了不小的支出压力。周煊等（2012）研究了中国内地公司境外上市的费用情况发现，在纳斯达克上市的公司中，其 IPO 费用占据最终融资金额的 9%~16%，除此之外，还要支付信息披露费用、投资者关系维护费用、审计法务费用等，上市成本非常高昂。另外，严格的监管还导致了公司的经营效率的降低。相反，非上市公司拥有相对简单的治理结构，新计划无须向董事会、监事会或股东大会报告，能够根据市场时机快速实施新战略。刘向东等（2012）归纳了中概股美国退市的原因后认为，摆脱监管束缚是主动退市的重要原因之一。邓红军（2014）对中概股私有化退市问题的研究中发现，"飞鹤国际"美国退市的首要原因便是规避监管。

（四）战略调整与资源整合

上市公司的每一次发展都需要进行纷繁复杂的程序，考虑的因素太多，而在瞬息万变的资本市场中能否抢占时机进行战略调整和资源整合对公司未来发展是至关重要的。主动退市可以提高公司的经营效率。张锐（2007）认为中国跨国公司主动退市的背后是基于公司战略的考量，完成策略的华丽转身。王木之（2012）分析了"阿里巴巴"私有化是基于管理层的巨大激励和企业整体的资源整合。祝继高等（2014）对"盛大"和"阿里巴巴"的主动退市进行详细分析后认为，这两家公司体量巨大，选择退市不仅是制度环境的要求，更是进行资源整合的有效机遇。另外，简建辉等（2007）分析了2005～2006年中石油和中石化旗下子公司的私有化，得出了比较具有中国特色的结论，认为其初衷是进行股权分置改革和资源整合。这一观点在柯昌文的研究中得到论证。

（五）转板上市需求

近年来，许多境外上市中国内地公司渴望回归上市的诉求愈加明显，其中一个非常重要的原因便是境外成熟市场的低估值与国内A股市场的高估值形成强烈的对比，使得众多内地公司心痒难耐，寻求回归上市，获取高溢价。徐旭永等（2008）认为华晨汽车退市原因之一是内地股市活跃吸引其目光，希望回归内地进行融资。宋思勤等（2012）认为中概股私有化退市后回归上市而实现高溢价是其私有化的重要动机。如"分众传媒"在美国私有化完成后借壳回归A股上市，连续涨停板，公司估值不断提升。本篇认为国内A股市场的高溢价与中概股公司境外上市处境艰难的强烈对比情境和成功回归上市公司的示范带动下，众多境外上市中国企业期待主动退市之后谋求国内上市，以便为公司发展带来二次生机。

综上所述，现实中上市公司主动退市原因复杂多样。迄今为止，没有一种理论可以解释所有的主动退市现象，学者们对不同时期、不同国家、不同行业的主动退市的研究结果也支持着不同的结论。而对中国内地公司主动退市现象的研究目前还不够系统全面，上述理论观点给我们提供了一些思路和启示。

第三节 主动退市经济后果相关文献综述

关于主动退市的经济后果，国内外学者的研究视角并没有明显差异，因而本节不作分别陈述。研究视角主要包括对证券市场资源配置的影响、宣布退市时的市场反应、退市后的财务绩效以及投资者保护等方面。

一、证券市场的资源配置

退市对证券市场的资源配置影响表现在两个方面：一是提高了市场布局的合理性。证券市场是一个资金融通的市场，市场的主要参与者便是投资者和融资者，投资者的资金转化为投资，生产投资领域由此满足资金需求，社会闲置资金得到充分利用。因此，证券市场应当保证业绩好、成长性好的上市公司获得资金的资格，以促进社会资源合理分配，推进整体产业结构的优化。亚齐等（Atje et al.，1993）通过研究 40 个国家的证券市场与宏观经济间关系的结果表明，两者之间存在正相关。贝克等（Baker et al.，2002）比较分析了 60 多个国家的证券市场资源配置情况后发现，发达国家的证券市场根据产业的发展前景进行资源配置，使得整体的产业布局更为合理。二是提高了市场资源配置的效率。由于市场资金的稀缺性，筹资者之间存在一定的竞争关系，公司必须保障经营业绩在竞争者中能够脱颖而出才能获得更多投资者的青睐。证券市场通过价格形成机制引导资金从低效益上市公司向高效益上市公司流动。越来越多的经营业绩不佳上市公司被其他公司通过合并和收购方式进行私有化或退出证券市场，中国内地公司出于利益考虑退出境外市场对市场资源配置也起到一定的优化作用。

二、市场对主动退市公告的反应

迪安杰洛等（1984）等研究 1973～1980 年美国公司私有化退市的市场反应后发现，私有化公告使得股价平均提升 22.27%，而当私有化方案被撤销时，股价平均下跌 8.88%。伦内博等（2007）等发现，股价在私有化事件期内产生的公告效应平均为 22.68%。从公告效应和短期影响来看，在纽约交易所退市的境外公司在退市公告日当天产生了 9% 的负收益，其原因为流动性的降低。而由于流动性的降低对公司价值产生了负面的影响，且增加了公司的资本成本。刘（Liu，2012）等对从东京证券交易所主动退市的美国公司进行分析发现，由于不确定性增加导致在事件前后的公司股票在母国市场的成交量增加。尤（You，2012）等认为在境外上市短期内会使股价升高、流动性增加、成交量上升、风险降低；在境外市场退市会使股价降低、流动性降低、风险增加、成交量下跌，但这些影响都是短期的。达斯等（Das et al.，2004）发现，主动退市后由于不确定性增加导致在事件前后的公司股票在母国市场的成交量增加。钱迪等（Chandy et al.，2004）发现，在退市公告日前后，股价、成交量以及流动性等都发生了显著的变化，退市日产生了负超额收益，认为退市造成流动性降低反过来增加了公司的资本成本。祝继高等（2015）在对中概股私有化退市现象的研究中发现，私有化交易为公司股票带来显著的正超额收益，这种正向溢出效应在同行业未退市的中概股公司中体现得更加明显。

三、退市后公司的财务绩效

财务绩效表现状况指的是在上市公司主动退市之后公司的经营情况，包括运营能力、成长能力、盈利能力以及目前的市场竞争力等情况。上市公司在退市之后的财务数据并不公开，因而关于这方面的文献研究成果相对较少。卡普兰（1989）研究了 1980～1986 年 76 家美国私有化公司后发现，在私有化后的三年内，公司经营绩效得到明显提升，现金流增加，资本性支出也得到有效降低。这一结论与史密斯（Smith，1990）对 1977～1986 年美国私有化公司的研究结果一致。张妍妍等（2012）从价值效应、绩效效应和治理效应三方面分析了国内上市公司主动退市的效应，认为主动退市的整体效应是积极的，公司主动退市后，其换股和收购溢价以及股票的超额收益率均有所提升，存续公司的每股收益和净资产收益率呈上升趋势；治理效应体现为公司通过主动退市实现了整体上市、产业链整合和管控机制的强化。

四、投资者保护

NYSE 有一条警示语："保护了最小投资人的利益，就是保护了所有投资人的利益。"这句话提醒人们，中小投资者在整个证券市场中起到非常重要的作用，市场的健全发展离不开他们的支持。而上市公司的主动退市同样涉及中小投资者的利益保护，在主动退市过程中股价下跌，甚至在退市后发生破产，中小投资者的利益无法得到公平性的保障。

早期有国外学者研究了私有化交易方式极大损害了中小股东的利益，认为政府应该制定相关法律保障公平交易，维护中小投资者的利益。诺特斯（Notes，1984）研究了美国资本市场的私有化退市行为，他认为上市公司的大股东可以以较低的价格对在外流通的股票进行回购，而这个过程中会使大股东不仅能够合理的逃避监管机构的管制，还可以谋取很大的价差利益，这使得上市公司的大股东有很强烈的动机促使公司进行私有化交易。上市公司私有化退市中通常会采取收购与合并方式，中小股民的利益会遭受严重损失，因而他认为公司大股东与管理层在私有化过程中必须保护中小股东的利益，履行其应当承担的义务。加努恩（Gannon，1981）通过分析美国联邦证券交易委员会针对私有化交易设置的相关规则，总结了上市公司在美股市场进行私有化退市的一般路径，而在这个路径中各项法律都明确要求上市公司在私有化过程中要保障中小投资者的利益，保证交易的公平性。萨拉（Sarah，2004）的实证研究中发现，许多上市公司在私有化退市交易中确实存在损害中小股东利益的行为，而中小股东力量薄弱，无法切实维护自身利益，其建议管理当局应该对公司的私有化退市进行严格监管，要求私有化交易中必须披露控股股东信息，保障交易的公正透明，切实维护中小投资者的利益。

第四节 本 章 小 结

本章对境外上市中国内地公司和境外主动退市的概念进行界定，对相关文献和理论进行了阐述和总结。首先，主动退市包括撤回上市和私有化退市两种方式；其次，文献梳理表明，国内外学者对主动退市动因方面的研究视角集中在抵制股票低估值、负税节约、降低代理成本、规避监管、财富转移理论、降低交易成本、反恶意收购和转板上市等方面；在主动退市经济后果方面，主要分为对证券市场资源配置的影响、市场反应公司股价影响、对公司财务绩效的影响以及对投资者保护的影响。

第三章

中国内地公司境外上市、退市现状

第一节　中国内地公司境外上市现状概述

一、中国内地公司境外上市基本情况

1992 年 10 月，"华晨汽车"登陆美国纽约证券交易所挂牌交易，成为中国内地第一家在境外证券市场上市的公司，开启了内地公司奔赴境外上市的先河。自此以后，不断有内地公司在境外市场上市。时至今日，内地公司的境外上市主要经历三个发展阶段。第一阶段是改革开放以后，受到国家相关"走出去"战略的激励，陆续有大型国企在境外上市，比如"南方航空""青岛啤酒"等。第二阶段发生在 2000 年前后，国际间掀起互联网经济的风潮，中国的一些高科技企业开始在境外上市，最具代表性的便是国内三大门户网站，包括"网易""新浪""搜狐"。第三阶段则是在 2005 年之后，国内资本市场的开放，寻求与国际接轨，国家对民营企业境外上市的政策也越来越宽松，出现大量的民营企业登陆境外资本市场，在 2007 年和 2010 年分别出现了中国企业境外上市的高潮。然而，以 2010 年下半年浑水公司做空"东方纸业"为开端，境外上市中国内地公司遭遇了前所未有的信任危机，境外上市的公司数量在不断减少，寻求主动退市的公司也越来越多，主动退市正在成为潮流。

本篇统计了 2005～2015 年境外上市中国内地公司数量，在此期间共计

684 家内地公司在境外上市。2005 年之前境外上市公司数量为 548 家,其中在中国香港上市的公司达到 387 家,在美国、英国、新加坡等地上市公司数量 161 家。由此可见,2005 年之前香港是内地公司境外上市的首选。2005 年以后的情况如表 3 – 1 和表 3 – 2 所示。从时间分布来看,内地公司在境外上市的公司数量较为平均,在 2007 年和 2010 年分别出现上市高峰,受金融危机影响,2008 年上市公司数量急剧下跌。另外,2011 年受中概股境外信任危机及境外机构的猎杀,境外上市公司数量明显下降。从地点分布来看,中国内地公司境外上市集中在美国、中国香港和新加坡三大市场,比重超过92%,加拿大多伦多和伦敦等资本市场融资公司的数量也在增长。从行业分布来看,境外上市中国内地公司分布在各个行业,其中可选消费行业占比最高,为 23.1%,其次是信息技术行业,占比约 16%,电信服务和公用事业行业公司最少,占比合计约为 2%。

表 3 – 1　　　　　　　　2005 ~ 2015 年中国公司境外上市时间分布

年份	净上市公司数量	上市公司总数量
2005	52	589
2006	62	644
2007	90	728
2008	30	743
2009	69	798
2010	116	892
2011	56	924
2012	39	927
2013	52	942
2014	64	975
2015	54	970
合计	684	—

数据来源:根据 Wind 资讯公开数据整理。

表 3 - 2   2005～2015 年境外上市中国内地公司行业和地点分布

行业	数量	占比（%）	地点	数量	占比（%）
可选消费	158	23.10	香港联交所	445	65.06
信息技术	109	15.94	纳斯达克交易所	81	11.84
工业	99	14.47	新加坡交易所	65	9.50
材料	92	13.45	纽约证券交易所	43	6.29
金融房产	89	13.01	伦敦交易所	13	1.90
日常消费	62	9.06	多伦多证券交易所	13	1.90
医疗保健	35	5.12	美国证券交易所	7	1.02
能源	26	3.80	法兰克福证券交易所	6	0.88
公用事业	12	1.75	澳大利亚证券交易所	5	0.73
电信服务	2	0.29	巴黎证券交易所	5	0.73
			韩国证券交易所	1	0.15

数据来源：根据 Wind 资讯公开数据整理。

二、中国内地公司境外上市方式

根据中国内地公司在还未上市采取的融资渠道和途径的差异，将中国内地公司的境外上市方式分为直接上市和间接上市①。

（一）境外直接上市

境外直接上市即首次公开发行上市（IPO），以国内公司的名义向境外证券主管部门申请登记，并在当地证券交易所挂牌。

（二）境外间接上市

境外间接上市包括买壳上市和造壳上市。一般分为三个步骤：首先国内公司在境外注册公司；其次，境外公司通过收购、股权置换等途径获得国内资产的控制权；最后再向境外证券市场申请挂牌交易。两种方式的本质都是

---

① 上市方式的定义根据 MBA 智库百科进行解读。

通过将国内资产注入壳公司中，达到境外上市的目的。

三、中国内地公司境外上市动因

为什么众多中国内地公司舍近求远，选择在境外资本市场上市呢？其原因可以从中国内地资本市场相比境外成熟市场来说的一些缺陷和公司出于自身发展战略角度来考虑。

国内资本市场和境外成熟市场相比，在上市效率、上市成本和再融资功能方面具有明显差别。

从上市效率来看，魏浩（2014）研究认为，国内资本市场 IPO 采取的是核准制，境外市场采取注册制，核准制造成上市周期长，需要经过一系列的程序，过程极其漫长。而注册制相对简单，一般一年之内就可以完成 IPO，流程和时间都远远小于国内。这对中国企业快速把握国际市场的机会和及时获取企业发展所需要的资金具有重大意义。

从上市成本来看，易宪容等（2006）认为，境内外上市在费用构成上存在明显差别，虽然公司境外上市具有较高的上市成本，比如一家公司在中国香港上市时的费用通常会占到其筹资额的 20%，但由于香港资本市场的机制相对完善，这些成本都是可控的、显性的。然而，若是选择在 A 股市场上市则会面临许多不确定因素，继而产生很多隐性成本，如漫长的上市等待期、再融资的可持续性等，给公司上市成本增添了很多无形压力。这对企业未来的可持续性发展形成了不小的成本压力，因而许多内地公司更愿意去境外资本市场上市。

从再融资功能角度来看，尹小微等（2004）认为，国内上市公司再融资成本相对较高。而造成这一结果的原因主要有两点：第一，国内证券市场监管机构对上市公司的再融资申请审查严格，批准通过的概率较小；第二，目前内地 A 股市场的投资者对上市公司再融资的行为不认可，将其增发配股等行为视为"圈钱"，国内上市公司希望通过再融资来获取公司下一步所需要的资金显得尤为困难。反观境外资本市场，其市场的包容性和灵活性保障了上市公司的再融资功能得以随时实现。目前境外上市的许多内地公司通过增发配股进行再融资，获得的资金大大超过其 IPO 获得的资金。

从企业自身的角度来看，默顿（Merton，1987）提出投资者认知假说（Investor Recognition Hypothesis），认为投资者因为信息的不对称，会选择熟悉的股票。而境外上市可以扩大公司的影响力，提高投资者认知，扩大股东基础。班塞尔等（Bancel et al.，2001）对这一观点进行了检验后发现，企业选择境外上市可以扩大小股东基础，提高境外投资者的关注度和公司股票的流动性。福斯特等（1993）认为境外上市后股东基础的扩大可以带来信息成本的减少。科菲（1999）提出的绑定假说（Bonding Hypothesis）认为，成熟市场的体系更加健全，监管更加严格，有利于企业提升公司治理水平。国内学者沈红波等（2009）的研究也认为境外上市带来捆绑效应，能够提升公司的盈余质量和公司估值水平。许多公司出于公司治理和战略考量选择境外上市，境外市场上市之后会产生声誉效应，提高公司的知名度和美誉度，有利于企业国际形象和国际化战略的推行。另外，境外市场的监管严格，引进境外投资者，丰富股东基础的多样性，帮助企业提高经营效率，提升公司治理水平。

第二节　中国内地公司境外主动退市现状

一、境外主动退市公司数量分布

近年来，内地公司境外主动退市现象频发，根据 Wind 资讯、国泰安等数据统计表明，2005 年之前仅 2 家公司在境外主动退市，"北京燕山化工"和"吉林化工"两家公司在美退市。表 3 - 3 和表 3 - 4 显示了在 2005 ~ 2015 年中国内地公司在境外主动退市的数量、行业和地点分布。从时间上看，2008 年开始有明显的增长趋势，2011 年受到境外做空机构的频频猎杀以及中国内地公司在境外严重的信任危机，主动退市成为浪潮。从行业分布上看，信息技术行业退市公司最多，占比 28%，其次为可选消费行业，占比约为 17%，电信服务和公用事业行业分布最少，占比合计约为 2%。从退市地点上看，纳斯达克市场（NASDAQ）公司退市数量最多，占比 28%，其次为香港联交所（HKEx）和新加坡交易所（SGX），占比均为20%左右，伦敦交易所（LSE）中国内地公司退市数量占比11%，美国证券交易所（AMEX）中退市公司占比最小，为1%。这与内地公司在境外上市的地点分布直接相关，新加坡和中国香港资本市场一直是中国内地公司境外上市的首选，其次为美国纳斯达克市场和纽约交易所，再者为欧洲资本市场。

表3-3　　　　　　2005～2015年境外上市中国内地公司主动退市数量分布

年份	净退市公司数量	退市公司总数量
2005	11	13
2006	7	20
2007	6	26
2008	15	41
2009	14	55
2010	22	77
2011	24	101
2012	36	137
2013	37	174
2014	41	215
2015	59	274
合计	272	—

数据来源：根据 Wind 资讯公开数据整理。

表3-4　　　　　　2005～2015年境外退市中国内地公司的行业和地点分布

行业	数量	占比（%）	地点	数量	占比（%）
信息技术	78	28.68	纳斯达克交易所	78	28.68
可选消费	46	16.91	香港联交所	57	20.96
工业	35	12.87	新加坡交易所	56	20.59
材料	31	11.40	纽约证券交易所	46	16.91
医疗保健	31	11.40	伦敦交易所	31	11.40

续表

行业	数量	占比（%）	地点	数量	占比（%）
日常消费	22	8.09	美国证券交易所	4	1.47
金融房产	15	5.51			
能源	10	3.68			
公用事业	3	1.10			
电信服务	1	0.37			

数据来源：根据 Wind 资讯公开数据整理。

二、境外私有化退市公司分布

本篇是对中国内地公司在境外主动退市的影响因素和经济后果作实证分析，而主动退市中最为普遍的一种即为私有化退市。因而统计了 2005 ~ 2015 年内地公司在境外私有化退市的情况，共有 118 家公司宣布进行私有化，分为私有化完成、私有化正在进行以及私有化终止三种情况（见表 3 - 5、表 3 - 6、表 3 - 7、图 3 - 1）。

表 3 - 5 　　　　　境外私有化完成的中国内地公司分布表

公司代码	公司名称	公告日期	完成日期	交易类型	溢价率（%）	要约方持股（%）
TCM	同济堂	2010/04/08	2011/04/15	管理层收购	14	83
HRBN	泰富电气	2010/10/11	2011/11/03	管理层收购	20	47.7
BJGP	BMP 太阳石	2010/10/28	2011/02/24	战略收购	30	0
CPC	康鹏化学	2010/11/11	2011/08/19	管理层收购	28	55.5
CSR	中国安防	2011/01/31	2011/09/16	管理层收购	59	20.9
CFSG	中消安	2011/03/07	2011/11/04	管理层收购	23	56
FTLK	乐语中国	2011/03/25	2011/08/25	管理层收购	17	77.1
TBV	天狮国际	2011/06/27	2011/08/11	管理层收购	65	95.1
SNDA	盛大	2011/10/17	2012/02/14	管理层收购	24	69.7
CRIC	中房信	2011/10/28	2012/04/23	大股东收购	换股	88

续表

公司代码	公司名称	公告日期	完成日期	交易类型	溢价率（%）	要约方持股（%）
GRRF	国人通信	2011/11/14	2012/04/17	管理层收购	3	41.9
GEDU	环球天下	2011/11/21	2011/12/21	战略收购	105	0
JNGW	经纬国际	2012/01/06	2012/03/30	管理层收购	64	41.1
PSOF	普联软件	2012/01/07	2012/09/28	管理层收购	85	64
CTFO	千方科技	2012/02/21	2012/10/30	管理层收购	29	27.8
GU	古杉环保	2012/02/24	2012/10/15	管理层收购	30	34.8
CMMCY	广而告之	2012/05/04	2012/08/08	管理层收购	100	76
NKBP	诺康生物	2012/05/09	2013/02/07	管理层收购	100	61.2
SHP	尚华医药	2012/07/06	2013/03/28	管理层收购	31	65
SYSW	思源	2012/09/07	2013/04/09	管理层收购	28	60
SNV	7天连锁	2012/09/27	2013/07/05	管理层收购	20	33
ADY	飞鹤国际	2012/10/03	2013/06/27	管理层收购	21	45.3
BCDS	BCD半导体	2012/12/27	2013/03/13	管理层收购	100	19.5
FMSN	分众传媒	2012/08/13	2013/05/24	管理层收购	45	20
SPRD	展讯通信	2012/06/20	2013/12/23	战略收购	28	0
FSIN	傅氏科普威	2010/11/03	2012/12/27	管理层收购	27.3	29.4
ASIA	亚信联创	2012/01/20	2014/01/16	战略收购	—	30.9
HOGSS	众品食业	2012/03/27	2013/06/27	管理层收购	27	17.5
WWIN	稳健医疗	2012/04/02	2012/12/12	管理层收购	—	74
SGTI. OB	盛泰药业	2012/04/17	—	管理层收购		40.5
YTEC	宇信易诚	2012/05/21	2012/12/28	管理层收购	23.2	16.1
SSRX	三生制药	2012/09/12	2013/05/30	管理层收购	12	—
NINE	九城关贸	2012/10/12	2014/05/30	管理层收购		
YONG	永业国际	2012/10/15	2014/07/08	管理层收购	12	32.6
TBOW	创博国际	2012/11/02	2014/04/15	管理层收购	25	25
MEMS	美新半导体	2012/11/20	2013/09/18	战略收购	143	19.5
SCR	先声药业	2013/03/11	2013/12/24	管理层收购	19	78

续表

公司代码	公司名称	公告日期	完成日期	交易类型	溢价率（%）	要约方持股（%）
CIS	柯莱特	2013/03/12	2014/03/28	管理层收购	—	16.0
PACT	文思海辉	2013/05/20	2014/03/28	管理层收购	43.0	6.3
GAGA	利农国际	2013/05/22	2014/12/03	管理层收购	20.4	46.7
CEDU	弘成教育	2013/06/21	2014/04/24	管理层收购	20.0	14.0
ISS	软通动力	2013/06/06	2014/09/02	管理层收购	17.8	21.9
GA	巨人网络	2013/11/22	2014/07/21	管理层收购	18.5	49.3
AMAP	高德软件	2014/04/11	2014/04/18	管理层收购	—	28.0
CHC	中华水电	2013/09/04	2014/07/09	战略收购	18.0	—
CHDX	美中互利	2014/04/22	2014/09/30	战略收购	23	17.3
CHRM	昌荣传播	2013/09/30	2014/09/25	管理层收购	17.0	55.3
CMGE	中国手游	2015/05/18	2015/08/11	战略收购	5.0	—
CTC	21世纪不动产	2012/04/30	2012/06/09	管理层收购	—	40.5
GOMO	久邦数码	2015/06/09	2015/11/18	战略收购	8.9	—
JS8	凯德商用	2014/04/14	2014/07/22	管理层收购	21.0	65.3
KH	康辉医疗	2012/09/29	2012/11/01	战略收购	22.0	0
MONT	澜起科技	2014/03/10	2014/11/20	战略收购	8.7	—
NED	诺亚舟	2013/12/25	2014/07/31	战略收购	26.7	—
PWRD	完美世界	2015/01/04	2015/07/29	管理层收购	28.2	—
TBV	天狮生物	2011/06/27	2011/08/12	战略收购	34.0	—
VIMC	中星微	2015/06/22	2015/12/21	管理层收购	22.7	23.7
W08	旺旺控股	2007/07/21	2007/09/11	管理层收购	—	74.7
WX	药明康德	2015/08/17	2015/12/11	管理层收购	11.0	—
Z75	思念食品	2012/10/16	2013/12/16	战略收购	—	—
0331	春天百货	2013/07/03	2013/12/05	战略收购	53.9	—
0409	四通控股	2009/05/26	2009/11/06	大股东收购	39.1	—
0416	海湾控股	2009/03/19	2009/12/18	大股东收购	19.0	—
0968	小肥羊	2010/05/13	2012/02/03	战略收购	1.0	27.0

续表

公司代码	公司名称	公告日期	完成日期	交易类型	溢价率（%）	要约持股（%）
1025	物美商业	2015/10/20	2016/01/07	管理层收购	90.0	—
1633	美即控股	2013/08/16	2014/04/10	战略收购	25.0	—
1688	阿里巴巴	2012/02/21	2012/06/21	管理层收购	55.0	74.0
2337	复地集团	2011/01/20	2011/05/13	管理层收购	—	—
2626	湖南有色金属	2014/12/21	2015/03/31	大股东收购	—	49.0
0203	骏威汽车	2010/05/19	2015/05/21	大股东收购	18.5	37.9
BONA	博纳影业	2015/06/12	2016/04/11	管理层收购	6.5	—
CCSC	乡村基	2015/08/14	2016/04/21	管理层收购	18.0	56.9
DATE	世纪佳缘	2015/03/03	2016/05/16	战略收购	24.0	—
HMIN	如家	2015/06/12	2016/04/04	大股东收购	20.0	65.0
JST	金盘电气	2014/09/23	2016/04/19	管理层收购	16.0	—
MCOX	麦考林	2015/07/21	2016/04/15	大股东收购	36.0	63.8
YOKU	合一集团	2015/11/06	2016/04/06	战略收购	30.0	—
QIHU	奇虎360	2015/06/17	2016/07/15	管理层收购	16.7	—
MR	迈瑞	2015/06/04	2016/03/04	管理层收购	9.2	—
CHLN	中华地产	2014/08/19	2016/02/19	管理层收购	—	—
LONG	艺龙	2015/08/04	2016/06/01	战略收购	24.1	37.6
NARADA	南都电源	2007	2007	管理层收购	—	—
0722	达创科技	2009/03/12	2009/09/28	管理层收购	43.8	—
NPD	海王星辰	2015/07/06	2016/03/17	管理层收购	19.1	—

数据来源：根据 i 美股网站数据整理。"—"表示数据缺失。
注：其中溢价率指私有化价格与私有化前交易日价格相比产生的溢价。

表 3 - 6   境外私有化正在进行中的中国内地公司分布表

公司代码	公司名称	公告日期	交易类型	要约价（美元）	要约方持股（%）
ALN	绿润集团	2012/10/09	管理层收购	1.60	53.50
AMCN	航美传媒	2015/06/19	管理层收购	6.00	25.00

续表

公司代码	公司名称	公告日期	交易类型	要约价（美元）	要约方持股（%）
CNIT	中国信息技术	2015/06/22	管理层收购	4.43	—
CO	中国脐带血库	2015/04/30	战略收购	6.40	38.31
DANG	当当网	2015/07/09	管理层收购	7.81	—
DSKY	乐逗游戏	2015/06/13	管理层收购	14.00	27.85
EJ	易居中国	2015/06/10	管理层收购	6.60	25.00
JASO	晶澳太阳能	2015/06/05	管理层收购	9.69	4.89
KANG	爱康国宾	2015/09/02	管理层收购	17.80	—
KZ	空中网	2015/06/29	管理层收购	8.56	—
JMEI	聚美优品	2015/02/17	管理层收购	7.00	—
MOMO	陌陌	2015/06/23	管理层收购	18.90	47.80
NY	明阳风电	2015/11/01	战略收购	2.51	—
TAOM	淘米网	2015/06/01	管理层收购	3.60	—
XUE	学大教育	2015/04/21	战略收购	1.19	—
TSL	天合光能	2015/12/12	管理层收购	11.60	—
RENN	人人网	2015/06/10	管理层收购	4.20	32.00

数据来源：根据 i 美股网站数据整理。

表3-7　　　　　　　境外私有化终止的中国内地公司分布表

公司代码	公司名称	宣布日期	终止日期	交易类型	要约价值（亿元）
QXM	侨兴移动	2010/09/09	2011/04/07	股东收购	0.81
PUDA. PK	普大煤业	2011/04/29	—	管理层收购	0.24
CISG	泛华保险	2011/05/16	2011/09/15	管理层收购	0.95
CHNG. PK	西蓝天然气	2011/06/30	—	管理层收购	0.91
CADC	新奥混凝土	2011/07/26	2012/07/12	管理层收购	0.47
CAST	双威教育	2011/08/01	—	战略收购	0.34
AMCF	星源燃料	2011/11/23	2012/09/05	管理层收购	0.21

续表

公司代码	公司名称	宣布日期	终止日期	交易类型	要约价值（亿元）
WH	WSP控股	2011/12/13	2014/05/31	战略收购	—
TBET	香格里拉藏药	2012/02/27	—	管理层收购	0.44
CPGI	胜达包装	2012/10/15	2012/11/14	管理层收购	0.54
AMBO	安博教育	2013/03/15	2013/03/25	股东收购	0.93
YY	欢聚时代	2015/07/09	2016/06/15	管理层收购	13.3
VNET	世纪互联	2015/06/10	2016/07/01	管理层收购	17.5
SORL	瑞立集团	2015/11/06	2016/01/08	管理层收购	—

数据来源：根据 i 美股网站数据整理。

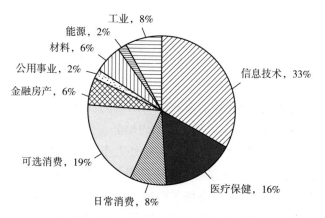

图 3 - 1　私有化退市公司行业分布

由上述内容可知，境外上市中国内地公司私有化退市风潮愈演愈烈，数量逐年增加，其中不乏许多国内知名企业，曾经的境外上市明星企业如今为何纷纷选择私有化退市？我们有必要对这些公司选择私有化退市的驱动因素进行深入研究。

通过对上述私有化公司的退市地点进行统计发现，近 50% 的私有化公司来自纳斯达克交易所，26% 来自纽约交易所，12% 来自香港联交所，新加坡交易所占比约 7%。从行业分布来看，这些私有化公司以信息技术行业为主，医疗保健和可选消费行业也占据近 35% 的比重。将私有化退市行业和地点联系来看，纳斯达克交易所以科技股为主，因而信息技术行业公司占据重要比重，退市比重较高也在情理之中。

在完成私有化的这些公司中，可以发现绝大多数公司的私有化历时较长，多达 1 年之久，最快完成私有化的公司也历时 1 月左右。另外，私有化退市也面临来自各方面的风险，并非每个选择私有化退市的公司最终都能圆满完成。在研究过程中发现，有 14 家中国内地公司因为私有化过程中的资金约束和相关的法律诉讼而被迫终止了私有化。通过梳理文献并结合内地公司境外私有化退市现状，我们发现，私有化退市的内地公司有很大可能寻求回归 A 股市场再次上市，但回归之路并非一蹴而就，国内回归政策的收紧、A 股市场的震荡，私有化回归充满不确定性，这些公司在私有化完成之后能否成功回归，受到哪些阻力，未来该何去何从？这些都是本篇关注的议题。

第三节　本章小结

本章对中国内地公司境外上市和主动退市的现状作了描述性概述。统计分析了 2005～2015 年境外上市和退市的内地公司数量、上市地点和行业分布特点，总体而言，这一期间，内地公司境外上市呈现出上市地点多元化、数量相对减少的趋势，而另一方面，退市的数量出现快速增加的趋势。此外，简要介绍了境外上市的方式，分析了内地公司境外上市的主要影响因素。对主动退市中研究价值较高的私有化退市进行了详细阐述，直观展现了已经完成私有化、正在进行私有化和已经终止私有化退市的境外上市中国内地公司的状况，选择私有化主动退市的中国内地公司占同期境外上市中国内地公司约 12%，这一比例是相对较高的。

第四章

境外上市中国内地公司
主动退市的动因

第一节　主动退市动因定性分析

一、内部因素

（一）二级市场低迷，再融资功能基本丧失

公司上市的初衷是为了募集公司发展所需要的资金，因而当公司股票在资本市场中流动性差，鲜有投资者关注，造成股价长期走低，成交量萎靡，募集资金就会变得非常困难。此时，公司选择主动退市可以帮助公司节约高昂的上市成本，不失为一个更明智的选择。邓红军（2014）研究表明，有16%的公司认为二级市场长期低迷，交易惨淡，再融资功能基本丧失，无法满足公司在资本市场上市的资金需求，曾经追求的上市好处也不复存在，这是上市公司选择主动退市的首要原因。"中华老字号"药企"同济堂"以中药制作起家，但境外投资者对中药的认可度低，造成其股价长期低于1美元，交易冷清；新加坡上市的"思念食品"和"大众食品"等股票的市场流动性差，融资受阻，公司长期发展资金无法得到保障，因而选择主动退市。

另外，境外成熟市场上市门槛较低，一些不满足国内上市条件的公司通过变换公司结构模式转而去往境外上市，这其中不乏一些以"圈钱"为主要

目的的低质量公司，在境外成功上市之后，由于面临严格的监管与高度透明的信息披露，其中一些公司不惜采取诸如财务造假等极端措施，不仅对自身造成恶劣影响，也对内地公司在境外市场的声誉产生了严重的消极影响，从而引发信任危机，投资者对境外上市中国内地公司失去信心，造成二级市场交易萎靡，融资困难。研究表明，内地公司在境外上市之后，除 IPO 募集到一定资金外，很难通过增发配股等二次融资。境外投资者认可度不高，融资不易，且需要承担较高的上市成本和信息披露费用，在这种情况下，许多公司只能选择进行私有化退市。

（二）公司战略调整与转型升级

公司上市固然会得到很多私有公司无法享受到的好处和利益，但上市公司的身份也对公司的经营自主权产生了一定的限制。股票市场的表现与公司经营信息息息相关，所有的决策都会对股价波动造成影响。一方面，公司在市场沟通方面会产生更高的隐性成本；另一方面，二级市场特有的流动性使得多数投资者更注重持有股票的短期收益，如果公司作出的战略选择或业务调整是以牺牲短期利益获取长期利益的方式，那么股票市场有很大可能会作出负面回应。这一点在市场行情持续走低的情况下尤为明显，投资者关注公司的净资产收益率（ROE）和每股收益（EPS）等短期盈利指标，而公司一旦进行定向增发等行为，使得股权被稀释，EPS 被摊薄，进而公司估值上升，投资者很有可能为了进行资产保值而卖出股票，这对公司股价的上升形成了巨大的压力，甚至会影响公司的相关战略实施。简建辉和吴蔚（2007）研究了中国的一些大型国企旗下子公司进行私有化退市的现象，得出了具有中国特色的结论，认为除了公司资源整合目的之外，中国实施的股权分置改革也对其主动退市产生非常重要的影响。据调查显示，因公司战略调整而主动退市的公司并不少见，如"文思海辉""软通动力""高德软件""盛大""阿里巴巴""小肥羊"等众多公司。

（三）监管和业绩的双重压力

根据规避监管理论，上市公司面临巨大的监管压力与业绩压力，上市公司必须遵守有关法律法规并接受严格监管，保证公司经营的合法合规。不论是个人投资者还是机构投资者，对上市公司的经营业绩会进行预估和评判，形成对公司业绩的预期，因而当公司盈利能力下降、经营业绩达不到预期要求或是发生重大战略调整都会导致公司股价产生剧烈波动。作为上市公司，必须承担提升经营业绩、保证公司平稳运行的压力。另外，上市公司的关注度较高，需要及时公告众多事项，而投资者对这些事项的理解并不统一，导致一些微小问题可能影响到企业的整体大局。所以，上市公司必须投入大量人力、物力与小股东进行沟通，做到信息披露及时，保证其真实性和透明度。反之，非上市公司不用考虑股东业绩的压力和信息披露的问题，能够更加高效地做出符合市场时机的决策。

（四）企业扩张需要统一决策

根据代理成本理论，管理层与股东之间存在利益冲突，对公司发展决策产生不同意见，而对于一个期望公司长远发展的公司来说，需要对企业发展作出统一的战略决策。洛温斯坦（1985）认为私有化退市能够为公司带来集中的控股权和减少自由现金流，产生有利的"萝卜效应"和"大棒效应"，从而降低代理成本。上市公司的投资者众多且较为分散，阻碍了公司的中长期业务开拓，当上市公司发展到一定阶段，资金不再是主要约束的时候，此时需要的是统一的经营权和所有权，安安心心做企业，而众多小股东的存在会使企业在扩张等问题决策上受到很多内部的阻力，因而公司会选择主动退市来化解这些问题。如，盛大集团近年来多业务线并行扩张，但是其战略执行并不顺利，而私有化则有利于其集中决策权并优化集团战略。"华润微电子"和"环球天下"同样选择私有化退市对企业进行集中管理，更好地落实企业发展的长远战略。

二、外部因素

（一）公司价值被严重低估

国外众多学者的研究都表明，上市公司价值被低估是导致主动退市的主要原因。而价值被低估的一个重要表现就是公司股价低，许多在美上市的中国内地公司股价都跌破了1美元，比如有中国电商第一股之称的"麦考林"，在股价持续低迷、估值长期偏低的情况下，也走上了私有化退市之路。2004年5月，"盛大"登陆美股上市，其股价在巅峰时期曾达到63美元，但并未能持续，此后股价一路走低，2011年一度跌破30美元。2009年11月，7天连锁酒店在美国上市，股价最高达到24美元，比发行价高出2倍多，从其经营业绩层面看，自上市以来连续十个季度持续盈利，但公司股票在美股市场的表现，股价长期徘徊在10美元左右，价值严重被低估。公司价值被低估成为众多中国内地上市公司境外退市的主要因素。

除了融资需求之外，提高投资者的认知和公司的知名度也是公司选择上市的重要目的。通常，市场股价过低的公司得到的市场关注度较低，这对公司的再融资需求和良好形象的建立都没有起到助力作用。长此以往，公司对于上市公司的身份也失去了维持的动力，主动退市便也成为公司战略的必然选择。所以，境外上市中国内地公司长期价格低迷，估值严重偏低成为其主动退市的主要原因。

（二）中国经济增速放缓

中国作为经济总量全球第二的国家，长期高速经济增长受到各国投资者的广泛关注，高增长也成为中国内地公司的主要特征。由于境外上市的大多数中国内地公司的经营业务主体均在国内，公司效益也会受到整体经济增长的影响。境外投资者在投资中国内地公司时，一是投资中国经济，二是投资具体的某个中国企业。那么境外退市潮的爆发会不会跟中国经济形势相关？李欢丽等（2013）提出，中国经济崩溃论为境外做空机构提供了机会，弱化投资者对中国经济增长的预期。这一说法有些言过其实，但存在一定现实依据。从图4-1可以看出，近10年的GDP增长率以2007年为分水岭，此前为上升趋势，此后为下降趋势。2007年达到最高峰13.2%，2008年中国经济受全球金融危机影响，GDP增长率持续下跌，降至10%以下，直到2010年全球经济回暖，中国经济也开始率先迅速恢复。2010年GDP增长率重新回到10%以上，表明2010年中国经济增长势头强劲，这也就不难理解境外投资者看好中国内地公司，在这一年发生颇具规模的上市潮。由于中国经济长期高速发展也带来了不少的深层次问题，使得继续维持两位数增长既很难也无必要，国家主动调低了发展速度，2011 年开始 GDP 增长率持续下降，2015 年 GDP 增长率不足 6.9%，约为 2007 年高峰期的一半。GDP 增长率持续下滑趋势给境外投资者传递了看衰中国经济的预期，使中国内地公司失去了高成长性这一重要特征，导致大量境外上市中国内地公司股价低迷，流动性不足，不得不选择退出境外资本市场。从图 4 - 3 也可以看出，2011 ~ 2015 年的退市公司数量逐年增加，2015 年出现了大规模退市潮，许多知名度颇高的公司都选择了私有化退市。

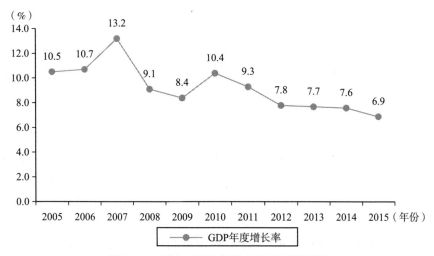

图 4 - 1   2005 ~ 2015 中国 GDP 年度增长率

（三）境外资本市场环境低潮

境外资本市场环境面临低潮期，指数变化率幅度较大，且走势不平稳，成为中国内地公司境外主动退市的又一原因之一。2007 年 7 月，华晨汽车在美退市，成为中国第一家境外主动退市的主板上市公司。而 2008 年爆发国际金融危机，境外资本市场面临寒冬，中国内地公司也面临多方困境。郭嵘（2011）归纳了中概股在美退市的原因，其中一点包括美国大盘指数的持续走低，市场信心不足。根据 Wind 资讯提供数据绘制的 2008 ~ 2015 年标普 500 和恒生指数的月度收益变化率如图 4 - 2 所示。2009 年全球各地股市呈现集体上扬的趋势，恒生指数在金融危机之后有明显涨幅，标普 500 在波动中上升。2010 年全球股市出现动荡局面，2011 年欧债危机的负面影响波及全球股市，整体行情下行。2011 年开始标普 500 月度变化率多为负数，跌势明显，仅在 2014 年四季度短暂回升后呈下滑趋势。恒生指数除 2012 年月度变化率为正，多数均为负数，且趋势不平稳。在这样的大环境下，境外上市中国内地公司股票不仅其走势与大盘一样下跌，并且震荡更加剧烈。

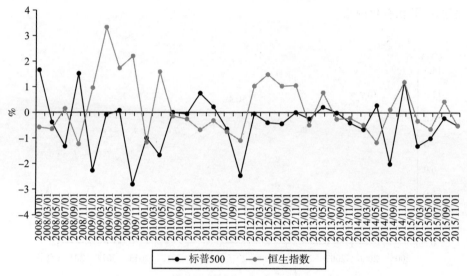

图 4 - 2 2008 ~ 2015 年标普 500 和恒生指数月度收益变化率

（四） 境外做空机构的频频猎杀

以 2010 年浑水公司做空"东方纸业"为开端，境外上市中国内地公司遭到做空机构的集体做空，并且不断升级。2011 年，做空机构做空公司从借壳上市公司升级至 IPO 公司，如"东南融通"。境外上市的数十家公司被众多做空机构猎杀，有的公司甚至遭到多家公司的同时做空，导致公司股价暴跌甚至破产退市，做空浪潮愈发激烈。境外投资者对中国内地公司的信心严重受挫，引发信任危机，进一步导致中概股股价整体走低，市值大幅缩水。

由于做空机构的猎杀，境外上市中国内地公司股票面临多方压力，且被做空机构证实的一些中国内地公司有财务造假行为，引发内地公司的信任危机，内地公司在境外投资者的心中声誉大减，市场和投资者的关注度下降，继而引发一系列问题。由此，境外上市中国内地公司只能选择私有化退市来避免被进一步做空的风险。

（五）境外上市中国内地公司数量增多，竞争压力增大

查普林斯基等（2012）认为通常那些来自上市公司数量较少国家的上市公司更容易获得投资者的关注，募集资金也更加容易，因此不会轻易选择退市。换言之，来自同一个国家的上市公司数量越多，每家公司的多元化价值会下降，新上市公司也会分散投资者的注意力，削弱投资者的兴趣。同理，早期因为境外上市中国内地公司数量较少，每一家上市公司能够得到的关注更多，而后来随着境外上市的潮流愈发盛行，加剧了中国内地公司间的竞争，长此以往，便会淘汰一些相对较弱的企业。

从图4-3可以看到，2007年以前，上市公司数量逐年增长，退市公司数量较少。但是从2007年到2011年仅4年之间就爆发出现了2次上市潮，导致出现在境外资本市场的中国内地公司数量飙升，投资者在短期内无法消化新增的大量的公司，难免会加剧同行业内地公司间的竞争，造成多元化价值的下跌。境外上市中国内地公司数量在2008～2010年小幅增加，2011年开始总体呈下降趋势。并且退市公司的数量在逐年增长，2015年首次出现退市数量超过上市公司数量。由此，本书认为，境外上市中国内地公司数量的增加导致内地公司之间的竞争加剧，市场会淘汰掉一部分竞争力较弱的企业，对境外上市中国内地公司股票进行重新洗牌。

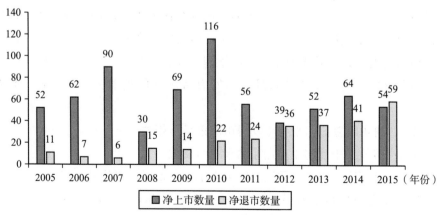

图4-3 2005～2015年境外上市退市公司数量的时间分布

第二节　主动退市动因实证分析

一、研究假设

本书的第二章对企业主动退市的经典文献和理论进行了梳理，西方学者对主动退市现象的研究成果丰富，中国学者的研究以中国企业在美私有化退市的案例分析和定性分析较多，实证分析较少。但国外学者的研究结论是否适用于中国企业我们不得而知，因而本节将结合中国企业境外主动退市实际情况提出与现有研究成果相对应的假设，并进行实证检验。

（1）根据税收节约假说（Tax Saving Hypothesis），绝大多数的私有化交易都是通过举债，增加财务杠杆获得资金进行的，这一行为会提升企业的负债水平，税前的利息支付抵扣了部分税收，产生强大的税盾效应，成为重要的财富聚集源。因此，本篇提出：

H1：税收收益与主动退市决策呈正相关。

（2）根据代理成本假说（Agency Cost Hypothesis），公司的管理层与大股东之间由于利益分歧会产生代理成本，而代理成本具体体现在对公司自由现金流、公司股权以及相关利益协调三个方面。公司私有化退市通常是以大量举债进行的，在此过程中需要大量的自由现金流来支付巨额债务，从而减少管理层对自由现金流的支出；主动退市使得公司的股权更加集中，能够强化控股股东的地位，降低代理成本；以管理层发起的私有化退市交易中，会提高其持股比例，进一步协调管理层与所有者之间的利益关系。因而，本篇提出：

H2a：自由现金流水平与主动退市决策呈正相关。

H2b：股权集中度与主动退市决策呈负相关。

H2c：管理层与股东之间利益冲突大小与主动退市决策呈正相关。

（3）根据价值低估假说（Underestimation of Stock Valuation Hypothesis），市场投资者与管理者之间存在信息不对称，进而产生机会成本，管理者比投资者拥有信息优势，当管理者认为股票市场价格没有真正反映公司内在价值，即公司股价被低估时，便会选择退出市场获得套利空间或是避免产生信息不对称的机会成本。由此，本篇提出：

H3：公司估值高低与主动退市决策呈负相关。

（4）根据公司规模和交易成本假说（Trading Cost Hypothesis），公司规模大小与上市成本之间存在关联，小公司承担的上市成本更高，过高的上市成本是导致很多企业主动退市的重要原因。规模较大的公司通过创造更大的价值来降低上市成本在企业成本中的比例，而小规模公司会因为过高的上市成本选择主动退市。周煊等（2012）研究了中国内地公司境外上市的费用情况后发现，在纳斯达克上市的公司（多为规模较小的公司），其IPO费用占据最终融资金额的9%～16%，除此之外，还要支付信息披露费用、投资者关系维护费用、审计法务费用等等（在美上市公司每年维护费用100万美元左右），上市成本相对高昂。在境外成熟市场中，主权基金、养老基金、互惠基金等国内投资者较为陌生的专业投资机构是资本市场的主导力量，他们对可投资品种有着严格的标准，小规模、低市值公司难以进入他们的股票池，导致这些公司股票缺乏市场关注度，流动性匮乏。由此，本篇提出：

H4：公司规模与主动退市决策呈负相关关系。

（5）根据发展前景假说（Prospects Hypothesis），公司业绩表现差、成长能力弱、投资吸引力差将导致发展前景渺茫，一方面，公司利润率低造成盈利能力差，投资者无法享受分红，对投资者的吸引力低，另一方面，公司会因为入不敷出而私有化退市。由此，本篇提出：

H5：公司业绩与主动退市决策呈负相关关系。

（6）根据反恶意收购假说（Anti-hostile Takeover），公司主动退市是一种战略防卫，对外部恶意收购的一种抵制。洛温斯坦（1985）发现，公司管理层认为恶意收购会导致其失去工作，进而选择以管理层收购来私有化企业。马丁等（1991）指出美国有41.9%的高管在公司被收购之后会失去工作。肯尼迪等（1996）研究发现，在英国40.14%的企业被收购之后的第一年便会换掉原先的CEO。因而，管理层认为当企业面临恶意收购的可能时，有很大可能以管理层收购方式来进行自我防御。由此，本篇提出：

H6：宣布私有化之前公司是否存在被恶意收购可能与主动退市决策呈正

相关。

（7）根据回归上市假说（Return to Domestic Market Hypothesis），中概股私有化退市后回归上市可实现高溢价是其私有化的重要动机。如分众传媒在美国市场私有化完成后，成功借壳回归 A 股上市，连续涨停板，公司估值不断提升。因此，在内地 A 股市场的高溢价与境外上市中国内地公司股票处境艰难的强烈对比下，许多企业有强烈的动机在境外私有化之后谋求国内上市，为企业发展带来二次生机。由此，本篇提出：

H7：回归上市机会大小与主动退市决策呈正相关。

综上，由于研究视角和方法的不同，关于主动退市的动因也存在不同的理论和观点，迄今为止，并没有任何一种理论可以解释所有的主动退市现象。本篇在文献研究成果的基础上，结合中国企业实际情况，提出上述研究假设对中国内地公司境外主动退市影响因素作进一步的实证检验。

二、样本选择与变量设计

（一）样本选择

本篇以 2005～2015 年主动宣布在境外市场退市的中国内地公司作为研究样本。主动退市包括撤回上市和私有化退市①。统计显示，截至 2015 年底，境外主动退市的中国内地公司达 272 家。为确保分析结论的有效性和说服力，本篇的样本筛选条件是：第一，满足上市时间 3 年；第二，样本数据可获取并完整。在对照筛选条件进行筛选后最终获得数据完整的 80 家样本公司。另外，以主动退市公告年为基准点，借鉴劳伦斯（Lawrence，1986）和莱恩（1989）提出的方法进行样本配对，按照所处行业相同、资产规模相近的标准，1∶1 原则进行配对，选取 80 家仍在境外上市中国内地公司为配对样本。本篇的研究数据来源于雅虎财经、新浪财经等网站以及国泰安和 Wind 资讯数据库。

———————

① 其中私有化退市公司指已经正式公告或提出私有化要约的公司，已经完成私有化或仍在私有化过程中的公司都被纳入样本中。

（二）变量设计

1. 退市类型

采用虚拟变量 *Delist* 定义企业是否主动退市。如果企业在 2005 ~ 2015 年宣布主动退市，则 *Delist* 取 1，否则取 0。

2. 退市决策影响因素的代理变量

根据研究假设，选取代理变量进行假设检验，以主动退市公告年份数据进行分析。各变量定义如表 4 - 1 所示。

表 4 - 1 变量定义表

变量符号	变量定义	假设检验
Delist	主动退市企业取 1，配对样本取 0	
Tax	税收水平 = 所得税/销售净收入	H1：税收假说
Leverage	财务杠杆 = 总负债/总资产	
FCF	自由现金流 = （经营活动产生的现金流量净额 - 资本性支出 - 股利支付）/总资产	H2a：自由现金流假说
Block	第一大股东持股比例	H2b：股权控制假说
AC	代理成本 = 管理费用/主营业务收入	H2c：利益协调假说
LSEF	大股东资金侵占 = 其他应收款/主营业务收入	
MTB	市账比 = 股东权益市场价值/账面价值	H3：股票低估值假说
Liquidity	流动性 = 净流动资本/总资产	
Size	总资产的自然对数	H4：公司规模和交易成本假说
Tobin's Q	Q = （总负债 + 市场价值）/总资产	H5：发展前景假说
ROA	总资产收益率 = 净利润/总资产	
Growth	销售收入增长率 = （上一年销售收入 - 上两年销售收入）/上两年销售收入	
Takeover	虚拟变量，若宣布退市前一年有被恶意收购的可能则取值为 1，否则取 0	H6：反恶意收购假说
Back	虚拟变量，若退市之后成功回归上市或是正在筹备回归则取 1，否则取 0	H7：回归上市假说

三、方法模型

为对上述假设进行检验，本篇采用描述性统计分析、单因素分析以及 1∶1
配对样本方法构建 Logit 模型进行实证分析。Logit 模型的构建参考了巴里
（Barry，1989）和图提诺（Tutino，2013）的方法。在描述性统计中，本篇统
计了 80 家样本公司在主动退市公告前一年、公告前二年、公告前三年的相关
财务数据，并对这三年的走势情况做具体描述；在单因素分析中，将研究样
本和配对样本进行对比，以期发现主动退市公司的一般性特征；通过构建
Logit 回归模型，观察各个影响因素系数的显著性，分析其对主动退市决策的
影响程度。

公司主动退市的概率为 P_i，X_i 为影响 P_i 的各个因素，计算公式为：

$$P_i = F(Z_i) = E(Y = 1 \mid Z_i) = \frac{1}{1 + e^{-Z_i}} \tag{4.1}$$

$$Z_i = \beta_0 + \beta_1 X_i$$

若公司主动退市则 P_i 取 1，否则取 0。$1 - P_i$ 表示公司不选择主动退市的
概率，两者之比如下：

$$\frac{P_i}{1 - P_i} = \frac{1 + e^{Z_i}}{1 - e^{Z_i}} = e^{Z_i} \tag{4.2}$$

对上述公式进行转换得到初步的 Logit 模型。

$$L_i = \mathrm{Ln}\left(\frac{P_i}{1 - P_i}\right) = Z_i = \beta_0 + \beta_1 X_i \tag{4.3}$$

结合本篇的研究问题，将上述模型进行转化应用，将样本的行业类型和
公告退市年份作为控制变量，构建模型如下：

$$\begin{aligned} Delist = &\beta_0 + \beta_1 Tax + \beta_2 Leverage + \beta_3 FCF + \beta_4 Block + \beta_5 AC \\ &+ \beta_6 LSEF + \beta_7 MTB + \beta_8 Liquidity + \beta_9 Size + \beta_{10} TobinQ \\ &+ \beta_{11} ROA + \beta_{12} Growth + \beta_{13} Takeover + \beta_{14} Back \\ &+ Year + Industry + \varepsilon \end{aligned} \tag{4.4}$$

公式（4.4）中各参数表示各变量对退市决策的影响程度，变量的具体
释义见表 4 - 1。

四、实证结果与分析

（一）描述性统计分析

1. 样本公司境外主动退市时间地点分布

表4-2显示，2012年以前，退市企业的数量较少，2012年开始数量增加较快，2012年、2015年分别出现了两波退市潮。结合当时的实际情况，本篇认为2012年由于一批境外上市中国内地公司涉嫌财务造假，造成境外投资者的信任危机；另外，中国内地公司频频遭到境外做空机构的猎杀，交易低迷，估值惨淡形成了中国内地公司境外退市潮的局面。总体趋势与刘向东等（2012）对中概股在美退市的原因归纳类似。

表4-2 样本公司主动退市时间地点分布

年份	AMEX	NYSE	NASDAQ	LSE	SGX	HKEx	合计
2005	—	—	—	—	—	—	—
2006	—	—	—	—	—	—	—
2007	—	1	—	—	—	—	1
2008	—	—	—	—	—	—	—
2009	—	—	—	—	—	2	2
2010	—	—	2	—	—	—	2
2011	—	1	2	—	—	1	4
2012	1	4	13	—	—	2	20
2013	—	6	5	1	3	2	17
2014	—	1	5	—	1	1	8
2015	—	11	14	—	—	1	26
合计	1	24	39	3	4	9	80

数据来源：整理新浪财经等网站和 Wind 数据库中相关数据所得。

2. 行业类型和退市方式分布

表4-3显示，研究样本的行业分布不平衡，主动退市主要集中在信息技术和可选消费等行业。信息技术行业包括半导体、互联网软件等细分行业，迄今为止，中国在美上市的软件外包企业已全部退市，包括"文思海辉""软通动力"等知名企业。可选消费行业包括广告出版、大众媒体等细分行业，其中"分众传媒"在私有化退市之后借壳"七喜控股"在A股上市，创造了巨大的效益，电影媒体巨头"博纳影业"也在2015年完成私有化退市。文献研究表明，这些行业的公司在境外市场的估值远远低于国内A股同行业的估值，并且成功回归上市的公司业绩增长较快，这方面的因素驱使境外上市中国内地公司主动退市，以便争取回归上市。从退市方式来看，以管理层收购为主，外部公司收购和控股股东收购也占据一部分比重。代理成本理论认为管理层和股东之间存在利益分歧，当这种分歧影响到公司发展时，管理层或是股东会作出相应的决策，私有化退市也是一种帮助公司回到正确发展轨道上的决策。因而总体与代理成本假说的推论一致。

表4-3   **样本公司主动退市行业类型及退市方式分布**

退市公司行业类型	退市公司数量	退市公司占比（%）	退市方式	退市公司数量	占比（%）
信息技术	31	38.75	管理层收购	47	58.75
可选消费	16	20.00	战略收购	21	26.25
医疗保健	8	10.00	控股股东收购	9	11.25
日常消费	7	8.75	一般申请撤回	3	3.75
工业	5	6.25			
材料	5	6.25			
金融地产	5	6.25			
公用事业	2	2.50			
能源	1	1.25			
合计	80	100	合计	80	100

数据来源：整理新浪财经等网站和Wind数据库中相关数据所得。

3. 主动退市公告前三年财务数据分析

表4-4显示，样本公司退市公告前三年的主要财务指标虽然有下滑的趋势，但幅度并不大，这在一定程度上说明财务危机并非退市的主要动因。从市盈率指标看，在2008年金融危机后欧美市场持续上升的背景下，样本公司的市盈率在退市前三年快速下降，而同期国内A股市场同类公司的市盈率指标远高于境外上市中国内地公司，说明内地公司可能受到了打压，估值严重偏低。表中数据显示结果与低估值假说的推论相一致。

表4-4　　　　　　　样本公司主动退市公告前三年财务数据统计分析

变量	T-3	T-2	T-1
	平均值	平均值	平均值
资产规模（亿元）	15.66	17.69	24.44
每股收益（元）	0.33	0.39	0.30
净资产收益率（%）	14.06	11.43	7.19
总资产报酬率（%）	10.76	9.64	6.96
总资产周转率（%）	0.73	0.69	0.68
主营业务收入增长率（%）	57.02	37.31	32.69
资产负债率（%）	30.96	31.22	33.47
市盈率（倍）	22.52	10.97	8.77

数据来源：根据Wind资讯数据整理。

注：定义公司主动退市公告年为T，则公告前三年为T-3，前两年为T-2，前一年为T-1。

4. 主动退市企业IPO市盈率与退市公告日市盈率比较

表4-5显示，从境外上市中国内地公司主动退市时的公告日市盈率与IPO市盈率比较可以发现，有76.25%的公司市盈率低于IPO市盈率，60%的公司折价程度超过50%。但也有26.25%的公司高于IPO市盈率，其中甚至有11.25%的公司溢价程度超过200%，说明样本中并非所有公司的估值都被严重低估，因此，主动退市的动因具有多样性。

表 4-5 样本公司 IPO 市盈率与退市公告日市盈率比较

IPO 市盈率与退市公告日市盈率比较	公司数量	所占比重（%）
IPO 市盈率大于公告日市盈率	61	76.25
IPO 市盈率小于公告日市盈率	19	23.75
IPO 市盈率等于公告日市盈率	0	0
合计	80	100
折（溢）价程度	公司数量	所占比重（%）
（-50%，0%）	11	13.75
（-100%，-50%）	36	45
（-200%，-100%）	7	8.75
<-200%	5	6.25
（0%，50%）	8	10
（50%，100%）	2	2.5
（100%，200%）	2	2.5
>200%	9	11.25
合计	80	100

数据来源：根据公开数据计算所得。

（二）单因素分析

表 4-6 显示了主动退市公司与配对公司之间主要变量的对比数据。由表 4-6 可知，两组样本在 *FCF*、*Block*、*AC*、*LSEF*、*MTB* 以及 *Tobin's Q* 等变量之间存在明显差异。主动退市公司在自由现金流和大股东资金侵占方面显著高于配对公司，第一大股东持股比例显著少于配对公司，另外，公司估值显著低于配对公司。初步验证了基于代理成本假说的假设 H2a 成立，基于低估值假说的假设 H3 成立。

表 4 – 6　　　　　　　　　　　　单因素分析结果

变量	主动退市公司		配对公司		均值比较	
	均值	标准差	均值	标准差	T 值	P 值
Tax（%）	2.957	3.651	2.459	2.852	0.981	0.165
Leverage（%）	41.126	18.722	43.392	21.528	− 0.809	0.210
FCF	0.118	0.219	0.004	0.130	4.185 ***	0.000
Block（%）	24.069	14.975	31.376	17.631	− 3.126 ***	0.001
AC（%）	12.800	9.697	15.825	20.184	− 1.314 *	0.096
LSEF（%）	12.597	8.694	8.545	5.730	3.532 ***	0.001
MTB	0.577	0.620	1.206	1.096	− 4.256 ***	0.000
Liquidity	0.235	0.228	0.275	0.268	− 1.153	0.126
Size	40.962	61.922	39.947	73.055	0.184	0.427
Tobin's Q	0.862	0.564	1.621	1.416	− 4.566 ***	0.000
ROA（%）	10.017	7.758	8.142	8.915	1.282	0.101
Growth（%）	14.235	13.623	11.11	21.31	1.099	0.138

注：*，**，*** 分别表示在10%，1%，5%水平下显著。
数据来源：Wind 数据库中相关数据整理计算所得。

（三）Logit 模型分析

1. 各变量间的相关性分析

表 4 – 7 显示，主动退市决策与自由现金流 FCF、大股东资金侵占 LSEF 呈显著正相关，与大股东持股比例 Block 显著负相关，进一步验证了基于代理成本假说的假设 H2a、H2c、H2b 成立；主动退市决策与回归上市的可能性 Back 呈显著正相关，进一步验证了基于回归上市假说的假设 H7 成立；主动退市决策与市账比 MTB、与 Tobin's Q 值呈显著负相关，基于低估值假说的假设 H3 成立，主动退市决策与其他变量之间的相关性并不显著，表明基于税收节约假说的假设 H1、基于公司规模和交易成本假说的假设 H4、基于发展前景假说的假设 H5 以及基于反恶意收购假说的假设 H6 均不成立。

表 4－7　　各变量的 Spearman 相关系数

	Delist	Tax	Leverage	FCF	Block	AC	LSEF	MTB	Liquidity	Size	Tobin's Q	ROA	Growth	Takeover	Back
Delist	1.000														
Tax	0.031	1.000													
Leverage	-0.045	-0.011	1.000												
FCF	0.292**	0.076	0.027	1.000											
Block	-0.211**	-0.01	0.004	-0.102	1.000										
AC	-0.039	-0.032	-0.09	-0.125	-0.203**	1.000									
LSEF	0.250**	0.054	0.1	0.051	-0.11	0.138	1.000								
MTB	-0.349**	0.036	0.075	-0.057	0.074	0.016	-0.219**	1.000							
Liquidity	-0.085	0.091	-0.458**	0.06	-0.056	0.136	-0.078	-0.021	1.000						
Size	0.086	0.119	0.272**	0.129	0.109	-0.407**	-0.187**	-0.083	-0.144	1.000					
Tobin's Q	-0.272**	0.013	0.227**	-0.078	0.071	-0.031	-0.199*	0.649**	-0.098	0.113	1.000				
ROA	0.101	0.323**	-0.139	0.153	0.04	0.014	0.048	0.063	0.013	-0.068	-0.062	1.000			
Growth	0.055	0.183*	-0.063	0.023	-0.008	-0.079	-0.034	-0.038	0.133	-0.02	0.013	0.252**	1.000		
Takeover	0.08	-0.144	0.059	0.108	-0.101	0.001	0.174*	0.075	-0.027	-0.055	0.07	-0.027	-0.086	1.000	
Back	0.361**	0.083	0.089	0.242**	-0.101	-0.038	0.06	-0.012	-0.095	0.142	-0.03	-0.065	-0.003	-0.069	1.000

注：*，**，***分别表示在10%，5%，1%水平下显著。

必须指出的是，表中反映出一些自变量之间存在显著的相关性。主要有：税收水平 *Tax* 与总资产报酬率 *ROA* 和销售收入增长率 *Growth* 间均存在显著正相关，符合我们的基本认知；财务杠杆 *Leverage* 与资产规模 *Size* 和公司价值 *Tobin's Q* 之间存在显著正相关，一般认为公司规模越大，需要的资金量和发展机会越多，相应的债务融资和外界估值也会更高；自由现金流的多少与回归上市概率之间也存在显著正相关，本篇对此解读为，拥有越多自由现金流的公司受到的资金约束越少，在回归上市过程中遇到的资金阻力更少，更容易取得成功；管理费用 *AC* 与大股东资金侵占 *LSEF* 间存在显著负相关，这两者之间的关系正体现了管理层与股东之间的利益冲突，势必有一方处于优势地位；且 *LSEF* 与 *MTB*、*Tobin's Q* 之间均存在显著负相关，说明大股东的资金侵占对公司估值带来了显著的负面影响。

2. Logit 模型结果分析

根据公式（4.4）进行的 Logit 回归分析。为保证模型的结果稳健，针对自变量之间存在的显著相关性，分别对高度相关的自变量进行处理，得到回归结果如表 4-8 所示。

表 4-8 显示，在排除自变量之间的共线性影响情况下，中国内地公司境外退市主要受到以下因素影响：自由现金流、股东持股比例、代理成本、公司估值以及国内市场的吸引力等因素。自由现金流水平在 0.05 水平下与主动退市决策显著正相关，自由现金流越多的企业主动退市的倾向性越强，进一步验证了假设 2a；股东持股比例在 0.05 水平下与主动退市决策显著负相关，表明股权较为分散，为强化股权控制公司选择主动退市，进一步验证了假设 2b；管理层和控股股东之间的利益冲突在 0.05 水平下与主动退市决策显著正相关，大股东长期的资金侵占会引发管理层的不满，双方利益分歧扩大化，管理层与股东之间的利益矛盾是其选择收购私有化退市的原因之一，进一步验证了假设 2c；*MTB* 和 *Liquidity* 分别在 0.05、0.1 水平下与主动退市决策显著负相关，表明公司价值被低估，流动性差是公司主动退市决策的关键因素，进一步验证了假设 H3；*Back* 指标在 0.01 水平下显著，表明回归上市的可能性与主动退市决策呈正相关，验证了假设 H7。事实上，近年来成功回归上市的公司无论在股票市场的表现还是公司发展的绩效上均取得了骄人的成绩，这也更加展示了内地资本市场的高溢价能力和强大的吸引力。

表 4 - 8　Logit 回归分析结果

变量	Model 1 系数	Model 1 P值	Model 2 系数	Model 2 P值	Model 3 系数	Model 3 P值	Model 4 系数	Model 4 P值	Model 5 系数	Model 5 P值	Model 6 系数	Model 6 P值
H1：税收假说												
Tax	0.072	0.312	0.057	0.403	0.073	0.299	0.08	0.254	0.07	0.308	0.064	0.355
Leverage	-0.019	0.152	-0.017	0.164	-0.023	0.084*	-0.015	0.253	-0.16	0.209	-0.017	0.165
H2a：自由现金流假说												
FCF	3.307	0.039**	3.307	0.035**	3.595	0.025**	3.164	0.041			4.545	0.004***
H2b：股权控制假说												
Block	-0.026	0.048**	-0.026	0.046**	-0.025	0.055*	-0.024	0.057*	-0.028	0.038**	-0.033	0.010*
H2c：利益协调假说												
AC	-0.016	0.397	-0.013	0.46	-0.016	0.395	-0.012	0.522	-0.021	0.215	-0.016	0.38
LSEF	0.071	0.042**	0.077	0.023	0.076	0.030**			0.069	0.038**	0.067	0.036**
H3：股票低估值假说												
MTB	-0.861	0.023**			-1.173	0.000***	-0.927	0.012**	-0.875	0.018**	-0.674	0.041**
Liquidity	-1.799	0.074*	-1.595	0.097*	-1.902	0.055*	-1.837	0.061*	-1.422	0.137	-2.122	0.024**
H4：公司规模和交易成本假说												
Size	0.002	0.557	0.003	0.437	0.001	0.862	0.001	0.677	0.003	0.449	0.002	0.589

续表

变量	Model 1		Model 2		Model 3		Model 4		Model 5		Model 6	
	系数	P值	系数	P值	系数	P值	系数	P值	系数	P值	系数	P值
H5: 发展前景假说												
Tobin's Q	-0.523	0.063*	-0.899	0.001***			-0.551	0.046**	-0.582	0.038**	-0.455	0.089*
ROA	0.02	0.466	0.013	0.628	0.025	0.354	0.027	0.327	0.031	0.236	0.012	0.634
Growth	0.004	0.73	0.006	0.617	0.004	0.754	0.003	0.811	0.003	0.833	0.006	0.618
H6: 反恶意收购假说												
Takeover	1.689	0.223	1.167	0.381	1.756	0.204	2.175	0.102	1.909	0.16	1.121	0.427
H7: 回归上市假说												
Back	2.3	0.001***	2.908	0.003	2.831	0.001***	2.914	0.001	3.347	0.000***		
Constant	1.708	0.090*	1.32	0.157	1.47	0.138	2.203	0.021**	1.704	0.084*	2.103	0.025**
Pseudo R²	35.86		33.26		34		33.6		33.59		28.34	
LR Chi2	79.55***		73.76***		75.41***		74.53***		74.5***		62.85***	

注:*,**,***分别表示在10%,5%,1%水平下显著。

综上，描述性统计、配对单因素分析和 Logit 回归分析结果均支持基于代理成本假说的假设 H2a、H2b、H2c；支持基于回归上市假说的假设 H7；支持基于低估值假说的假设 H3，表明境外上市中国内地公司主动退市的主要决策动因是降低代理成本、提升公司估值和回归上市良好预期三个方面。而基于税收节约假说的假设 H1、基于公司规模和交易成本假说的假设 H4、基于发展前景假说的假设 H5 以及基于反恶意收购假说的假设 H6 均不成立，这四个方面的因素均不是境外上市中国内地公司主动退市的主要决策动因。这与图提诺等（2013）等对意大利退市公司研究结论不一致，该文研究表明税收假说和发展前景假说成立，多数意大利主动退市公司享受到了私有化退市带来的税盾效应，并且公司在退市之前的公司业绩不断恶化。桑纳贾斯特（2010）对欧洲、美国和亚洲资本市场的主动退市公司进行的研究表明税收假说仅对亚洲资本市场成立，而本篇的研究样本虽是中国内地公司，但均是在境外资本市场上市，本篇的研究结论与此结论基本一致。资产规模假说认为小规模公司调整能力差更容易退市，本篇研究发现，主动退市的内地公司多为行业知名企业，并不属于传统的小规模公司。本篇认为宋思勤等（2012）对中国公司在美国私有化退市的动因分析具有一定的参考性，其认为动因之一是在于公司希望利用退市机会完成战略调整，而与公司规模大小关联不大。另外，回归结果中 *Tobin's Q* 值显著为负，但 *ROA* 和 *Growth* 均不显著，说明这些公司的业务增长和发展前景并非黯淡。本篇样本中也没有被恶意收购的案例，因此，避免恶意收购也不是内地公司的退市决策考量的因素。

第三节　本章小结

本章对中国内地公司境外主动退市的动因进行了定性分析和实证分析。定性分析中，从公司内部看，二级市场低迷，再融资功能基本丧失、公司战略调整与转型升级、上市公司面临监管与业绩压力以及公司扩张需要统一决策等造成了中国内地公司的境外主动退市；从外部环境看，内地公司价值低估、内地公司境外上市数量增多造成股市竞争压力增大、做空机构的猎杀、境外资本市场环境低潮以及中国经济增速放缓等对主动退市决策产生影响。

实证研究结果表明，自由现金流水平与公司主动退市决策呈正相关；股权集中度与主动退市决策呈负相关；管理层与股东之间的利益分歧与主动退市决策之间呈正相关；公司估值水平与主动退市决策呈负相关，回归上市的概率和示范效应与主动退市决策呈正相关，因此，本篇认为，降低代理成本、提升公司估值和回归上市良好预期是公司主动退市决策的重要动因。研究样本中成功回归国内 A 股上市的公司，均获得了大幅度溢价，估值明显提升，业绩改善等好处。

第五章

境外上市中国内地公司
主动退市的经济后果

第一节 对退市公司的影响

一、主动退市的公告效应

（一）方法模型

通过公司在主动退市宣告日当天股票市场的表现来分析退市事件对公司股价产生的短期公告效应。本篇借鉴法玛（Fama，1991）中的事件研究法来研究 80 家样本公司退市事件的短期公告效应，对主动退市公告前后的平均超额收益率（AAR）和累计超额收益率（CAR）进行检验。以主动退市公告日为事件日，定义事件窗为（-1，1），并对事件前后两个月（-60，60）的 AAR 走势进行分析，定义（-260，-61）为估计窗，利用股票日交易数据分别估计预期收益率、AR 和 CAR。数据来源于 Wind 资讯数据库、雅虎财经和新浪财经等网站。具体研究方法如下：

1. 预期收益率估计

$$R_{it} = \alpha_i + \beta_i R_{mt} + \varepsilon_{it} \tag{5.1}$$

$$E[\varepsilon_{it}] = 0, \quad Var[\varepsilon_{it}] = \delta_2 \varepsilon_i$$

式中，R_{it} 是个股的预期收益率，R_{mt} 为市场投资组合的收益率，选取估计窗（−260，−61）内 200 天的交易数据计算得到参数 α_i、β_i 的估计值，进而估计预期收益。

2. 超额收益率估计

$$AR_{it} = R_{it} - E[R_{it}] = R_{it} - (\alpha_i + \beta_i R_{mt}) \tag{5.2}$$

$$AAR = \frac{1}{N} \sum_{i=1}^{N} AR_{it} \tag{5.3}$$

式中，AR_{it} 为事件发生时的超额收益，R_{it} 为事件发生时的实际收益，$E[R_{it}]$ 为事件未发生时的预期收益率，利用公式（5.1）计算得出的参数值可以算出，进而得到事件发生后的超额收益率。AAR 为平均超额收益率，利用假设检验来观察其是否显著为 0，考察事件的发生对公司股价的影响。

3. 累计超额收益率估计与检验

$$CAR_i(t_1, t_2) = \sum_{t=t_1}^{t_2} AR_{it} \tag{5.4}$$

$$CAAR(t_1, t_2) = \frac{1}{N} \sum_{i=1}^{N} CAR_i(t_1, t_2) \tag{5.5}$$

式中，CAR 为事件期内的累计超额收益率，则 $CAAR$ 为平均累计超额收益率，最后对 CAR 的变化进行假设检验，观察 CAR 变化的显著性，以考察事件对公司股票市场表现的影响趋势。

（二）事件前后超额收益率变化

AAR 反映了股价的高低，图 5−1 显示，样本公司的 AAR 在主动退市公告日当天的平均超额收益高达 12.25%，研究窗口内的其他时间均围绕 0 值上下波动，且事件前后的波动幅度大体相同。这表明在主动退市公告日当天，样本公司股价明显上涨，市场对主动退市的反应是积极的。

从具体样本分布看，图 5−2 显示了样本公司在退市公告日当天的超额收益率分布情况，80 家样本公司中有 64 家公司在退市宣告日当天的 AR 为正，仅 16 家公司当天 AR 为负，且有 47.5% 的样本公司在当天的 AR 超过 10%，其中"美新半导体"和"物美商业"在退市公告日当天 AR 甚至超过 50%。本篇认为，主动退市公司中的大多数采取私有化退市方式，而市场投资者认为公司私有化回购股份会产生溢价，希望从中获取价差牟利，因而将宣布私有化视为利好信息，从而带来股价上涨。

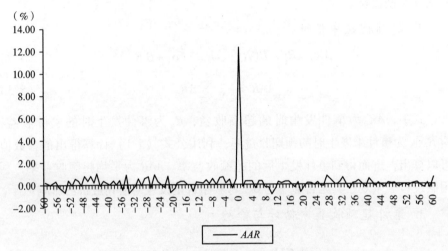

图 5-1　事件期内样本公司 *AAR* 变化趋势图

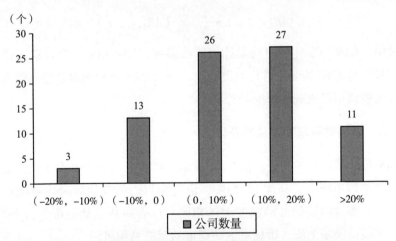

图 5-2　退市公告日当天样本公司超额收益率的区间分布

从退市公告日当日收益情况看，还存在少数负收益的情形，考虑到退市信息反应的提前或滞后可能性，进一步地，有必要考察事件前后一周的超额收益率是否发生明显变化，本篇运用 t 检验来观察 *AAR* 和 *CAAR* 是否显著不为 0。检验结果如表 5-1 和表 5-2 所示。

表 5-1   主动退市公告日前后一周 *AAR* 显著性检验结果

事件日	AAR（%）	t-test	标准差	下限（%）	上限（%）
-5	0.693	1.487*	3.898	-0.237	1.622
-4	0.112	0.236	3.957	-0.832	1.055
-3	0.484	1.077	3.756	-0.412	1.379
-2	-0.318	-0.607	4.379	-1.362	0.726
-1	0.471	0.784	5.029	-0.728	1.670
0	12.257	6.680***	15.352	8.596	15.917
1	-0.186	-0.509	3.053	-0.914	0.542
2	0.286	0.842	2.843	-0.392	0.964
3	0.292	0.669	3.657	-0.580	1.164
4	0.301	0.918	2.743	-0.353	0.955
5	-0.298	-1.042	2.390	-0.868	0.272

其中，*，**，*** 分别表示在 10%，5%，1% 水平下显著。

表 5-2   事件窗内 *CAAR* 显著性检验结果

事件窗口	CAAR（%）	t-test	标准差	下限（%）	上限（%）
(-1, 0)	12.728	6.987***	15.242	9.093	16.362
(0, 1)	11.971	6.403***	15.642	8.241	15.701
(-1, 1)	12.542	6.782***	15.472	8.853	16.231
(-2, 2)	12.510	6.638***	15.769	8.750	16.270

其中，*，**，*** 分别表示在 10%，5%，1% 水平下显著。

检验结果表明主动退市事件对公司股价产生了积极影响，产生了显著的正溢出效应。这与伦内博等（2007）研究发现的私有化退市为企业带来超额溢价的结果相一致，且符合信号传递假说的推断。

（三）事件前后流动性变化

股票的日换手率是股票的日成交量与流通股本的比值，该指标反映了公司股票在二级市场的流动性。样本公司在主动退市公告日前后两个月的日换手率情况如图 5-3 所示。

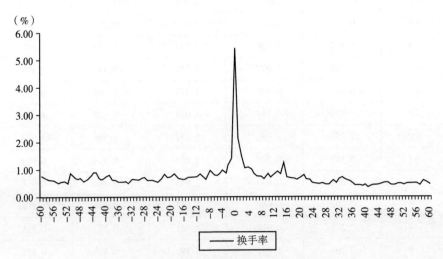

图 5-3　事件期内样本公司换手率变化

由图 5-3 中变化趋势来看，在主动退市公告日当天换手率有明显上升，上涨 5.42%，除此之外，换手率均在 1% 上下波动，不曾达到 2%。表明主动退市的公告加大了样本公司股票的成交量，而在事件公告前样本公司股票的成交量较低，流动性不足，事件公告后流动性重新回到公告前的水平。主动退市事件对提升公司股票成交量的影响持续时间非常短，仅在短期提升股票的流动性。进一步地，对事件前后的流动性进行显著性检验结果如表 5-3 所示，其结果与图 5-3 反映的情形一致。

表 5-3　　　　　　　　　主动退市事件公告前后换手率的显著性检验结果

	平均值	标准差	下限	上限	T-statistic
主动退市公告前换手率	0.726	0.159	0.685	0.767	
主动退市公告后换手率	0.742	0.680	0.566	0.918	-0.180
事件公告前后变化	-0.016	0.704	-0.198	0.166	

刘（2012）研究了美国公司在东京交易所的退市现象，认为小股东基础

导致的换手率低，流动性差是其主动退市的首要原因。内地公司在境外退市情况同样符合这一结论。

综上，主动退市的公告效应主要通过事件公告前后股票市场的表现来反映的，主要从股票的超额收益率和在二级市场的流动性两方面进行分析。本篇发现，根据信号传递假说，主动退市公告普遍被市场投资者视为利好消息，促使公司股价上涨，但股价上涨的趋势并不会持续。公司股票的日换手率在公告日前后变化不显著，仅在公告日当天产生了明显的提升。由此可以看出，主动退市事件会带来股价的短期上涨和流动性的短期提升，但并不会持续。

二、主动退市后的公司发展

（一）回归上市公司发展现状

1. 回归 A 股上市公司基本信息

境外退市的中国内地公司回归国内上市或挂牌，一般经历三个过程，境外退市、拆除 VIE 结构、登陆 A 股或新三板，其中第三个过程可以分为借壳上市和未发生借壳的 A 股上市公司的收购。截至 2015 年底，回归上市最常见的方式是借壳上市。众多公司选择借壳上市是因为其上市程序和过程相对简单，无须进行漫长的排队审核。随着境外上市中国内地公司的退市，借壳回归上市也日渐盛行，统计显示，2014～2015 年，A 股市场共完成 56 起借壳上市，累计交易金额达 2581.9 亿元人民币。

表 5 - 4 显示了回归上市公司的基本信息，其中，暴风集团因拟在美国上市而后变更转而在 A 股上市，上市之后股价的市场表现近乎疯狂，成为 2015 年内的妖股而备受关注。"巨人网络"还未正式登陆 A 股市场，但已在 2015 年 11 月 11 日确定借壳"世纪游轮"回归 A 股上市。由表可知，境外退市公司回归 A 股均在 2010 年以后，这是因为内地公司发生规模性的境外退市浪潮在 2010 年之后，且退市主要是以私有化退市为主，私有化持续的时间较长，有的公司甚至超过 1 年才完成私有化。在完成退市之后登陆 A 股也需要漫长的准备期，因而目前成功回归上市的公司只有表中少数几家公司。

表 5 - 4　　　　　　　　　　回归上市公司基本信息表

A 股代码	A 股名称	境外股名称	原（拟）上市地	上市方式	回归上市（确定借壳）日期
300068. SZ	南都电源	南都电源	新加坡	IPO 上市	2010 年 4 月 21 日
002373. SZ	千方科技	北大千方	美国	借壳联信永益	2010 年 3 月 18 日
600654. SH	中安消	安防科技	美国	借壳飞乐股份	2014 年 12 月 31 日
300431. SZ	暴风集团	—	美国	IPO 上市	2015 年 3 月 24 日
002027. SZ	分众传媒	分众传媒	美国	借壳七喜控股	2016 年 3 月 8 日
002558. SZ	世纪游轮	巨人网络	美国	借壳世纪游轮	2015 年 10 月 8 日

资料来源：根据公开数据整理。

需要指出的是，回归上市公司中，除了上述借壳和 IPO 上市之外，目前有三家中概股公司通过 A 股上市公司的收购而完成曲线回归上市（"完美环球"收购"完美世界"，"银润投资"收购"学大教育"，"世纪华通"收购"中国手游"），另有一家公司完成退市之后挂牌新三板上市（新三板挂牌的"百合网"收购"世纪佳缘"）。

2. 回归上市公司 A 股市场表现和经营绩效分析

表 5 - 5 显示了回归上市公司上市首日的市场表现，其中"巨人网络"目前还未正式登陆 A 股市场，但已于 2015 年 11 月 11 日确认借壳"世纪游轮"回归上市，因此，上表中没有"巨人网络" A 股上市的市场表现信息。由表可知，"南都电源""千方科技""暴风集团"在上市首日的溢价均超过 35%，而"中安消"和"分众传媒"采取定增方式募集资金；从市盈率角度来看，除"分众传媒"上市首日市盈率为 15.53 倍外，其余公司当日均以超过 20 倍的市盈率发行股票；从公司总市值角度看，回归公司上市首日和 2016 年 6 月 30 日的总市值对比情况表明，两者之间的市值差异巨大，境外主动退市公司自回归以来市值年增长率均超过 90%，表明回归上市公司股票受到了市场追捧，股价连连攀升，在资本市场的融资能力很强，回归上市成为境外退市公司提升公司市值的重要途径。

表 5-5   回归上市公司上市首日市场表现

公司名称	上市时间	发行价（元）	首日开盘价（元）	首日收盘价（元）	溢（折）价程度（%）	当日总市值（亿元）	当日市盈率	2016年6月30日市值（亿元）
南都电源	2010年4月21日	33	45	45.1	36.67	20.5	54.1	132
千方科技	2010年3月18日	28	50.1	47.93	71.17	4.9	42.42	164
中安消	2014年12月31日	定增	10.58	10.43	—	120	62.87	237
暴风集团	2015年3月24日	7.14	9.43	10.28	43.97	2.14	22.97	200
分众传媒	2016年4月15日	定增	34.23	33.95	—	1397	15.53	1450

数据来源：根据公开数据整理。

近年来，中国 A 股市场化改革在不断深入，相关政策也在积极落实，境外上市中国内地公司在退市之后回归 A 股上市的时机也日渐成熟。国内 A 股市场和境外成熟市场的一个重大区别是两者在估值体系上的差异，中小市值上市公司在 A 股市场获得的估值要远远高于大市值公司，并且明显高于中国香港、美国等境外成熟市场。对于电影行业的国内大牌企业"博纳影业""光线传媒""华谊兄弟"来说，"博纳影业"在美上市 5 年，2016 年 4 月 8 日完成私有化退市，而"光线传媒"和"华谊兄弟"均是 A 股上市公司，"光线传媒"市值约 373 亿元，"华谊兄弟"市值约 394 亿元，但颇为尴尬的是"博纳影业"退市前市值仅约 8.56 亿元，仅为 A 股电影两巨头的 1/50，这样的估值差异促使境外上市企业寻求私有化回归，以提升估值。目前回归上市的多家公司中估值均得到显著提升，其在 A 股市场均有不俗表现。

表 5-6 从公司的盈利能力、偿债能力、成长能力、营运能力等方面对回归上市公司自上市以来的经营绩效作了初步统计，共选取了 8 个指标作为度量公司财务绩效的代理变量。其中 Tobin's Q 值因能够反映公司预期的未来利润、包括对风险的自动调整、对通货膨胀敏感度较低等优点被用来度量公司价值。参考钟等（Chung et al.，1994）给出的计算公式：

$$Tobin's\ Q = (MVE + PS + DEBT)/TA \qquad (5.6)$$

式中，MVE 为公司股价与流通股股数的乘积；PS 为流通优先股清算价值；DEBT 为长期债务账面价值与净营运资金之差；TA 为公司总资产账面价值。

表 5-6   回归上市公司经营绩效统计结果

公司名称	净资产收益率（%）						净利润增长率（%）					
	2010	2011	2012	2013	2014	2015	2010	2011	2012	2013	2014	2015
南都电源	3.19	2.74	4.76	4.61	3.76	6.68	-49.23	6.07	82.92	-4.47	-32.02	171.56
千方科技	3.59	1.88	-9.53	-23.68	26.06	9.85	-48.93	-47.47	-586.28	—	—	18.43
中安消					5.32	6.68					52.17	46.67
暴风集团						27.03						276.99

公司名称	每股收益（元）						主营业务收入增长率（%）					
	2010	2011	2012	2013	2014	2015	2010	2011	2012	2013	2014	2015
南都电源	0.33	0.24	0.42	0.22	0.17	0.34	11.41	15.91	84.32	12.98	7.95	36.10
千方科技	0.34	0.17	0.87	0.93	0.49	0.53	-0.87	-8.30	9.16	-49.92	289.57	13.35
中安消					0.17	0.22					-45.07	71.01
暴风集团						0.7						68.85

公司名称	速动比率						总资产周转率（次）					
	2010	2011	2012	2013	2014	2015	2010	2011	2012	2013	2014	2015
南都电源	6.53	3.30	2.38	2.45	1.51	0.94	0.71	0.55	0.87	0.86	0.83	0.87
千方科技	3.23	2.04	1.65	1.60	1.45	3.06	1.17	0.75	0.71	0.37	0.90	0.47
中安消					2.24	1.63					0.36	0.37
暴风集团						1.62						0.72

公司名称	市盈率（倍）						Tobin's Q 值					
	2010	2011	2012	2013	2014	2015	2010	2011	2012	2013	2014	2015
南都电源	89.91	56.64	30.29	36.42	56.58	59.05	0.75	0.76	0.72	0.95	1.22	1.76
千方科技	79.99	75.15	57.52	7.68	54.76	86.23	0.78	0.99	0.93	0.22	2.20	2.59
中安消					62.87	132.11					2.24	3.93
暴风集团						136.9						5.20

数据来源：根据 Wind 等数据库提供财务数据整理。

　　此外，由于"分众传媒"于2016年正式在 A 股上市，而年度财务数据未公布不便于比较。"巨人网络"仅确定借壳日期，尚未正式上市，财报数据缺失。因而这两家公司不在回归上市公司的经营业绩统计之列。

由表 5-6 可知，从公司盈利能力角度看，由每股收益、净利润增长率和净资产收益率等指标度量的 4 家回归上市公司的这 3 个指标虽有小幅波动，但总体呈增长趋势，表明境外退市公司回归上市之后盈利能力稳定增长；从公司成长性看，由主营业务收入增长率指标度量的成长性反映出回归上市公司的主营业务收入增长率波动增长，公司的成长性好于退市前；从公司的营运能力和偿债能力看，随着公司上市存续年限的增加，公司的偿债能力有所减弱，营运能力没有明显变化；而从回归上市公司在 A 股市场的公司价值角度看，市盈率由上市初期的高溢价逐渐开始趋于公司合理价值，Tobin's Q 值逐年稳定增长，表明公司价值得到合理评估，估值得到有效恢复和提升。

综合来看，回归上市企业在 A 股市场均具有良好表现，公司业绩持续改善，估值得到有效提升，并对其他境外上市公司起到了示范作用，使得大批境外上市但被低估值的中国内地公司竞相主动退市，争取回归上市，同时也促进了内地上市公司并购的进程。

(二) 已经退市但尚未回归公司的发展现状

未回归的样本公司共计 71 家，其中 11 家的私有化过程仍在进行中。对已宣布退市而未回归上市的公司进行逐一查询后可见，所有公司均是存续状态，没有破产倒闭的情形。通过对所有公司宣布退市后的运营状况、品牌知名度、行业地位等方面统计搜索结果表明，在私有化宣布后或完全退市之后，公司的运营状况、品牌影响力和行业地位并没有受到不良影响。除去被收购和合并的公司，剩余 71 家公司均为大中型企业，多为行业龙头企业或是公司所在地知名企业，产品质量、口碑和品牌影响力在私有化退市之后仍然保持原有的态势发展，没有明显的消极影响迹象。如乳制品行业的"飞鹤乳业"、互联网领域的"奇虎360"、医疗行业的"先声药业"、教育行业的"环球天下"以及食品行业的"思念食品"等。表明境外主动退市对公司在国内发展没有产生显著的负面影响。

本篇认为，这一结果可从三方面进行解读。第一，不同于强制退市，这些宣布主动退市的公司均是在成熟市场上市，有着严格的标准和监管要求，受益于绑定效应，且公司的经营能力和治理水平本身并不存在明显漏洞。另外，公司的主营业务均在国内，产品用户也多为国内消费者，对于公司境外上市这一身份国内消费者的敏感度不高，因而在公司宣布境外退市时自然不会产生明显的负面影响。第二，多数公司是因为境外市场估值低、再融资难，公司处于发展战略考量选择私有化退市，而公司本身实力并不弱。第三，主动退市的公司多数采取私有化退市方式，且多数公司均在 2010 年后提出私有化退市，由于私有化过程涉及大量资金交易、资产重组等复杂过程，完成私有化退市过程通常需要一年左右。在完成私有化退市之后，需要拆除其境外上市的 VIE 结构模式，完成之后排队等待 IPO 或借壳上市，而这个过程也并非一蹴而就，因而，目前成功回归登陆 A 股市场的公司并不多。由于国内 A 股市场的溢价程度高，预期这些公司在退市完成之后回归 A 股重新上市也许才是其退市的真正意图。

三、面临的主要风险

（一）私有化过程风险

大部分内地公司境外主动退市会采取私有化交易的方式使得公司变为私有企业，而私有化过程会面临许多风险。若要成功进行私有化，公司必须深刻认识到这些风险的存在并做好相应的准备措施。

（1）私有化退市需要面对纷繁复杂的退市程序和严格的法律监管。境外成熟市场对上市公司私有化退市往往实施非常严格的监管和审查。本篇在研究过程中发现，绝大多数私有化退市公司从发起私有化要约到最终完成退市通常需要半年左右，有些公司的私有化过程甚至持续数年。而在此期间，公司在任何一个环节上出现差错都会导致私有化无法按期完成，甚至导致私有化计划流产。因此，上市公司的私有化过程充满着不确定性，需要承担很大的风险，比如私有化失败的风险，而一旦失败则会对公司股价产生强烈的负面影响，股价甚至跌到比私有化公告前的价格还低，大大增加了公司股票成为无人问津的垃圾股的可能性。

（2）私有化过程面临来自中小投资者的法律诉讼风险。境外成熟市场的法律法规相对健全，中小投资者的维权意识也较强，当企业私有化的价格或战略与其预期有着较大差异时，便会提出异议。若异议得不到合理满意的解决则会采取法律手段，向法院提起诉讼，导致公司不得不花费大量人力物力财力来应对这些法律纠纷，而在此过程中可能会耽误企业私有化的最佳时机。"分众传媒"的私有化就是一个摆在眼前的现实案例。其在私有化过程中遭到来自美国钢铁工人中南养老基金会的起诉，称其私有化价格对股东不公平，最终导致其私有化计划无法按期完成。

（3）私有化之后的回归上市具有很大的不确定性。多数境外主动退市的中国内地公司都有回归 A 股再次上市的诉求，但这并非一个简单的过程，同样充满许多不确定性因素。首先境外上市中国内地公司必须拆除其 VIE 模式，满足 A 股上市的基本条件；其次，国内相关证券法规对公司上市有着盈利能力、注册年限等要求，而且国内 IPO 排队审核的公司数量众多，等待周期相当漫长；另外还要考虑国内 A 股市场投资者对公司的认知度等问题。

（二）借壳上市风险

境外退市之后回归内地 A 股再次上市是大多数中国内地公司的诉求，而目前国内 A 股上市 IPO 排队等待周期较长，因而，借壳上市成为众多公司的选择，但借壳上市比 IPO 涉及更多的利益主体，利益主体涉及的越多，意味着风险越大。

（1）内幕信息泄露和内幕交易的风险。由于借壳上市涉及与壳公司的资产重组，稍有不慎将导致信息泄露，这会造成公司股票市场的异常波动和借壳的成本。另一方面，价格异常容易引发监管调查，给借壳上市进程带来麻烦，最终损害多方利益。

（2）政府部门审批不通过的风险。借壳上市涉及审批程序复杂，整个过程的完成需要所有审批部门的一致通过。而上市公司一般是地方的重点企业，对政府的税收和招商引资等方面起到一定作用，即使其业绩不佳，政府也会保持对本地上市公司的重视。因此，退市公司要想成功借壳，必须重视与壳公司所在政府的沟通，得到当地政府的支持。

（3）壳公司债务重组失败的风险。退市公司若要成功借壳，必须得到一个完整的净壳，保证将壳公司所有的资产、负债业务剥离出去。如果壳公司剥离业务不完整，就会面临债务重组失败的风险。因此，退市公司在进行拟收购壳公司之前，需对其债权债务进行详尽调查，以保障能够得到一个净壳。

第二节 对同行业未退市境外上市
中国内地公司的影响

一、股票市场表现层面

境外退市样本公司在主动退市宣告日当天同行业未退市的中国内地公司的超额收益率情况如图 5-4 所示。图中同行业公司的 *AAR* 值一直处于波动变化中，且波动幅度较大，在退市宣告日当天，同行业公司产生近 0.75% 的超额收益，但在对其显著性进行检验后发现，当天产生的超额收益并不显著，因此，本篇认为境外上市公司的退市对同行业公司的股票市场超额收益率的溢出效应并不明显。对于仍在境外上市的中国企业来说，同行业公司的退出是否会增强其市场竞争力，强化市场地位，吸引投资者的关注，这些仍是不确定的。从股票市场表现来看，同行业公司的退出并没有对其股票产生显著的超额收益。

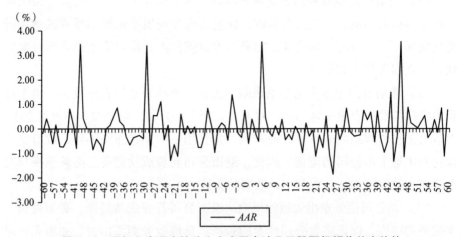

图 5-4 同行业未退市境外上市中国内地公司股票超额收益率趋势

二、市场信心层面

由于中国内地公司境外上市不久就纷纷选择主动退市，尤其是近年来在美上市的中概股公司大量进行私有化退市，其中互联网行业公司"陌陌"和"乐语中国"更是在美上市不到一年便开启私有化进程。且多数私有化公司的私有化价格与公司在美发行价格相差甚远，如 2016 年宣布私有化的"聚美优品"，以 7 美元的要约收购价格进行私有化遭到了投资者的控诉，7 美元的白菜收购价与其 2014 年在纳斯达克上市时的发行价格 22 美元相去甚远，被媒体戏称完成了"聚美优品"到"巨没有品"的转变。这种白菜价收购行为遭到广大投资人和中小投资者的诟病，不仅对私有化公司造成影响，同时也对未退市的中国内地公司造成负面影响，境外投资者认为中国内地公司在境外市场利用上市进行圈钱，而在目的达到之后而后又纷纷进行退市回归国内，严重伤害了境外投资者对中概股的信心，形成了中概股的信任危机，大批量的主动退市行为造成未退市的中国内地公司的市场关注度下降，即便没有退市在境外市场的表现也不尽如人意。达拉夫（Darrough，2013）认为，由于在美上市的中国内地公司频频被曝财务造假，负面影响波及其他未退市的中国内地公司。另外，受到中概股频频境外退市的影响，近年来在境外上市中国内地公司数量也大幅下降。

第三节 对 A 股市场的影响

一、对 A 股壳资源价值的影响

20 世纪 90 年代中国 A 股市场才开始正式起步，至今发展 30 年不到，还未形成健全合理的市场机制，总体呈现"只进不出"的不合理格局。根据清科私募通网站数据统计得到图 5 - 5，可以直观看出中国股市与境外成熟市场之间在退市率之间的显著差异。与境外成熟市场相比，中国股市的退市率最低。截至 2015 年底，共有 2800 多家公司在 A 股市场上市，但累计退市数量仅有 100 家左右。

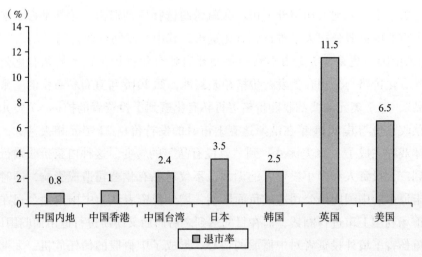

图 5-5　全球主要资本市场退市率比较

　　据不完全统计，2015 年有 36 家在美上市企业开启私有化退市过程，并且有明确意愿表示希望在美退市之后，拆除 VIE 结构，登陆 A 股市场上市。大批境外上市中国内地公司股票的回归潮对 A 股上市公司将产生巨大影响。由于境外回归上市最常见的方式便是借壳上市，因而形成了壳资源价值剧烈增长的局面。

　　本篇通过研究境外上市中国内地公司股票回归上市的过程发现，壳公司在被确定借壳之后市场的关注度骤增，股价持续上升，引起市场的疯狂追捧。"分众传媒"和"巨人网络"在美国完成私有化退市之后选择 A 股进行回归上市，两家公司的被借壳方分别为"七喜控股"和"世纪游轮"。如表 5-7 所示，"七喜控股"在被确定为"分众传媒"的壳公司之后，自复牌日起股价连续 7 天涨停，相比借壳前的收盘价，其涨幅超过 200%。而"世纪游轮"2015 年确定被"巨人网络"借壳，自复牌日起股价连续 20 天涨停，相比借壳前的收盘价，其涨幅更是高达 400%。

表 5 - 7   七喜控股和世纪游轮被借壳前后股价对比

	七喜控股	世纪游轮
借壳方	分众传媒	巨人网络
确定借壳日期	2015/8/31	2015/10/8
复牌日期	2015/9/2	2015/11/11
借壳前收盘价	13.38	31.65
2015 年 12 月 31 日收盘价	42.55	162.09
复牌连续涨停天数	7	20

数据来源：根据财经网站和公司公告等公开数据整理。

二、对 A 股市场资源配置效率的影响

目前 A 股市场的相对高溢价正吸引着一大批境外退市中国内地公司，这些公司在境外退市之后正在寻找机会在 A 股市场再次上市。2010 年之后境外退市风潮愈发明显，中概股扎堆退市，随之而来的便是一波回归上市风潮，这对 A 股市场的资金配置产生了影响，一方面，对国内 A 股同行业来说也产生了不小的压力，具有成熟市场绑定效应的境外公司，相比单一国内上市公司具有公司治理等多方面的优势，在回归国内 A 股上市势必会吸引大量国内投资者入场，引起与同行业 A 股公司之间的激烈竞争，而国内 A 股公司势必会受到这些回归公司的影响，从而促使自己不断提高公司实力，对提升公司的竞争力和促进有效竞争都会产生积极影响，有助于提升 A 股市场的资源配置效率；另一方面，从监管主体角度来看，在长期形成的新股"堰塞湖"没有明显缓解的情况下，如何吸纳大批中概股回归上市，这是监管层需要考虑的市场扩容策略问题，在中概股回归上市和国内企业新股发行之间做出妥善权衡。本篇认为，从提升市场效率和上市公司质量的角度看，监管层应该对中概股回归上市持更加积极开放的态度，摒弃举棋不定、时紧时松、消极的一贯做法。

第四节　本 章 小 结

　　本章对中国内地公司境外主动退市的经济后果进行了一系列的探讨，主要包括对公司自身的影响、对同行业未退市公司的影响、对 A 股市场的影响以及退市面临的一些风险。结果表明，主动退市公告日当天存在正超额收益，但对同行业中未退市公司没有产生溢出效应。从 A 股市场来看，境外退市公司在借壳回归过程中造成了 A 股壳资源价值的急剧上升，同时也对监管者规范市场机制，保障市场的有效运行提出警醒。对境外上市公司而言，主动退市面临的风险主要有私有化过程风险和借壳上市风险。中概股回归上市有助于提升市场效率和上市公司质量，监管层应该对中概股回归上市持更加积极开放的态度。

第六章

境外主动退市典型案例分析
——华晨汽车美国退市

第一节 主动退市前后收益率变化

"华晨汽车" 1992 年 10 月 9 日开国内企业先河,首先在成熟市场 NYSE 上市,此后又于 1999 年 10 月 22 日再次在成熟度介于成熟市场与新兴市场之间的香港联交所逆向交叉上市而成为双重上市公司。然而,出人意料的是,2007 年 7 月 5 日却宣布从 NYSE 主动退市,由双重上市回到单一上市。经典理论认为,在成熟市场交叉上市可以获得多重好处,因而交叉上市的典型路径是先在新兴市场上市,再在成熟市场上市。然而,华晨汽车的交叉上市和退市的方式选择难以得到合理的解释,引发了学界和近千家境外上市中国内地公司的关注。因此,本章将对这种特殊模式下的上市和退市产生的经济后果进行研究和分析,包括对公司自身和对相关市场的影响。

首先,采用法玛(1991)事件研究法对华晨汽车主动退市宣告日前后 60 天对其中国香港市场股票的反应进行分析,即事件窗为(−60,60);估计窗为(−181,−61);事后窗为(61,181)。利用日交易数据分别估计正常收益、超额收益和累计超额收益。

图 6−1 及表 6−1 显示,AR 总体在 −10% ~15% 范围内波动,估计窗内变化较为剧烈,相比之下事件窗变动范围较小,说明公司股票在纽交所退市引起其在港交所交易股票发生了积极变化,股价波动减小。这一发现与米勒等(Miller et al.,1999)的研究结论一致。从 CAR 看,估计窗与事件窗的

CAR 发生了显著变化，总体来看，事件窗 CAR 高于估计窗内 CAR。长期来看，事后窗 CAR 与估计窗 CAR 总体相仿。表明退市事件对股票的市场表现产生了短期积极影响，这与经典交叉上市理论的相关研究结论相反，但与范钛等（2005）以及马特尔等（Martell et al.，2000）对拉美、印度、中国等发展中国家的研究结果一致。

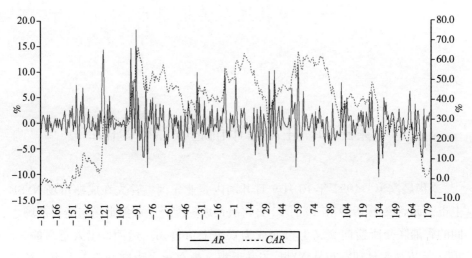

图 6 – 1　纽交所退市前后的中国香港市场 AR 与 CAR 变化趋势

表 6 – 1　　　　　　　　退市前后 CAR 变化显著性检验结果

变量	均值	标准差	下限	上限	T 值	P 值
退市前 CAR	0.2269	0.2218	0.187	0.2669	– 11.7459 ***	0.0000
退市后 CAR	0.4602	0.0769	0.4464	0.4741		
事件前后 CAR 变化	– 0.2333	0.2185	– 0.2726	– 0.194		

注：*，**，*** 分别表示在 10%，5%，1% 水平下显著。

第二节　交叉上市以来的公司价值走势

采用 Tobin's Q 值衡量公司价值的变化，计算方法参见公式（5.6）。

图 6 - 2 显示，在纽交所上市的华晨汽车 1999 年在香港交叉上市带来了 *Tobin's Q* 值的短期攀升，但随后迅速回落至正常水平，这说明逆向交叉上市事件对公司价值产生了短期积极影响。但 2007 年前后的 *Tobin's Q* 值降至不足 0.3 的历史最低点，公司价值被严重低估，再次表明这是促使其从纽交所退市的主要动因。主动退市成为单一上市公司后的 *Tobin's Q* 值得到了恢复性提升，但总体维持在较低水平且持续下降。说明从成熟市场退市事件对公司价值产生了短期的积极影响。综合来看，华晨汽车的 1999 年逆向交叉上市和 2007 年从成熟市场主动退市的非典型交叉上市与退市行为，短期内产生了有别于交叉上市经典理论的经济后果，但从长期效应看则与经典理论的推论一致。

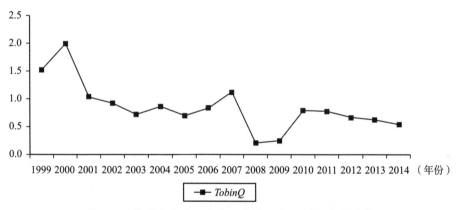

图 6 - 2　华晨汽车交叉上市以来的 *Tobin's Q* 值变化趋势

第三节　行业对比分析

一、公司价值对比

图 6 - 3 显示，华晨汽车 *Tobin's Q* 值与行业平均 *Tobin's Q* 值总体变化趋势一致，这与市场和行业大环境有关，但在退市前，华晨汽车 *Tobin's Q* 值总体低于行业平均水平，退市后前 1 年也低于行业平均水平，但其后持续高于行业平均水平。再次说明公司价值被低估可能是促使华晨汽车主动退市的原

因之一，退市对公司价值的长期影响是积极的。

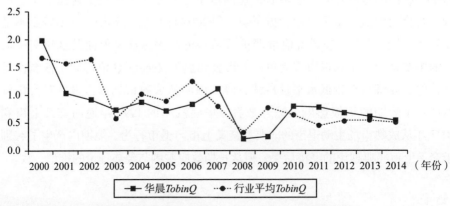

图 6-3　华晨汽车与行业平均 *Tobin's Q* 变化趋势

二、净资产收益率对比

图 6-4 显示，华晨汽车与汽车行业平均 *ROE* 反映出与 *Tobin's Q* 值相似的变化趋势，退市前和退市后前 2 年低于行业平均水平，但其后持续高于行业平均水平。华晨汽车纽交所退市事件对其股票在中国香港市场的公司价值、盈利能力均产生了长期的积极影响。这与尤等（2012）对全球交叉上市公司随后在境外市场退市的研究结论一致。

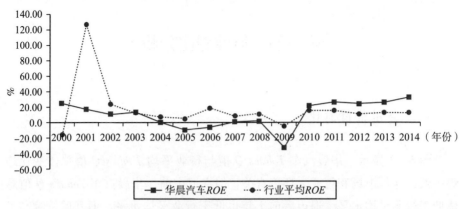

图 6-4　华晨汽车与行业平均 *ROE* 变化趋势

第四节　交叉上市与主动退市关联性剖析

为分析退市事件前后溢价或损失以及上市与退市之间的关联关系，借鉴尤（2012）的方法对累计超额收益率（CAR）和换手率（TR）两个变量构建如下回归模型。

$$CAR_{postcross\text{-}listing} = \alpha + \beta CAR_{precross\text{-}listing} \tag{6.1}$$

$$CAR_{postdelisting} = \alpha + \beta CAR_{predelisting} \tag{6.2}$$

$$CAR_{delisting} = \alpha + \beta CAR_{cross\text{-}listing} \tag{6.3}$$

$$TR_{delisting} = \alpha + \beta TR_{cross\text{-}listing} \tag{6.4}$$

其中，$CAR_{precross\text{-}listing}$、$CAR_{postcross\text{-}listing}$ 为交叉上市前后（−180，60）天美国市场的累计超额收益率；$CAR_{predelisting}$、$CAR_{postdelisting}$ 为退市前后（−180，60）天中国香港市场的累计超额收益率；$CAR_{cross\text{-}listing}$、$CAR_{delisting}$ 为整个事件窗口内纽交所的累计超额收益率；$TR_{cross\text{-}listing}$、$TR_{delisting}$ 为交叉上市、退市窗口内纽交所的换手率。

利用公式（6.1）～公式（6.4）进行回归模型检验，运用 E-views 得到检验结果如表6−2。

表6−2　　　　华晨汽车交叉上市及退市前后 CAR 与 TR 之间的回归结果

因变量	自变量	参数估计	标准误差	T 统计量	R^2
$CAR_{postcross\text{-}listing}$	截距	0.0034	0.0001	30.2333 ***	0.7021
	$CAR_{precross\text{-}listing}$	1.3755	0.0822	16.7482 ***	
$CAR_{postdelisting}$	截距	0.4432	0.0098	45.0463 ***	0.0468
	$CAR_{predelisting}$	0.0751	0.0311	2.4164 **	
$CAR_{delisting}$	截距	−0.0001	0.000008	−15.7023 ***	0.0287
	$CAR_{cross\text{-}listing}$	−0.0033	0.0018	−1.8738	
$TR_{delisting}$	截距	0.9014	0.1154	7.8105 ***	0.0128
	$TR_{cross\text{-}listing}$	0.0689	0.0554	1.2439	

注：*，**，*** 分别表示在10%，5%，1%水平下显著。

表6-2显示，华晨汽车在中国香港交叉上市前后 T 统计量的检验值显著，表明事件发生前后与其在美国市场的 *CAR* 同向变化，即交叉上市前出现正 *CAR*，在上市之后同样产生正 *CAR*；在美国退市前后 T 统计量检验值在0.05 的水平下显著，退市前后中国香港市场的 *CAR* 变化方向相同；交叉上市与退市之间 *CAR* 关系 T 统计量并不显著，表明华晨汽车退市 *CAR* 与交叉上市 *CAR* 关联性不强。在交叉上市与退市间的 *TR* 关系上，T 统计量也不显著，退市与交叉上市间 *TR* 相关性不显著。在 *CAR* 的变化方向上，研究结果与昌达尔等（Chandar et al.，2009）和尤等（2012）对交叉上市公司的退市研究结论一致，但在 *TR* 的变化上与这些学者的研究结果有所不同。*TR* 体现了股票的成交量，他们认为公司在交叉上市时产生巨额成交量，在退市时同样会产生巨额成交量。

第五节　本章小结

华晨汽车由交叉上市公司变为单一上市公司，本章从其在美退市对中国香港股票的市场表现和公司价值两个方面进行探讨，进行同行业公司比较，观察其主动退市的长期经济后果。结果表明，在美退市对其中国香港股票市场产生了短期负面影响，长期影响是积极的。通过构建回归模型对其交叉上市和主动退市之间的关系作了进一步分析，发现交叉上市与主动退市间在超额累计收益率方面有着显著正相关关系，在换手率方面没有明显相关关系。综合来看，华晨汽车1999年逆向交叉上市和2007年从成熟市场主动退市的非典型交叉上市与退市行为，短期内产生了有别于交叉上市经典理论的经济后果，但从长期效应看则与经典理论的推论一致。华晨汽车的主动退市对公司发展产生了长期的积极影响。

第七章

本篇结论与展望

第一节 研 究 结 论

一、主动退市的动因

关于主动退市的动因，本篇从定性和实证两个方面进行探讨，得出以下结论：

（一）定性分析方面

通过梳理文献和中国内地公司境外主动退市现状的综合理解，将其分为内部因素和外部因素。

（1）从企业内部来看，二级市场表现低迷，再融资功能基本丧失、公司战略调整与转型升级、上市公司面临监管与业绩压力以及企业扩张需要统一决策等原因造成了中国内地公司的境外主动退市。仍在境外上市的内地公司需要结合自身情况，了解公司内部是否出现上述问题，早日作针对性的解决。

（2）从外部环境来看，中国内地公司境外上市数量增多造成的竞争压力增大、做空机构的猎杀、境外资本市场环境低潮以及中国经济增速放缓等对主动退市决策产生影响。拟进行境外上市的公司应该对中国经济和境外市场的景气度作深入了解，以免被外部大环境冲击，殃及池鱼。

（二）实证分析方面

本篇选取 80 家主动退市样本公司和 80 家未退市内地公司作为配对样本，采取描述性统计分析、单因素分析和 Logit 回归模型进行研究，得出以下结论：

（1）自由现金流水平与公司主动退市决策呈正相关，自由现金流多的企业更倾向于主动退市；股权集中度与主动退市决策呈负相关，通过对比研究样本与配对样本间股东持股比例发现，主动退市企业的股权更为分散，因而强化股权控制是动因之一；管理层与股东之间的利益分歧与主动退市决策之间呈正相关，管理费用的增加、大股东长期的资金侵占等造成两者之间的利益分歧扩大化，增加了管理层主动收购或控股股东收购公司的可能，产生主动退出资本市场的决策。这一结论是代理成本假说在实证研究中的反映，与洛温斯坦（1985）、图提诺等（2013）、卡尔卡尼奥等（Calcagno et al.，2007）等众多学者的研究结论均一致。

（2）公司估值水平与主动退市决策呈负相关，回归结果显示主动退市公司的价值明显小于配对公司的公司价值，市场流动性较差，估值严重偏低是众多中国内地公司境外主动退市的重要因素。文献研究也表明不论是国内还是国外，众多学者普遍认为低估值是造成上市公司主动退市的重要原因，本篇的研究也符合低估值假说，实证结果与桑纳贾斯特（2010）的结果类似。

（3）回归上市的可能与主动退市决策呈正相关，回归结果表明转板国内 A 股上市对境外上市的中国企业有着很强的吸引力，研究样本中已经有 6 家企业成功回归国内 A 股上市，并且取得了大幅度溢价，估值明显提升，起到了很好的逆向交叉上市示范作用。这一结论是对国内相关学者研究成果的拓展和补充①。

二、主动退市的经济后果

关于主动退市的经济后果，本篇从主动退市对公司自身影响、对同行业

---

① 国内学者徐旭永等（2008）、宋思勤等（2013）研究认为，内地公司境外主动退市的原因之一是国内 A 股的估值溢价带来的强大吸引力。

未退市公司影响以及对国内 A 股市场的影响几个角度作深入探讨，得出以下结论：

（一）对公司自身具有积极影响

一是退市公告日产生了积极的公告效应。股票的超额收益率在退市公告日当天均值超过 10%，统计学意义显著，表明股价在短期内得到显著提升。公告效应可以看成是信号传递假说在起作用，市场将公司主动退市的公告看成利好信息，传递给投资者，使得股价明显上涨。这一结果与迪安杰洛等（1984）、伦内博等（2007）、祝继高等（2015）等众多国内外学者的研究结论一致。二是主动退市后公司的发展保持良好势头。包括已成功回归 A 股上市的公司和尚未回归的公司。目前成功回归 A 股上市的公司有 6 家，这些公司在回归之后估值得到明显提升，起到了良好的示范作用。尚未回归的公司也均在存续状态，且多为地方龙头企业或是行业龙头企业，并没有因为境外退市而造成业绩下滑等情况。

（二）对同行业未退市公司具有负面影响

从股票市场表现和境外关注度两方面来解读。通过检验其在事件公告日当天的超额收益率，结果并不显著，即没有产生显著的溢出效应。达拉夫等（2013）曾指出，境外上市中国内地公司频频被曝财务造假，其产生的负面影响已经波及其他未退市中国内地公司。因而，近年来境外上市中国内地公司数量大幅下降，境外投资者对中国内地公司信心不足，同行业未退市公司受到境外投资者的关注也有所下降。

（三）对 A 股市场形成了一定的冲击

境外退市公司在借壳回归过程中造成了 A 股壳资源价值的急剧上升，给 A 股市场交易带来了一定的风险，同时也对监管者规范市场机制，保障市场的有效运行提出警醒。另外，主动退市也面临着一定的风险，包括私有化过程风险和借壳上市风险。

（四）部分公司的主动退市决策具有一定合理性

以华晨汽车为例，从 NYSE 主动退市对公司产生了积极的影响。公司股票在 HKEx 产生了短期积极影响，但长期影响不显著，这与绑定假说不符。从同行业对比数据看，华晨汽车退市前的 *Tobin's Q* 值低于行业平均水平，而退市两年后则持续高于行业平均水平，这与声誉寻租假说不符，公司价值被低估可能是主动退市的原因。从长期经济后果来看，公司主动退市决策具有一定合理性，证明了交叉上市两地市场间存在一定的联动性，也为两地上市甚至多地上市的中国内地公司提供相关经验指导。

第二节 对策建议

一、上市公司层面

本篇的研究发现，境外主动退市对公司产生相对积极影响，主动退市不失为一个好的战略选择。但是不是适合所有公司则不得而知，有许多公司在境外上市不满 2 年便退市，对于志在成为国际化的强大公司来讲这种行为未免草率。因此从上市公司角度提出三点建议。

（一）做好充分准备

境外上市前厘清自身需求和所处水平，不可被较低的上市门槛吸引而盲目上市。对于境外证券市场的相关规则和监管要求必须足够了解，做好充分的心理准备。在公司面临资金短缺的问题时，必须充分考虑融资需求和资金成本的关系，不可盲目跟风。境外上市门槛虽低，但如果不结合自身资金需求，盲目融资最终会对公司产生负面影响，甚至影响整个境外上市中国内地公司股票的声誉。

（二）退市决策需谨慎

目前境外私有化退市盛行，不排除一些中小企业跟风进行私有化，盲目认为私有化退市之后便可回归 A 股再次上市。私有化退市过程复杂，面临被投资者法律诉讼的风险，且境外资本市场监管严格，稍有差池，私有化就可能面临叫停的风险。另外，私有化退市之后是否能够在短期内回归 A 股上市均面临很大的不确定性，因此境外退市一定要认清现实，结合公司自身发展阶段，理性判断，作出慎重决策。

（三）保持信心

2015 年境外主动退市的中国内地公司数量超过当年境外上市中国内地公司数量，退市风潮盛行。但这并不意味着境外上市失去了原有的吸引力，内地公司仍应对境外上市保持信心和期待。目前仍有不少优质内地企业选择境外上市，如国内两大电商巨头：阿里巴巴和京东。其中京东于 2014 年 5 月在 NASDAQ 上市，市值超过 260 亿美元；同年 9 月，阿里巴巴在 NYSE 上市，市值超过 2000 亿美元，创造了美股历史上最大的 IPO。因此，对于境外上市，中国企业要有信心，脚踏实地增强核心竞争力，提升公司整体实力，诚实守信、合法合规才能在境外市场走得更加长远。

二、监管机构层面

从监管层面来说，大量内地公司境外退市对内地资本市场势必产生一定的冲击，也对建立健全内地各项制度提出警醒。

（一）建立健全国内资本市场的退市制度

国内 A 股市场起步较晚，相关的法律法规尚未完善。并且，相比于国外成熟市场，国内 A 股的退市率极低。中国的监管主体必须着眼整个中国资本市场的发展，及时建立健全各个板块的退市制度，并明确公司退市后是否可以恢复上市，以及恢复上市的条件和程序，形成一套完整的退市制度体系，完善市场机制。

（二）及时出台相应回归上市政策

面对大量境外退市中国内地公司的迫切回归，必须及时推出国际板块，引导境外退市公司回归 A 股。境外上市中国内地公司中，虽然有个别公司存在财务造假等行为，但大多数公司都是合法合规的经营，其中不乏许多佼佼者，尤其是在高科技行业，如国内互联网巨头 BAT，网游行业的盛大、完美世界也都在或曾在境外上市，这些公司在境外上市后的成绩有目共睹，但国内投资者却无法分享其快速发展带来的巨大收益，失去了很多好的投资机会。因此，针对目前中国内地公司境外退市的风潮，监管主体应该把握机会，吸引境外优质公司回归 A 股，让国内投资者也可以分享这些公司快速成长所带来的巨大收益。

第三节　后续研究展望

本篇从主动退市的动因和经济后果视角，利用假设检验、事件研究、回归模型等方法分析了中国内地公司境外主动退市的情况。但受到学术水平限制以及一些客观因素对一些问题认识还不够深刻，有些问题还未能很好地解决。主要包括三点：

（1）受数据获取限制，仅选取了 80 家可获取到完整数据的公司作为研究样本，对于数据无法获取的主动退市公司没有作进一步研究，数据问题是下一步需要攻克的问题。

（2）缺乏对主动退市公司的原因进行问卷调查。虽然本篇结合已有研究成果对中国内地公司境外主动退市动因进行了检验，也得出了相关结论，但不得不承认企业退市与公司内部战略相关，不同企业退市的动因可能存在很大差异，因而很难找到一个规范的标准适合所有的退市企业。但问卷调查的难度较大，且时间有限，本篇暂时没有做这方面的问卷调查。在接下来的研究过程中需要向已退市的公司进行问卷调查，获取一手资料，结合已有结论进行验证，争取挖掘到更有价值的数据资料。

（3）对主动退市的经济后果仅作了短期研究，对退市完成但尚未回归的企业除了定性分析之外，缺乏实时跟踪分析。因而在下一步的工作中需要对已经退市的企业进行跟踪分析，研究主动退市公司的长期经济后果。

第二篇 >>>

中国内地公司逆向交叉上市
的决策动因和效应研究

第八章

绪　　论

第一节　研究背景及研究意义

一、研究背景

伴随着经济全球化和金融一体化的逐步推进，全球贸易壁垒和市场分割的局面在逐渐改善，随之而来的是海外股权融资的迅速发展；通信与计算机等信息技术产业迅猛发展，也使各国证券市场间的金融互动更加频繁，资本的相互流入与流出也加强了资本市场间的联动性，企业出于财务、声誉等多方面的考虑开始大量的进出资本市场，同一家公司选择在两个或者多个证券市场上市形成交叉上市，交叉上市已然成为近20年来国内外理论界研究的重点。21世纪以来，有悖于"传统智慧"，被多数人认为是"圈钱"行为的逆向交叉上市在俄罗斯、以色列、中国等新兴市场大量出现。目前，中国逆向交叉上市公司的数量超过境外交叉上市公司数量的1/3，明显高于最早出现逆向交叉上市的俄罗斯、以色列等新兴市场，同时希望回归本土市场的公司数量还在逐年上升。对于中国企业而言，由于中国香港在地理、文化等多方面都与内地有着特殊的关系，所以相较于美国、英国等资本市场，内地企业的交叉上市主要发生在香港市场与A股市场之间。自1993年青岛啤酒成为第一家A＋H股交叉上市公司后，截至2015年12月底，已有87家内地公司同时在H股和A股市场交叉上市。其中，逆向交叉上市公司数量达到61家之多，并且有继续增多的趋势，逆向交叉上市所引发的回归上市显然已经成为内地证券市场上一股新的潮流。

卡罗利等（Karolyi et al.，1998，2006）通过两组典型交叉上市样本的综合调查研究发现，交叉上市的动因和好处包括：消除投资壁垒；克服资本市场分割；降低融资成本；实行比初次上市交易所更高的监管标准，限制管理者谋取私人利益和为普通投资者提供更好的保障；吸引更多和更好的分析师关注；提升信息披露质量；为新融资创造条件。从法与金融的角度出发，交叉上市作为一种外部制约机制对公司的治理会起到改善作用，同时提升投资者保护度。但与成熟市场交叉上市公司本质不同的是，受到中国本土市场特殊的政策制度影响，中国 A + H 股交叉上市公司主要采取"先外后内"即先发行 H 股后发行 A 股的逆向交叉上市模式，这种交叉上市方式有悖于经典交叉上市模式。那么，内地公司逆向交叉上市的决策动因究竟是什么？逆向交叉上市是否会给公司带来更好的估值和市场表现？逆向交叉上市公司对本土市场具有怎样的影响？是否也可以同典型交叉上市一样，通过交叉上市的竞争机制与示范效应有效改善公司治理结构，提高投资者保护水平？逆向交叉上市是否可以带来正向的市场与市场间的传递溢出效应？这些都是值得探索的问题。

二、研究意义

首先，理论上，目前关于交叉上市决策动因的理论研究主要集中在典型交叉上市上，研究对象也以成熟市场的公司为主体，对于中国这种新兴资本市场公司的研究较少，对于中国内地公司逆向交叉上市的研究则更少，进而有待研究的空间较大。本篇研究基于国内外已有的相关理论及实证结果，以逆向交叉上市的中国内地公司为研究对象，结合中国证券市场的实际情况，对中国内地公司逆向交叉上市决策动因及经济后果进行深入分析，试图更加系统、全面地探究中国内地公司逆向交叉上市决策动因，揭示中国内地公司逆向交叉上市的经济后果，丰富完善有关逆向交叉上市方面的理论研究，为中国内地以及其他新兴市场公司逆向交叉上市提供理论依据与指导。

其次，现实上，大多数内地公司选择先在境外发达证券市场上市。随着内地证券市场的迅猛发展，近年来，不断出现此类公司回归 A 股市场上市的热潮，逆向交叉上市成为中国内地公司交叉上市的主要途径。本篇研究帮助中国内地公司从公司自身与市场双重角度认识逆向交叉上市的现实意义。一方面，探明逆向交叉上市的决策动因与经济后果，可以帮助中国内地公司充分了解自身特性及证券市场规制。另一方面，使有逆向交叉上市倾向的公司更加清晰地认识自身，从容面对各种情况，为逆向交叉上市后的顺利发展提供一定的参考。

最后，经济全球化与金融一体化已然成为当今社会的主流，中国内地公司如何正确应对逆向交叉上市决策也是不可避免的问题。本篇通过对中国内地公司逆向交叉上市决策动因及经济后果的研究对公司及市场提出相关对策与建议。对于公司方面，逆向交叉上市可以加深公司品牌关注度，帮助公司融资，扩大股权分布，提高营业能力，应鼓励有需求的境外上市公司回归上市。对于市场方面，逆向交叉上市增加了本土市场的上市竞争压力，有助于改善市场结构和提升效率，促进本土市场与成熟市场的联动性，加快提升作为全球第一大新兴市场的中国证券市场的市场成熟度和国际资本市场的地位。

第二节 概念界定

一、交叉上市

20 世纪 80 年代，经济全球化进程加快，国际资本市场开始趋于一体化。国际上出现资金潮，国家与国家之间的资本流动更加便捷快速，公司为了寻求获利机会开始跨越国界，在各大资本市场募集资金。全球各主要资本证券交易市场为了获得更多的资源与投资者，降低公司上市场成本，提供便利交易条件，"交叉上市"活动开始出现。交叉上市是指同一家公司在两个或者两个以上的证券市场上市的经济活动现象。交叉上市主要涉及境外上市与本土上市，作为特殊情形的在本土市场通过市场分割，分别面向内外投资者发行、以不同货币计价交易的同一公司股票（如中国市场的 A、B 股）亦可近似理解为交叉上市。

二、典型交叉上市和逆向交叉上市（回归上市）

从交叉上市的发展历史和理论认知来看，公司先在欠发达的新兴市场上市，然后再在发达的成熟市场上市，才能获得交叉上市带来的好处，否则，对公司可能是有害的。但随着交叉上市实践的发展，挑战经典认知的反向交叉上市方式开始大量出现，由此，为了便于研究，学界将交叉上市细分为典型交叉上市与逆向交叉上市。

典型交叉上市是指公司欠发达的本土新兴市场上市，然后再在发达的境外成熟市场上市的双重或多重交叉上市方式。典型交叉上市主要发生在美国、英国等发达资本证券市场，目前为全球公司交叉上市的主要形式。

逆向交叉上市是指公司在发达的境外成熟市场上市，之后再回归欠发达的本土新兴市场上市的双重或多重交叉上市方式，又称非典型交叉上市、回归上市。逆向交叉上市主要发生在中国、以色列等新兴资本证券市场，是近年来大量涌现的交叉上市新形式。

第三节　研究方法与研究内容

一、研究方法

本篇主要采用理论文献研究法、系统分析法与实证研究分析法三种主要研究方法。首先，通过理论文献研究法，对现有的国内外关于逆向交叉上市的文献进行梳理，对相关的理论假设及研究成果进行总结概述，通过对比分析已有方法及变量的选取标准，最终根据本篇的研究范畴，结合具体 2008 ~ 2015 年 H + A 逆向交叉上市的中国内地公司作为样本数据进行决策动因与经济后果的实证分析。在逆向交叉上市决策动因部分，先提出相关假设，通过构建 Cox PH 模型与 Logit 模型来验证假设并发现逆向交叉上市的动因，同时采取事件研究法来考察逆向交叉上市公司的超额累积收益；在逆向交叉上市的经济后果部分，公司自身方面，采用构建面板数据的实证方式考察公司治理的改善，市场方面则是通过 GRACH 模型与格兰杰因果检验相结合的方式考察逆向交叉上市对市场间传递溢出效应的主要趋势及影响。

二、研究内容

由于香港证券市场与内地证券市场的特殊关系，香港证券市场作为亚洲发达证券市场之一，它是内地公司进行逆向交叉上市的主要证券市场。因此，本篇主要以 2008～2015 年先在香港市场发行 H 股，后在保持其香港的上市身份的同时回归 A 股市场发行 A 股的内地公司为研究样本，探究这些内地公司逆向交叉上市的决策动因和经济后果。本篇的主要内容与框架如下：

第八章：绪论。介绍了研究背景及意义、主要概念的界定、研究方法与内容和文章的创新之处与不足。

第九章：文献回顾。对逆向交叉上市决策动因及经济后果的相关经典理论假说进行回顾梳理，同时整理国外与国内已有的研究成果进行概述。为文章的后续研究提供明确方向。

第十章：中国内地交叉上市公司现状。从逆向交叉上市公司逐年的数量分布、主要涉及行业等多方面进行描述统计分析。并对中国内地公司逆向交叉上市现状进行了图表化的处理，更加直观地显示了中国内地公司当前交叉上市的发展程度，为后续研究提供了现实依据。

第十一章：中国内地公司逆向交叉上市决策动因检验。以中国公司自身特征和市场层面指标为基础，结合经典理论文献提出假设，通过构建 Cox PH 模型与 Logit 模型进行实证分析，深度挖掘内地公司逆向交叉上市的主要动因。最后根据实证结果，从公司自身与市场两个方面找出内地公司逆向交叉上市决策的真正动因。

第十二章：中国内地公司逆向交叉上市的效应研究。经济后果结合构建面板数据，主要从公司自身与市场两方面进行考察。公司方面，逆向交叉上市的经济后果主要表现在公司治理方面，通过对逆向交叉上市公司与单一上市 A 股公司的横向比较，以及逆向交叉上市公司自身的纵向比较，发掘逆向交叉上市所带来的公司治理的改善。市场方面，运用 GARCH 模型与格兰杰因果检验相结合，考察逆向交叉上市公司回归上市后对香港市场与 A 股市场收益率及波动性的传递溢出效应情况。最后综合总结逆向交叉上市所带来的经济后果的影响。

第十三章：本篇总结与展望。对本篇已经获得的中国内地公司逆向交叉上市决策动因和经济后果的结论进行分析与总结，并从逆向交叉上市公司自身和证券市场两个角度提出行之有效的对策建议。最后对文章的不足与局限性进行思考总结，提出进一步需要开展的研究工作。

本篇研究技术路线图如下：

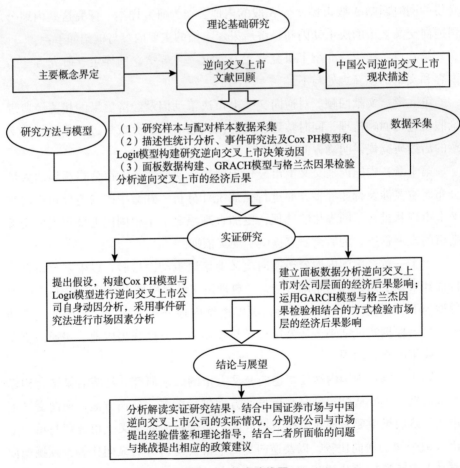

图 8 - 1　技术路线图

三、主要创新点

本篇的创新之处主要有以三个方面：

第一，研究视角创新——新兴市场的逆向交叉上市。鉴于目前国内外学者对于交叉上市的研究对象主要集中在美国、英国等成熟市场，且大部分集中探讨典型交叉上市的作用机理与结果影响，忽略了对新兴市场及在新兴市场发生的交叉上市的研究，逆向交叉上市的系统性研究与实证检验则更少。本篇通过对中国内地公司逆向交叉上市决策动因及效应的研究，更加全面地展示了逆向交叉上市作为交叉上市的一部分所产生的机理与影响结果，同时通过对实证结果的剖析从公司自身与市场两个全新视角提出相应的政策建议，对内地公司逆向交叉上市现象作出了系统全面的研究。

第二，研究对象的独特性——中国情境和特定现实需求。结合中国内地公司逆向交叉上市这一有悖于经典理论和充满争议的议题，以先在香港上市后回归 A 股市场上市的 H + A 股公司为研究样本，准确说明内地公司逆向交叉上市的现状。同时，为了增强结果的可信度和有效性，选择先发行 A 股后发行 H 股的典型交叉上市公司、单一发行 A 股公司和单一发行 H 股公司分别作为对比样本进行研究。扩大研究范围，有利于从公司自身层面与市场层面发现逆向交叉上市决策动因及效应影响的差异，为境外上市中国内地公司回归 A 股市场逆向交叉上市提供了宝贵的经验与参考。

第三，研究方法综合应用创新——多种方法的组合运用。对于中国内地公司逆向交叉上市的决策动因和效应研究，本篇分别采用了理论文献研究法、系统分析法与实证研究分析法等多种研究方法。运用 Cox PH 模型与 Logit 模型的构建探究逆向交叉上市的公司层面的决策动因，并通过事件研究法计算出逆向交叉上市的超额累计收益来研究逆向交叉上市的市场层面决策动因。同时，通过面板数据的构建分析公司逆向交叉上市后自身效应变化的影响，运用 GARCH 模型与格兰杰因果检验相结合的方式探究逆向交叉上市对市场产生的效应影响。

第九章

文 献 回 顾

第一节　典型交叉上市文献综述

作为交叉上市重要组成部分的典型交叉上市是指，公司先在本土证券资本市场进行上市，之后再到境外发达资本证券市场上市的双重交叉上市方式。目前关于典型交叉上市动因主要有市场分割假说、流动性假说、投资者认知假说、约束假说和信息不对称假说几个经典理论假说：

一、市场分割假说

市场分割假说认为，当国与国之间存在贸易壁垒时，国际各资本市场是分割的，上市公司发行的股票通常只在国内流通被本国国民持有。这种局面使得投资风险不能够有效分散，投资者将会调整风险增加后的收益率，导致资金成本的增加。斯泰普尔顿（Stapleton et al.，1977）认为，市场分割使得股票发行者与投资者之间必须高成本的转移证券。福斯特等（1999）对市场分割假说进行了实证检验，从股票价格市场表现、资本成本变化和市场流动性等方面得出的结论支持了市场分割假说的成立。米勒（Miller，1999）研究了市场分割对股票价格的影响，他以涉及 35 个国家在美国上市的 181 家为样本研究发现，交叉上市一年后，这些公司在本国市场的股价均下降。因此，消除投资壁垒和市场分割的负面效应，分散风险降低资金成本，成为交叉上市决策主要动因之一。

二、流动性假说

流动性假说认为，不同资本市场所具有的流动性是有差异的，这种差异性会带来不同的交易成本，在流动性较好的市场上，交易指令能够快速传达，交易成本相对较低，但此种交易行为并不会对市场交易价格造成影响，在其他条件都相同的条件下，市场的流动性越大，资本成本就会越低，投资者倾向越明显。阿米胡德等（Amihud et al.，1986）认为，不同资本交易市场的股票具有不同的流动性，同时会产生不同的流动成本，流动性越好的股票，其交易成本就越低，从而股票的价格波动性就越小，使股票具有较低的流动性风险和较低的预期收益率，因此投资者会更愿意为股票支付更高的价格。德莫维茨等（Domowitz et al.，1998）研究了墨西哥市场上的股票溢价，通过建立买卖差价之间的关系模型阐述流动性对股票溢价的影响，并得出股票溢价率与交易成本之间减函数的关系，进一步验证了流动性假说的准确性。钱等（Chan et al.，2008）以美国市场交叉上市公司为研究样本，采用交易频率和换手率作为衡量流动性的变量研究发现，较高的 ADR（美国存托凭证）所对应的 ADR 的流动性也较高，相对应的本国市场流动性却较低，在控制了企业规模和国家特征后，这种流动性仍显著存在。席尔瓦等（Silva et al.，2008）对美国市场上市的四支拉美市场股票进行流动性研究发现，上市地点与公司规模是投资者进行交易的重要决定因素，大公司相较于小公司有着更低的交易成本。

三、投资者认知假说

投资者认知假说认为，由于投资者可以获得的信息具有有限性，投资者在进行投资时只会选择他们所熟悉的股票进行投资，并预测随着上市公司投资者数量的增大将会导致股票投资者预期收益和交易成本的降低，进而增强和提升公司股票的市场价值。交叉上市则是公司管理者扩大股票投资者基数、提升公司知名度行之有效的战略之一。科特等（Kot et al.，2011）通过提出本土市场假说和市场择时假说对投资者认知假说进行了影响因素验证。金等

（King et al.，2006）进一步对投资者认知假设进行研究发现，交叉上市公司如果想要保持较高且稳定的股价水平必须有效扩大投资者数量，否则公司的股价水平会在交叉上市后的两年内回到交叉上市前的原始水平。

四、约束假说

约束假说认为，公司通过境外上市进入成熟市场将会受到更为严格的市场监管，自身也将承担更为严苛的信息披露准则，同时更加有效地保护小股东权益，从而在一定程度上对投资者进行了保护并提高了公司治理能力。随着法与金融理论的快速发展，以约束假说为基础衍生出许多具体的约束理论，其中司法约束与声誉约束最为著名。科菲（1999）从法学角度出发，归纳了美国上市公司受到的司法约束机制，认为联邦证券法中对于控制权交易的监管条例就美国的情况而言对持有散股的投资者提供了最为有效的保护。同时他还指出，即使本国法律制度相对较弱国家的公司在美国主要证券市场上市后，也可以通过"借用"美国规范的法律法规制度，实现自我约束与环境约束。里斯等（Reese et al.，2002）研究发现，在美国证券市场交叉上市的境外公司的股权融资次数与融资额度都有大幅度提升，特别是来自法律制度不完善、投资者保护较差国家的公司更可能在交叉上市后获得更多增发股票的机会，获得更高的额度，更容易进行融资。米顿（Mitton，2003）对亚洲包括韩国、泰国、菲律宾、马来西亚和印度的公司在金融危机前后的表现进行了考察后发现，已发行 ADR 的公司在危机发生期间具有较高的估值水平，这一结论证明了司法约束的重要影响。西格尔（Siegel，2005）认为，约束假说所涉及的法律制度不光要顾及制度是如何编写的，更应该注重制度是如何执行的。他还提出，交叉上市所带来的司法约束力是十分有限的，市场是具有声誉效应的，通过市场的声誉约束，即便在政府和证券市场司法失效的情况下，交叉上市公司的行为也将受到约束。伯恩斯等（Burns et al.，2007）考察了美国市场交叉上市公司的并购行为后发现，相较于美国本土公司，境外公司较少通过股票支付的方式完成并购交易，来自司法保护较好国家的公司相比来自司法保护较弱国家的公司拥有较低的收购溢价。他们认为，司法约束与声誉约束都会对美国投资者持有交叉上市公司股票以及投资者要求的支付方式产生影响。

五、信息不对称假说

信息不对称假说认为，投资者在进行境内外投资时所获取的信息是存在不对称性的，通常情况下，境内投资者相较于境外投资者在获取信息方面一定程度上具有优势性，同时不同投资者对于信息的处理与阐释也是具有差异性的，这就会产生同一家公司不同的投资者会产生不同的期望收益率。公司如果能够更加及时有效地披露相关信息，市场投资者将会处于一个信息较为对称的环境，市场参与者也将会更加依赖于透明的信息的传递。胡达尔（Huddar et al.，1999）考察了公司交叉上市决策受不同市场信息披露要求的影响程度后发现，市场会产生分化现象，交易更倾向在信息披露水平高的市场进行，交易能力将影响公司作出交叉上市的决策。贝克等（Baker et al.，2002）通过对在 NYSE 和 LSE 交叉上市公司的证券分析师数量和媒体关注度进行研究得出，交叉上市既可以使公司的信息披露质量得到提升，使公司的信息更加透明化，也可以增强公司的知名度。朗等（Lang et al.，2003）也发现，在美国上市的境外公司可以提升公司的市场关注度，可以吸引更多的市场分析师对其进行精准的预测，同时为投资者提供更对称的公司信息。

关于典型交叉上市的理论假说多种多样，不同学者通过对不同时期、不同国家（地区）、不同市场和不同行业的交叉上市公司进行实证检验得出不同的结果。但目前为止对中国内地公司交叉上市的研究还不够全面，缺乏针对性，上述理论假说为我们探究问题提供了新的视角与基础，应该在结合中国实际情况下，提出更加符合中国内地公司交叉上市的理论观点。

第二节 逆向交叉上市理论文献综述

国内外学者对于逆向交叉上市相关研究作出了较为全面的阐述，本篇的研究视角主要从逆向交叉上市的决策动因、公司治理能力的表现和逆向交叉上市传递溢出效应的表现三方面出发。

一、逆向交叉上市的决策动因

卡罗利（1998，2006）通过两组典型交叉上市样本的综合调查研究发现，交叉上市的动因和好处包括：消除投资壁垒；克服资本市场分割；降低融资成本；实行比初次上市交易所更高的监管标准，限制管理者谋取私人利益和为普通投资者提供更好的保障；吸引更多和更好的分析师关注；提升信息披露质量；为新融资创造条件。傅科等（Foucault et al.，2008）发现，典型交叉上市使公司能够从股市获得关于它们成长价值更准确的信息，对美国的实证研究表明交叉上市创造了净收益。费尔南德斯等（2008）发现，在美国市场交叉上市提升了来自成熟市场公司股价的信息含量，但降低了来自新兴市场公司股价的信息含量。海尔等（Hail et al.，2009）发现，在美国市场交叉上市的公司资本成本下降了 70 ~ 120 个基点。显然，逆向交叉上市模式下新兴市场并不能为公司提供类似成熟市场的好处，上述解释是没有说服力的。多伊奇等（Doidge et al.，2010）认为，当公司做出逆向交叉上市决策时，他们必须衡量交叉上市的效益与成本问题。资金约束假说认为具有更多资金需求的公司有意逆向交叉上市，因为它提供了一个缓解公司资金约束的筹资平台。市场时机选择假说认为由于新兴市场投资者看好市场的未来表现，它们愿意为发行股份付出更高的价格，公司可以更容易和更高的溢价募集股本资金。本土市场假说认为，如果一个公司在本土市场拥有知名品牌（BRAND），它将因此被国内投资者认知，公司通过在本土市场上市更容易扩大股东基数。克莱森斯等（Claessens et al.，2003）通过比较典型交叉上市公司和逆向交叉上市公司的特征发现，它们的共同特征是具有更大的规模和更多的自由现金流。但低增长、高杠杆率和较高股息支付的公司更有可能逆向交叉上市。另一方面，以资产权益和股权收益为代理变量的公司经营业绩在两种模式之间并没有显著差异。而发展中国家公司则更加关注从绑定效应中受益。陈等（Chen et al.，2010）认为来自新兴市场公司的逆向交叉上市将受益于成熟市场严格的法律和上市标准绑定效应（"声誉寻租"）。帕加诺等（Pagano et al.，2002）通过比较分析在美国上市的欧洲公司与其本土市场上市同行公司特征后发现，逆向交叉上市公司往往有较高的杠杆率和更大的成交量。但多伊奇等（2009）的研究包括的样本则更多，他并没有发现杠杆率对逆向交叉上市有显著的影响。高等（Ko et al.，2011）的研究结果支持市场时机选择假说和本土市场假说，但不支持资金约束假说。他们发现：当 A 股市场的 P/E 比率高时，H 股公司倾向于在 A 股市场交叉上市；具有知名品牌的公司倾向于逆向交叉上市；资金约束不是逆向交叉上市的驱动因素，但它带来了所预期的额外好处，获得的溢价具有稳健性。奥克萨那（Oksana，2013）发现，长期来看，逆向交叉上市的独联体蓝筹股既战胜了英国市场，也战胜了俄罗斯市场。

金姆和平纳克（Kim and Pinnuck，2012）调查发现，来自新兴市场的境外上市企业有高达 60% 的企业倾向选择回归上市。格雷厄姆和哈维（Graham and Harvey，2001）调查发现，超过 70% 的财务经理表示，股票价值被高估是其发行股票的主要动机。陈等（2010）从发行 P/E 溢价的角度认为估值寻租是逆向交叉上市的主要原因。阿米拉（Amira，2011）等通过对上市公司交叉上市东道国研究发现，出于对股价的考虑，公司股东会放弃部分个人利益以换取公司在上市标准不同的交易所上市，从而获得更多的发展机会。豪森和康纳（Howson and Khanna，2014）认为来自发达国家和成熟市场的公司选择逆向交叉上市的动机则主要是"消费者商业市场绑定"。一方面，公司在已经"法律绑定"成熟市场而不影响其估值支撑的前提下，改善其在新兴市场的消费者商业市场绑定，另一方面，优质公司的上市有助于改善新兴市场的结构和效率，提升声誉。对于回归上市而言，"消费者商业市场绑定"显然不是其主要动机。科菲（1999，2002）和史图斯（Stulz，1999）认为来自新兴市场公司在成熟市场上市可以获得更加严格的投资者保护和法律制度约束，改善公司治理，通过与成熟市场的绑定效应可使回归上市获得长期估值溢价。而没有真正改善治理能力的公司也可以通过"声誉寻租"使回归上市获得短期的估值溢价。科特和塔姆（Kot and Tam，2011）发现，当 A 股市场的 P/E 比率高时，H 股公司倾向于回归上市，具有知名品牌的 H 股公司回归上市愿望更强烈。派息率和回归上市没有显著关系，所有回归上市公司的财务都是健康的。他们的发现支持市场时机选择假说和本土市场假说，不支持资金约束假说。另外，回归上市后，股价同步性增强，H 股股价的信息含量减少了，对 H 股的流动性则没有显著影响。

二、公司治理能力的表现研究

施莱费尔等（1997）认为，公司治理是指为了确保投资者能够得到投资回报的各种手段与方法，投资者为企业提供资金希望公司回馈给他们应有的投资收益，排除私人控制权私利。拉波尔塔（LaPorta et al.，1998）从法与金融领域研究了不同国家对投资者保护法律上的差异后发现，如果一个国家对投资者的保护足够完善就可以最大限度地控制大股东侵占小股东的利益，同时减少控股股东转移资源的"隧道行为"的发生。史图斯（1999）从制度角度提出了约束假说，认为公司到更加成熟的资本市场交叉上市，不仅受到本土市场的监管，同时还会受到来自成熟市场更为严格的法律管控和市场监管，双重管制致使公司必须通过提高信息披露质量，控制股东私利行为来提高公司治理能力。同时，他还指出独立董事、对小股东的司法保护、严格的披露要求、公司控股权和资本市场制度是监督管理层的重要机制。伯纳德（Bernard，2001）认为，通过在不同成熟程度的市场进行交叉上市相当于为公司引进了一个新的约束机制，这种约束机制可以在内部更好地激励员工致力于公司治理机制的改善，交叉上市行为成为令人满意的治理机制工具。多伊奇等（2004）研究发现，在投资者保护较差的国家，相较于公司自身治理水平而言，法律与制度提供的投资者保护更有效，进一步解释了不同国家证券市场间公司治理的差异。科菲（2002）提出绑定假说，认为来自新兴市场或投资者保护较差国家的公司通过"绑定效应"在投资者保护较好的国家交叉上市来约束股东与经理层的私利行为，加大对投资者的保护，继而改善公司治理能力。里斯等（2002）指出，从投资者保护程度较弱的国家到美国交叉上市的公司，由于强烈的融资欲望，愿意自愿遵守美国严苛的证券法规和会计准则（GAAP），这样通过在美国交叉上市后可以更容易地在美国以外的其他市场募集到更多的资本，同时减少控股股东对私人利益的追逐，提高公司治理水平。康纳（Connor，2005）认为，新兴市场的公司通过在美国市场发行 ADR 进行交叉上市后会对公司的整体价值产生积极的影响。多伊奇等（2007）研究表明，在美国交叉上市的境外的 Tobin_q 值高出非交叉上市公司16.5%，并且在控制了公司和国家特征后，这种估值仍然显著存在。同时他们还指出，国家对于中小股东的保护水平将会影响公司的治理水平，在投资者保护较差的国家，法律与制度相较于公司治理水平对改善投资者的保护更有效。查利托等（Charitou et al.，2007）通过研究分析在美国交叉上市的加拿大公司发现，交叉上市公司在独立董事会和审计委员会等方面要严格优于非交叉上市公司，并且在交叉上市后自身在公司治理方面也有显著的提高。同时，德扬科夫等（Djankov et al.，2008）提出了"反董事会权利指数"（anti-director rights index），这一指数可以更好地说明各国对小股东的保护程度，更好地反映出公司治理水平的改善。

国内学者卢文莹（2003）通过对流通股比例与交叉上市概率的关系、不同财务准则的会计盈余对投资决策有用性等方面的研究发现，内地公司交叉上市的主要动因之一是改善公司治理水平。田利辉（2006）研究了中国银行业交叉上市后的制度和绩效表现，认为交叉上市能够改进上市银行的公司治理，提高企业绩效。王晓初等（2007）以同时在香港和内地交叉上市的中国企业为样本，研究企业收购绩效与公司治理结构。结果表明：不同的股票收购对企业的绩效影响不一，主要在于投资者保护与公司内外部治理等方面存在差异。肖珉等（2008）从法与金融的角度研究发现，内地赴港交叉上市的公司要比非交叉上市的纯 A 股公司有更低的资本成本，由于香港拥有较为严格的投资者保护制度，交叉上市可以改善其公司治理，降低资本成本。沈洪波等（2009）发现，香港市场上的机构投资者、财务分析师和投资银行等主体主要关注于公司的长期投资价值，充分重视并利用会计信息，在投资者保护上的法律构成完善，因此交叉上市行为会使公司治理水平得以改善。同时，程敏（2009）认为，交叉上市后成熟市场严格有效的市场监管、良好的信息披露准则等构成的市场环境有利于公司治理改善，对公司的股利也会产生积极的影响。邹颖（2009）指出，交叉上市借用了良好的公司治理体系，有效防止了"内部控制"的发生，更高层次的投资者要求及更规范的国际市场监督，有利于规范自身行为，改善公司治理结构，提高经营效率与管理水平，提升公司价值。何丹等（2010）基于约束理论研究在香港和内地交叉上市公司后发现，受到成熟市场法律、市场和标准的多方面制约，交叉上市提供了更好的投资者保护，更低的信息获取成本，增加了公司价值。计方等（2011）从关联交易的角度考察了交叉上市是否有助于公司治理的改善，结果显示，交叉上市公司相较于非交叉上市公司有更低的非公允关联交易，在交叉上市后公司治理水平得到了显著的提升。董秀良等（2016）则认为，公司治理的主要问题是公司股东与管理层之间的委托代理关系，委托代理关系的关键在于信息的不对称，因此提高信息披露水平降低信息不对称是公司治理的重点问题。

三、逆向交叉上市传递溢出效应的表现研究

关于传递溢出效应，有学者解释是指不同金融市场的波动之间可能存在相互影响，这种影响会从一个市场传递到另一个市场，传递溢出效应可能存在于不同地域的市场之间，也可能存在于不同类型的市场之间。努诺（Nuno，2005）将交叉上市产生的市场间传递影响机制分成两类，即负面的分流效应（Diversion Effect）和正面的风险分散效应（Risk Dispersion）。福布斯等（Forbes et al.，2002）根据传递溢出效应发生的特殊时期给出了一个限制性的定义，称其为"金融传染"，主要指金融危机发生时，市场间存在的恶性传递溢出效应，如1994年的墨西哥"龙舌兰酒效应"（Tequila effect）。恩格尔等（Engle et al.，1993）根据跨市场信息传递溢出效应，提出了热扩散假说（Heat waves），认为价格波动本身具有自相关性，但这种价格波动也会从一个市场传递溢出到另一个市场，一旦一个市场产生剧烈波动，另一个市场也将会效仿。同样，滨野等（Hamao et al.，1990）运用ARCH模型研究了东京、伦敦和纽约股票市场间的传递溢出效应发现，纽约股市、伦敦股市分别对东京股市存在传递溢出效应，同时，纽约股市对伦敦股市也存在传递溢出效应。狄奥多西欧等（Theodosiou et al.，1993）运用GARCH－M方法研究发现，美国股票市场是世界股票市场的传递溢出效应的信息源。针对欧洲股票市场的传递溢出效应，布思等（Booth et al.，1997）和喀纳斯（Kanas，1998）进行了实证研究，均认为传递溢出效应是存在的但具有不对称性。除研究发达国家市场之间的传递溢出效应外，成熟市场与新兴市场之间的传递溢出效应也是值得关注的。金等（1994）研究认为，作为成熟市场代表的美国股票市场其自身波动性将会对韩国、泰国、墨西哥等新兴股票市场产生强烈的传递溢出效应。哈恩（Hahn，2002）研究发现，欧美发达股票市场对中

东和北非股票市场存在显著的传递溢出效应。

自20世纪90年代开始，国内的一些学者也开始对股票市场间的传递溢出效应进行研究。朱宏泉等（2001）借助格兰杰（Granger）因果关系的思想，认为香港股票市对沪深股票市场的传递溢出效应并不明显。但张碧琼（2005）运用 EGARCH 模型发现，香港股票市场与沪深股票市场间存在显著的双向传递溢出效应。张瑞锋等（2006）测度了美国市场指数与亚洲各指数之间的关系后发现，美国 sp500 指数与恒生指数、海峡指数、KSE，日经225之间存在着较明显的传递溢出效应。杨毅（2008）发现，中国香港股票市场对中国台湾股票市场有强烈的传递溢出效应，且为单向传导，香港股票市场起到了主导作用。

逆向交叉上市作为交叉上市的重要组成部分已经引起了国内外学者的高度关注，部分学者通过选取不同的样本研究得出不同结论，这些结论对中国内地公司逆向交叉上市提供了借鉴意义，但由于证券市场与公司之间都存在差异性，所以不可以照搬照抄，需要从中国内地公司实际出发进行系统全面的研究。

金姆（2013）认为回归上市对新兴市场和公司都有益处，俄罗斯和独联体龙头企业回归上市后短期市场表现不佳，但三年后分别战胜了东道国市场（Host Market）和其母国市场（Home Market）。董秀良等（2012）认为，大型优质海外上市公司回归内地上市可以改善 A 股市场的结构和提高交易所的国际竞争力。乔扬（2017）选取1997～2015年的 A＋H 股日收益率数据分析了两市间的联动效应后发现，H 股上市股票上涨15%后会对相应 A 股产生明显的溢价效应；H 股下跌15%后对应 A 股中短期内有一定下跌风险，A＋H 股有很强的相关性，且随着时间推移相关关系日益密切，A 股对 H 股影响显著增强。

第三节 本章小结

本章主要从典型交叉上市理论文献回顾和逆向交叉上市理论文献回顾两个方面对相关国内外文献进行梳理总结。其中典型交叉上理论文献回顾主要涉及交叉上市的几大主要假说，即市场分割假说、流动性假说、投资者认知假说、约束假说和信息不对称假说；逆向交叉上市理论文献回顾主要涉及逆向交叉上市的决策动因、公司逆向交叉上市治理能力的研究表现和逆向交叉上市传递溢出效应表现的研究。

第十章

中国内地交叉上市公司现状

第一节　中国内地上市公司现状

一、中国内地上市公司基本情况

　　1984 年 11 月"飞乐音响"公开发行股票 50 万元，成为新中国成立以后中国内地证券市场发行的第一支股票，由此建立了内地证券市场上第一支标杆；1985 年，"延中实业"和"爱使电子"分别发行股票 500 万元和 40 万元；1987 年，"真空电子"和"飞乐股份"分别发行 1000 万元和 210 万元；1988 年，"豫园商场"发行 129.1 万元，"申华实业"（申华电工联合公司）发行 46 万元；1992 年 2 月，"真空电子"又发行首支 B 股。1990 年 12 月上海证券交易所正式成立，上述八家公司成为上海证券交易所首批挂牌交易的上市公司，因此获得"老八股"的雅称。同年，深圳证券交易所也正式挂牌成立。"老八股"是中国改革开放的直接产物，也代表着中国内地证券市场的真正建立。随着中国内地证券市场的不断发展，1990~2015 年，每年都有新公司挂牌上市，其中 2010 年和 2011 年增长量最为显著（如图 10-1、图 10-2 所示），截至 2015 年底上海证券交易所与深圳证券交易所挂牌上市的公司总量已经达到 2803 家，其中上海证券交易所上市公司数量为 1071 家，深圳证券交易所上市公司数量为 1732 家。从行业分布来看，这些上市公司主要涉及材料、电信服务、房地产、工业、公用事业、金融、可选消费、能源、日常消费、信息技术和医疗保障 11 个行业。其中，工业行业有 677 家公司，占比最大约占24.15%；材料、可选消费和信息技术分别有482家、433家和449家，占比均在15%以上；房地产、公用事业、金融、能源、日常消费和医疗保健占比均在1%~10%；电信服务业公司数量最少，只有4家，占比仅在0.14%。

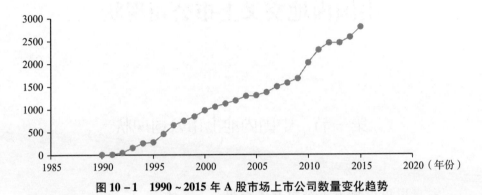

图 10 - 1　1990~2015 年 A 股市场上市公司数量变化趋势

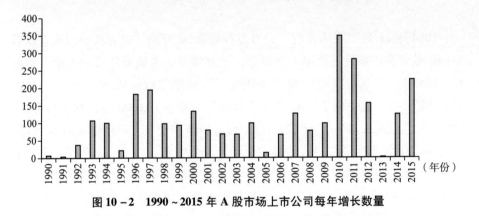

图 10 - 2　1990~2015 年 A 股市场上市公司每年增长数量

除了在中国内地证券市场上市的公司外，还有一部分公司出于战略考虑选择境外上市，2015年底境外上市中国内地公司数量已经达到524家，其中中国香港市场上市的中国内地公司数量达到224家，新加坡市场、纳斯达克市场和纽约市场上市的内地公司数量分别为99家、85家和51家，多伦多市场和伦敦市场的中国内地公司上市数量为22家和13家，剩下澳大利亚、巴黎、东京、法兰克福、韩国、美国市场上市的中国内地公司都不足10家。与中国内地证券市场相似，所涉及的行业中，工业行业最为显著，占比最高达

到 22.33%，电信服务行业占比最低，仅占约 1.72%（如表 10 - 1、表 10 - 2
所示）。

表 10 - 1　　　　　　　　**A 股市场上市公司行业分布及占比**

行业	数量	占比（%）	行业	数量	占比（%）
材料	482	17.20	电信服务	4	0.14
房地产	135	4.82	工业	677	24.15
共用事业	103	3.67	金融	62	2.21
可选消费	433	15.45	能源	70	2.50
日常消费	186	6.64	信息技术	449	16.02
医疗保障	202	7.21			
总计				2803	100

数据来源：根据 Wind 资讯公开数据整理。

表 10 - 2　　　　　　**境外上市中国内地公司行业数量及上市地点分布**

行业	数量	占比（%）	上市地点	数量	占比（%）
材料	63	12.02	香港证券交易所	224	42.75
电信服务	9	1.72	巴黎证券交易所	6	1.15
房地产	16	3.05	东京证券交易所	1	0.19
工业	117	22.33	多伦多证券交易所	22	4.20
共用事业	18	3.44	法兰克福证券交易所	5	0.95
金融	58	11.07	韩国证券交易所	4	0.76
可选消费	73	13.93	伦敦证券交易所	13	2.48
能源	34	6.49	美国证券交易所	5	0.95
日常消费	29	5.53	纳斯达克证券交易所	85	16.22
信息技术	76	14.50	纽约证券交易所	51	9.73
医疗保障	31	5.92	新加坡证券交易所	99	18.89
			澳大利亚证券交易所	9	1.72
总计	524	100		524	100

数据来源：根据 Wind 资讯公开数据整理。

二、主要类型

根据中国内地公司选择上市地点与上市时间顺序的不同，按上市方式主要分为单一上市 A 股公司、单一境外上市公司和交叉上市公司。

（一）单一上市 A 股公司

单一上市 A 股公司指仅在中国内地证券市场（即上海证券交易所或深圳证券交易所）向证券主管部门申请登记并挂牌上市的内地公司。

（二）单一境外上市公司

单一境外上市公司指首次公开发行上市（IPO）是以内地公司名义向境外证券主管部门申请登记，并在海外当地证券交易所挂牌上市，上市后并未回归中国内地证券市场上市的内地公司。

（三）交叉上市公司

交叉上市公司指分别向境外证券主管部门和内地证券主管部门申请登记，并在境外市场和 A 股市场分别挂牌上市的具有双重上市身份的内地公司。其中交叉上市又分为典型交叉上市与逆向交叉上市两种方式。典型交叉上市是公司先本土上市后境外上市的交叉上市方式；逆向交叉上市是公司先境外上市后回归本土上市的交叉上市方式。

第二节　中国内地公司 A－H 股交叉上市现状

一、A－H 股交叉上市的基本情况

由于香港与内地特殊的地理位置与文化关系，香港证券市场成为内地公司选择境外上市的主要目的地之一，截至 2015 年底已经有 224 家内地公司在香港市场顺利发行 H 股上市，占所有境外上市中国内地公司的 42.75%，也是中国内地公司境外市场上市唯一超过 100 家的证券市场。其中，在香港市场与 A 股市场进行交叉上市（即发行 A 股与 H 股）的公司共有 87 家（如表10－3 所示），先发行 H 股后发行 A 股的逆向交叉上市公司有 61 家，先发行 A 股后发行 H 股的典型交叉上市公司有 24 家，有 2 家公司同时发行 A 股与 H 股。

表 10－3　　　　　　　　A－H 股交叉上市公司一览表

A 股代码	A 股名称	A 股上市日	H 股代码	H 股名称	H 股上市日
000002. SZ	万科 A	1991/01/29	2202. HK	万科企业	2014/06/25
600660. SH	福耀玻璃	1993/06/10	3606. HK	福耀玻璃	2014/01/16
600600. SH	青岛啤酒	1993/08/27	0168. HK	青岛啤酒股份	1993/07/15
000513. SZ	丽珠集团	1993/10/28	1513. HK	丽珠医药	1993/08/06
600685. SH	中船防务	1993/10/28	0317. HK	中船防务	1993/07/26
600688. SH	上海石化	1993/11/08	0338. HK	上海石油化工股份	1993/12/07
600806. SH	*ST 昆机	1994/01/03	0300. HK	昆明机床	1993/12/07
600808. SH	马钢股份	1994/01/06	0323. HK	马鞍山钢铁股份	1993/11/03
600837. SH	海通证券	1994/02/24	6837. HK	海通证券	2012/04/27
601607. SH	上海医药	1994/03/24	2607. HK	上海医药	2011/05/20
000039. SZ	中集集团	1994/04/08	2039. HK	中集集团	2012/12/19
600860. SH	*ST 京城	1994/05/06	0187. HK	京城机电股份	1993/08/06
600871. SH	石化油服	1995/04/11	1033. HK	中石化油服	1994/03/29
600874. SH	创业环保	1995/06/30	1065. HK	天津创业环保股份	1994/05/17
600875. SH	东方电气	1995/10/10	1072. HK	东方电气	1994/06/06
600876. SH	洛阳玻璃	1995/10/31	1108. HK	洛阳玻璃股份	1994/07/08
000585. SZ	东北电气	1995/12/13	0042. HK	东北电气	1995/07/06
600775. SH	南京熊猫	1996/11/18	0553. HK	南京熊猫电子股份	1996/05/02
000776. SZ	广发证券	1997/06/11	1776. HK	广发证券	2015/04/10
000756. SZ	新华制药	1997/08/06	0719. HK	山东新华制药股份	1996/12/31
600115. SH	东方航空	1997/11/05	0670. HK	中国东方航空股份	1997/02/05
000063. SZ	中兴通讯	1997/11/18	0763. HK	中兴通讯	2004/12/09

续表

A 股代码	A 股名称	A 股上市日	H 股代码	H 股名称	H 股上市日
000898. SZ	鞍钢股份	1997/12/25	0347. HK	鞍钢股份	1997/07/24
600188. SH	兖州煤业	1998/07/01	1171. HK	兖州煤业股份	1998/04/01
600196. SH	复星医药	1998/08/07	2196. HK	复星医药	2012/10/30
000921. SZ	海信科龙	1999/07/13	0921. HK	海信科龙	1996/07/23
000157. SZ	中联重科	2000/10/12	1157. HK	中联重科	2010/12/23
000488. SZ	晨鸣纸业	2000/11/20	1812. HK	晨鸣纸业	2008/06/18
600016. SH	民生银行	2000/12/19	1988. HK	民生银行	2009/11/26
600377. SH	宁沪高速	2001/01/16	0177. HK	江苏宁沪高速公路	1997/06/27
600332. SH	白云山	2001/02/06	0874. HK	白云山	1997/10/30
600028. SH	中国石化	2001/08/08	0386. HK	中国石油化工股份	2000/10/19
600011. SH	华能国际	2001/12/06	0902. HK	华能国际电力股份	1998/01/21
600548. SH	深高速	2001/12/25	0548. HK	深圳高速公路股份	1997/03/12
600362. SH	江西铜业	2002/01/11	0358. HK	江西铜业股份	1997/06/12
600585. SH	海螺水泥	2002/02/07	0914. HK	海螺水泥	1997/10/21
600036. SH	招商银行	2002/04/09	3968. HK	招商银行	2006/09/22
600026. SH	中远海能	2002/05/23	1138. HK	中远海能	1994/11/11
600030. SH	中信证券	2003/01/06	6030. HK	中信证券	2011/10/06
600012. SH	皖通高速	2003/01/07	0995. HK	安徽皖通高速公路	1996/11/13
600029. SH	南方航空	2003/07/25	1055. HK	中国南方航空股份	1997/07/31
600027. SH	华电国际	2005/02/03	1071. HK	华电国际电力股份	1999/06/30
601988. SH	中国银行	2006/07/05	3988. HK	中国银行	2006/06/01
601111. SH	中国国航	2006/08/18	0753. HK	中国国航	2004/12/15
601588. SH	北辰实业	2006/10/16	0588. HK	北京北辰实业股份	1997/05/14
601398. SH	工商银行	2006/10/27	1398. HK	工商银行	2006/10/27
601991. SH	大唐发电	2006/12/20	0991. HK	大唐发电	1997/03/21
601333. SH	广深铁路	2006/12/22	0525. HK	广深铁路股份	1996/05/14
601628. SH	中国人寿	2007/01/09	2628. HK	中国人寿	2003/12/18
601005. SH	*ST 重钢	2007/02/28	1053. HK	重庆钢铁股份	1997/10/17

续表

A 股代码	A 股名称	A 股上市日	H 股代码	H 股名称	H 股上市日
601318. SH	中国平安	2007/03/01	2318. HK	中国平安	2004/06/24
601998. SH	中信银行	2007/04/27	0998. HK	中信银行	2007/04/27
601600. SH	中国铝业	2007/04/30	2600. HK	中国铝业	2001/12/12
000338. SZ	潍柴动力	2007/04/30	2338. HK	潍柴动力	2004/03/11
601328. SH	交通银行	2007/05/15	3328. HK	交通银行	2005/06/23
601919. SH	中远海控	2007/06/26	1919. HK	中远海控	2005/06/30
601939. SH	建设银行	2007/09/25	0939. HK	建设银行	2005/10/27
601808. SH	中海油服	2007/09/28	2883. HK	中海油田服务	2002/11/20
601088. SH	中国神华	2007/10/09	1088. HK	中国神华	2005/06/15
601857. SH	中国石油	2007/11/05	0857. HK	中国石油股份	2000/04/07
601390. SH	中国中铁	2007/12/03	0390. HK	中国中铁	2007/12/07
601866. SH	中远海发	2007/12/12	2866. HK	中远海发	2004/06/16
601601. SH	中国太保	2007/12/25	2601. HK	中国太保	2009/12/23
002202. SZ	金风科技	2007/12/26	2208. HK	金风科技	2010/10/08
601898. SH	中煤能源	2008/02/01	1898. HK	中煤能源	2006/12/19
601186. SH	中国铁建	2008/03/10	1186. HK	中国铁建	2008/03/13
601899. SH	紫金矿业	2008/04/25	2899. HK	紫金矿业	2003/12/23
601766. SH	中国中车	2008/08/18	1766. HK	中国中车	2008/08/21
601727. SH	上海电气	2008/12/05	2727. HK	上海电气	2005/04/28
601107. SH	四川成渝	2009/07/27	0107. HK	四川成渝高速公路	1997/10/07
601618. SH	中国中冶	2009/09/21	1618. HK	中国中冶	2009/09/24
601688. SH	华泰证券	2010/02/26	6886. HK	HTSC	2015/06/01
601288. SH	农业银行	2010/07/15	1288. HK	农业银行	2010/07/16
601717. SH	郑煤机	2010/08/03	0564. HK	郑煤机	2012/12/05
601818. SH	光大银行	2010/08/18	6818. HK	中国光大银行	2013/12/10
002490. SZ	*ST 墨龙	2010/10/21	0568. HK	山东墨龙	2004/04/15
601880. SH	大连港	2010/12/06	2880. HK	大连港	2006/04/28
601992. SH	金隅股份	2011/03/01	2009. HK	金隅股份	2009/07/29

续表

A 股代码	A 股名称	A 股上市日	H 股代码	H 股名称	H 股上市日
002594. SZ	比亚迪	2011/06/30	1211. HK	比亚迪股份	2002/07/31
601633. SH	长城汽车	2011/09/28	2333. HK	长城汽车	2003/12/15
601336. SH	新华保险	2011/12/16	1336. HK	新华保险	2011/12/15
601800. SH	中国交建	2012/03/09	1800. HK	中国交通建设	2006/12/15
601238. SH	广汽集团	2012/03/29	2238. HK	广汽集团	2010/08/30
002672. SZ	东江环保	2012/04/26	0895. HK	东江环保	2003/01/29
601038. SH	一拖股份	2012/08/08	0038. HK	第一拖拉机股份	1997/06/23
603993. SH	洛阳钼业	2012/10/09	3993. HK	洛阳钼业	2007/04/26
002703. SZ	浙江世宝	2012/11/02	1057. HK	浙江世宝	2006/05/16

二、A－H 股逆向交叉上市数量及行业分布

本篇主要是以 A－H 股为样本研究内地公司逆向交叉上市的动因及经济后果，主要是因为香港市场是内地公司逆向交叉上市数量及行业分布较多且较广泛的市场，相较于其他境外证券市场，香港市场与内地 A 股市场的联动性更加强，更具有研究性。

表 10－4　　　　　　　　A－H 股逆向交叉上市公司一览表

A 股代码	A 股名称	A 股上市日	H 股代码	H 股名称	H 股上市日
000513. SZ	丽珠集团	1993/10/28	1513. HK	丽珠医药	1993/08/06
600685. SH	中船防务	1993/10/28	0317. HK	中船防务	1993/07/26
600806. SH	*ST 昆机	1994/01/03	0300. HK	昆明机床	1993/12/07
600808. SH	马钢股份	1994/01/06	0323. HK	马鞍山钢铁股份	1993/11/03
601607. SH	上海医药	1994/03/24	2607. HK	上海医药	2011/05/20
600860. SH	*ST 京城	1994/05/06	0187. HK	京城机电股份	1993/08/06
600871. SH	石化油服	1995/04/11	1033. HK	中石化油服	1994/03/29
600874. SH	创业环保	1995/06/30	1065. HK	天津创业环保股份	1994/05/17

续表

A 股代码	A 股名称	A 股上市日	H 股代码	H 股名称	H 股上市日
600875. SH	东方电气	1995/10/10	1072. HK	东方电气	1994/06/06
600876. SH	洛阳玻璃	1995/10/31	1108. HK	洛阳玻璃股份	1994/07/08
000585. SZ	东北电气	1995/12/13	0042. HK	东北电气	1995/07/06
600775. SH	南京熊猫	1996/11/18	0553. HK	南京熊猫电子股份	1996/05/02
000756. SZ	新华制药	1997/08/06	0719. HK	山东新华制药股份	1996/12/31
600115. SH	东方航空	1997/11/05	0670. HK	中国东方航空股份	1997/02/05
000898. SZ	鞍钢股份	1997/12/25	0347. HK	鞍钢股份	1997/07/24
600188. SH	兖州煤业	1998/07/01	1171. HK	兖州煤业股份	1998/04/01
000921. SZ	海信科龙	1999/07/13	0921. HK	海信科龙	1996/07/23
600377. SH	宁沪高速	2001/01/16	0177. HK	江苏宁沪高速公路	1997/06/27
600332. SH	白云山	2001/02/06	0874. HK	白云山	1997/10/30
600028. SH	中国石化	2001/08/08	0386. HK	中国石油化工股份	2000/10/19
600011. SH	华能国际	2001/12/06	0902. HK	华能国际电力股份	1998/01/21
600548. SH	深高速	2001/12/25	0548. HK	深圳高速公路股份	1997/03/12
600362. SH	江西铜业	2002/01/11	0358. HK	江西铜业股份	1997/06/12
600585. SH	海螺水泥	2002/02/07	0914. HK	海螺水泥	1997/10/21
600026. SH	中远海能	2002/05/23	1138. HK	中远海能	1994/11/11
600012. SH	皖通高速	2003/01/07	0995. HK	安徽皖通高速公路	1996/11/13
600029. SH	南方航空	2003/07/25	1055. HK	中国南方航空股份	1997/07/31
600027. SH	华电国际	2005/02/03	1071. HK	华电国际电力股份	1999/06/30
601988. SH	中国银行	2006/07/05	3988. HK	中国银行	2006/06/01
601111. SH	中国国航	2006/08/18	0753. HK	中国国航	2004/12/15
601588. SH	北辰实业	2006/10/16	0588. HK	北京北辰实业股份	1997/05/14
601991. SH	大唐发电	2006/12/20	0991. HK	大唐发电	1997/03/21
601333. SH	广深铁路	2006/12/22	0525. HK	广深铁路股份	1996/05/14
601628. SH	中国人寿	2007/01/09	2628. HK	中国人寿	2003/12/18
601005. SH	*ST 重钢	2007/02/28	1053. HK	重庆钢铁股份	1997/10/17
601318. SH	中国平安	2007/03/01	2318. HK	中国平安	2004/06/24

续表

A 股代码	A 股名称	A 股上市日	H 股代码	H 股名称	H 股上市日
601600. SH	中国铝业	2007/04/30	2600. HK	中国铝业	2001/12/12
000338. SZ	潍柴动力	2007/04/30	2338. HK	潍柴动力	2004/03/11
601328. SH	交通银行	2007/05/15	3328. HK	交通银行	2005/06/23
601919. SH	中远海控	2007/06/26	1919. HK	中远海控	2005/06/30
601939. SH	建设银行	2007/09/25	0939. HK	建设银行	2005/10/27
601808. SH	中海油服	2007/09/28	2883. HK	中海油田服务	2002/11/20
601088. SH	中国神华	2007/10/09	1088. HK	中国神华	2005/06/15
601857. SH	中国石油	2007/11/05	0857. HK	中国石油股份	2000/04/07
601866. SH	中远海发	2007/12/12	2866. HK	中远海发	2004/06/16
601898. SH	中煤能源	2008/02/01	1898. HK	中煤能源	2006/12/19
601899. SH	紫金矿业	2008/04/25	2899. HK	紫金矿业	2003/12/23
601727. SH	上海电气	2008/12/05	2727. HK	上海电气	2005/04/28
601107. SH	四川成渝	2009/07/27	0107. HK	四川成渝高速公路	1997/10/07
002490. SZ	＊ST 墨龙	2010/10/21	0568. HK	山东墨龙	2004/04/15
601880. SH	大连港	2010/12/06	2880. HK	大连港	2006/04/28
601992. SH	金隅股份	2011/03/01	2009. HK	金隅股份	2009/07/29
002594. SZ	比亚迪	2011/06/30	1211. HK	比亚迪股份	2002/07/31
601633. SH	长城汽车	2011/09/28	2333. HK	长城汽车	2003/12/15
601336. SH	新华保险	2011/12/16	1336. HK	新华保险	2011/12/15
601800. SH	中国交建	2012/03/09	1800. HK	中国交通建设	2006/12/15
601238. SH	广汽集团	2012/03/29	2238. HK	广汽集团	2010/08/30
002672. SZ	东江环保	2012/04/26	0895. HK	东江环保	2003/01/29
601038. SH	一拖股份	2012/08/08	0038. HK	第一拖拉机股份	1997/06/23
603993. SH	洛阳钼业	2012/10/09	3993. HK	洛阳钼业	2007/04/26
002703. SZ	浙江世宝	2012/11/02	1057. HK	浙江世宝	2006/05/16

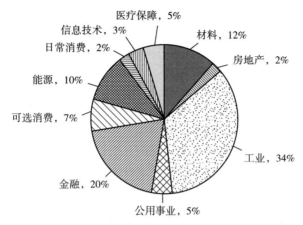

图 10 – 3 A – H 股逆向交叉上市公司行业分布

由上述图表可知，在香港市场与 A 股市场进行逆向交叉上市的内地公司共有 61 家，占 A – H 股交叉上市公司总数的 70.11%，说明大部分内地公司会先选择在香港市场发行 H 股后回归 A 股市场发行 A 股，这一现象使我们必须关注有悖于传统典型交叉上市模式的逆向交叉上市模式。

对香港市场与 A 股市场进行逆向交叉上市的内地公司所涉及的行业进行统计发现，逆向交叉上市公司一共涉及 10 个行业，分别是：材料、房地产、工业、共用事业、金融、可选消费、能源、日常消费、信息技术、医疗保障。说明，除去电信服务业以外的行业，逆向交叉上市公司都有涉及。其中，工业行业占比最高达到 34%，这与 A 股市场工业公司占比最高相一致。其次，金融、材料、能源行业分别占比 20%、12% 和 10%。剩下的行业占比分别在10% 以内。

由此看出，自 1993 年青岛啤酒成为第一家 A – H 股交叉上市公司以来，越来越多的内地公司选择在香港市场与 A 股市场进行交叉上市，其中逆向交叉上市的内地公司占据较高比例，公司选择先在香港市场上市而后回归 A 股市场上市的决策动因究竟是什么？同时，这种交叉上市模式又会给公司带来什么样的经济后果？这值得深入探究。

第三节　本章小结

　　本章对中国内地上市公司的现状进行了描述性分析与概述，统计了截至 2015 年底境外上市内地公司数量、上市地点以及行业分布，对内地公司境外上市的整体情况有一个大致的了解。同时，对内地上市公司涉及的主要方式进行划分。另外，根据本篇研究的重点又对香港市场与 A 股市场交叉上市的内地公司进行统计分析，对逆向交叉上市公司进行了数量与行业分布整理，直观地展现了内地公司逆向交叉上市的现状及发展，对内地公司逆向交叉上市决策动因及经济后果研究进行了初步铺垫。

第十一章

中国内地公司逆向交叉
上市决策动因检验

第一节　基于估值溢价的逆向交叉上市动机检验

一、研究假设

按照绑定假说，当公司在更高声誉的成熟市场上市后可以获得显著的长期估值溢价，这种溢价来自公司知名度提升、公司治理改善以及信息摩擦和资本成本降低等方面的好处。当公司选择在声誉较差的新兴市场逆向交叉上市后，多重上市给公司带来了更多的发展机会，对于治理机制完善的真正优质公司而言，与成熟市场的绑定效应将使公司获得长期估值溢价，逆向交叉上市的动机源于公司的长远发展战略。而对于治理机制不完善的非优质公司而言，绑定效应带来的估值溢价将是暂时的，逆向交叉上市的动机可能是通过声誉寻租来解决公司发展的短期瓶颈问题，如资金约束等。由此可以通过回归上市公司的估值溢价及其持久性、估值溢价与绑定信号质量（用境外成熟市场上市存续时间来反映，时间越长，公司治理能力越好）的关系等来检验其动机，本篇提出以下三个假设：

H1a：由于绑定效应的存在，新兴（母国）市场将为回归上市公司支付估值溢价。

H1b：在境外成熟市场上市持续的时间越长，回归上市后获得的估值溢价越高。

H1c：如果存在"声誉寻租"，回归上市累积效应的增加会使 IPO 市场支付的溢价下降。

二、方法模型与变量选择

根据前文理论推论，逆向交叉上市公司的估值溢价及其持久性、估值溢价与绑定信号质量的关系可以来检验其动机。普纳南达和斯瓦米纳坦（Purnanandam and Swaminathan，2004）认为，公司股票IPO的市盈率（P/E）可以很好地衡量投资者为上市公司收益支付的溢价程度。本篇参考陈等（2010）的思想，同时引入市净率（P/B）和抑价（Underpricing）来综合反映估值溢价。分别基于模型（11.1）检验绑定效应信号及绑定质量信号对回归上市公司估值的影响。

$$Y_i = \alpha + \beta_1 X_i + \beta_2 W_i + \varepsilon_i \tag{11.1}$$

如表11-1所示，Y_i 为测度溢价程度的因变量，分别为P/E、P/B、Underpricing；X_i 为自变量，分别为绑定效应信号（Bs）、绑定质量信号（Bq）；W_i 为特征控制变量，分别为公司特征变量：所有权集中程度（Own）、财务杠杆（Leve）、IPO规模（IFA）、公司所属行业（Ind），市场特征变量：资产回报率（ROA）、公司市值（MC）。将测度溢价程度变量分别与绑定效应信号及绑定质量信号进行回归分析，同时控制公司层面及市场层面的特征变量。

进一步地，利用模型（11.1）检验"声誉寻租"假设。引入回归上市累积效应自变量，分别为回归上市公司数量（Num）、融资总额（Fina）和资产总额（Assets）。因变量与特征控制变量与绑定效应检验相同，分别进行回归分析。

表11-1 变量定义表

变量	名称	符号	定义
因变量	市盈率	P/E	公司招股价除以每股盈利
	市净率	P/B	每股股价/每股净资产
	抑价	Underpricing	回归上市IPO首日收盘价/发行价 – 当日每国市场指数收益
绑定效应自变量	绑定效应信号	Bs	回归上市公司取1，反之取0
	绑定效应信号质量	Bq	境外上市持续天数
累积效应自变量	公司数量	Num	回归上市公司累积数量
	公司融资总额	Fina	回归上市公司累积融资总额
	公司资产总额	Assets	回归上市公司累积资产总额

变量	名称	符号	定义
公司层面控制变量	所有权集中程度	*Own*	第一大股东拥有的股利比例
	财务杠杆	*Leve*	公司负债总额/资产总额
	IPO 规模	*IFA*	股票发行募集资金总额的对数
	所属行业	*Ind*	所属 GICS 行业，对应行业取 1，反之取 0
市场层面控制变量	资产回报率	*ROA*	税后净利润/总资产
	公司市值	*MC*	公司市值的对数

三、实证研究

（一）样本数据选择

自 1993 年青岛啤酒成为第一家 A + H 股交叉上市公司后，截至 2015 年底已有 A + H 股交叉上市公司 87 家，其中，逆向交叉上市公司有 61 家，典型交叉上市公司（先 A 股上市后 H 股上市）有 24 家，同时发行 A + H 股 2家。剔除金融行业、并收购类公司以及数据缺失或存在异常值的公司，最终确定 45 家逆向交叉上市公司为研究样本。由于逆向交叉上市公司具有"优质公司"的标签，为了更好的反映和考察 H 股回归上市的绑定效应与传递溢出效应，选取根据样本行业分布的配对 A 股上市公司（2813 家）、香港恒生指数和上证 A 股指数作为市场层面比较研究对象。样本区间为 1994 年 1 月 7 日至 2015 年 12 月 31 日，剔除节假日和部分不匹配交易日，共得到 5180 组数据。数据来源于 Wind 资讯数据库、东方财富 Choice 数据库。[①] 数据处理利用 STATA 和 R 软件实现。

对于香港恒生指数、上证 A 股指数、配对 A 股上市公司及 45 家回归上市公司日收盘价数据作如下处理：$R_t = 100 \times (\ln P_t - \ln P_{t-1})$，其中 R_t 为第 t 日的收益率，P_t 为第 t 日的收盘价，P_{t-1} 为第 $t-1$ 日的收盘价。对以上收益率序列进行描述性统计分析，结果如表 11 - 2 所示。

[①] 本章各公司收盘价数据来源于东方财富 Choice 数据库，其余数据来源于 Wind 资讯数据库。

表 11 - 2　　　收益率序列描述性统计分析

	恒生指数	上证 A 股指数	逆向交叉上市公司	非日常生活消费品	工业	公用事业	能源	信息技术	医疗保健	原材料
均值	0.0126	0.0354	-0.0162	0.0281	0.0229	0.0127	0.0252	0.0289	0.0391	0.0265
标准差	1.7155	2.0567	2.7511	2.1910	2.2312	2.3853	2.4734	2.4716	2.4925	2.3324
偏度	0.2680	1.3276	4.3302	0.7783	0.5837	0.9362	0.7419	1.0273	2.9589	1.0364
峰度	11.9478	25.4695	94.9073	17.2935	14.1457	23.3438	16.3674	19.5745	52.8293	20.9713
J - B	30902	141650	1961800	30902	43523	118470	58349	83684	610430	95934
统计量	(0.0000)	(0.0000)	(0.0000)	(0.0000)	(0.0000)	(0.0000)	(0.0000)	(0.0000)	(0.0000)	(0.0000)
$Q(10)$	28.708	55.805	28.616	37.369	44.161	59.202	22.385	40.256	23.501	53.552
	(0.0014)	(2.33e - 08)	(0.0014)	(4.88e - 05)	(3.08e - 06)	(5.13e - 09)	(0.01326)	(1.527e - 05)	(0.0090)	(5.88e - 08)
$Q^2(10)$	1736.4	1691.1	55.919	1067.4	1234.3	777.5	1170.4	805.28	279.91	850.47
	(0.0000)	(0.0000)	(2.12e - 08)	(0.0000)	(0.0000)	(0.0000)	(0.0000)	(0.0000)	(0.0000)	(0.0000)
ADF	-51.677	-49.7095	-49.3276	-49.4412	-49.3367	-48.6968	-49.845	-48.783	-50.419	-49.349
	(0.0000)	(0.0000)	(0.0000)	(0.0000)	(0.0000)	(0.0000)	(0.0000)	(0.0000)	(0.0000)	(0.0000)
$KPSS$	0.0327	0.0503	0.1342	0.0813	0.0545	0.0472	0.0566	0.0691	0.0554	0.0447
	(0.1)	(0.1)	(0.1)	(0.1)	(0.1)	(0.1)	(0.1)	(0.1)	(0.1)	(0.1)

注：(1) 括号内为 P 值。(2) 根据 GICS（全球行业分类系统），45 家回归上市公司主要分布在非日常生活消费品、工业、公用事业、能源、信息技术、医疗保健和原材料这 7 个行业。

由表 11-2 可知，恒生指数、上证 A 股指数及 A 股各行业收益率为均为正值，45 家回归上市公司收益率为负值。对于收益率标准差，回归上市公司最大，恒生指数最小，说明回归上市公司的波动率较大。各个收益率分布均表现为正偏度，即右侧尾部较长；峰度值均大于 3，呈尖峰状，并且各个收益率的 Jarque-Bera 统计量在 1% 的水平下均高度不显著，表明收益率不服从正态分布，过度峰态的存在说明经常出现较高的收益率。另外，Q(10) 和 $Q^2(10)$ 统计量检验表明，各个收益率均有明显的自相关现象。对上述收益率序列进行 ADF 检验和 KPSS 检验，结果表明所有收益率序列平稳，适合建立模型。

(二) 绑定效应与"声誉寻租"的实证结果

1. 绑定效应信号检验

基于模型 (11.1)，运用 P/E、P/B 和 Underpricing 分别与绑定效应信号及公司层面特征和市场层面特征进行回归分析来检验 H1a。结果如表 11-3 所示。

表 11-3　　　　　　　　　绑定效应信号的回归结果

变量	P/E	P/B	Underpricing
Bs	9.135 *	2.788 ***	-0.187 ***
	(0.361)	(3.372)	(-8.454)
Own	-0.185	0.025 ***	-0.001 ***
	(-0.963)	(4.051)	(-3.802)
Leve	0.423 **	-0.016 ***	-0.001 ***
	(2.293)	(-2.662)	(-4.027)
IFA	-29.976 ***	-3.336 ***	0.309 ***
	(-4.495)	(-15.451)	(53.689)
ROA	41.252 ***	1.412 ***	-0.024 ***
	(5.653)	(5.988)	(3.733)

变量	P/E	P/B	Underpricing
MC	15. 160 **	2. 344 ***	− 0. 253 ***
	(2. 158)	(10. 290)	(− 41. 696)
_Cons	9. 781	9. 845 ***	− 0. 124 **
	(0. 133)	(3. 973)	(− 0. 1887)
样本数量	2813	2813	2813
拟合度	0. 186	0. 285	0. 564

注：1. 其中，***、**、*分别表示在1%、5%以及10%的置信水平下显著；
2. 括号内为 t 值。表 11 – 4 和表 11 – 5 与此注同。

表 11 – 3 是分别为 P/E、P/B 和 Underpricing 作为因变量的回归结果，显示出逆向交叉上市公司估值溢价在三种情况下都具有显著的绑定效应，其中 P/E 和 P/B 的系数分别达到 9. 135 和 2. 788。但 P/E 的显著性低于 P/B、Underpricing，表明从成熟市场回归的上市公司，由于市场声誉绑定和优质公司标签，投资者愿意为其支付高溢价。但之后投资者发现回归上市公司并非真正的优质公司，而只是"声誉寻租"，其高溢价不能持续。Underpricing 变量也反映出逆向交叉上市公司所支付的抑价比非逆向交叉上市公司要低 18. 7%。表明公司回归上市后，通过绑定信号获得了显著的估值溢价，H1a 成立。此外，P/E 和 P/B 与 IFA 显著负相关，这与巴里（1989）的结论一致，即公司股东出售的股权与外界投资者的估值呈负相关。结果还显示，P/B 与 Own 之间显著正相关，与施莱杰和维什尼（Shleiger and Vishny, 1986）得出的股权集中度越高越有利于解决公司的代理问题结果类似。从市场层面看，ROA 与 MC 都与 P/E 和 P/B 显著正相关并与 Underpricing 显著负相关，说明大型优质公司可获得更多的估值溢价。

2. 绑定质量信号检验

基于模型（11.1），同样使用 P/E、P/B 和 Underpricing 作为因变量进行回归分析，并增加绑定质量信号变量，分析投资者是否关注绑定效应信号及绑定质量信号，而为回归上市的公司支付更高的溢价。结果如表 11 – 4 所示。

表 11-4   绑定质量信号的回归分析结果

变量	P/E	P/B	Underpricing
Bs	0.810 *	2.314 *	-0.309 ***
	(0.023)	(1.871)	(-9.443)
Bq	-0.005	-0.002	-0.001 ***
	(-0.294)	(-0.522)	(-5.052)
Own	-0.186	0.025 ***	-0.001 ***
	(-0.962)	(4.051)	(-3.872)
Leve	0.423 **	-0.016 ***	-0.001 ***
	(2.291)	(-2.652)	(-3.987)
IFA	-29.866 ***	-3.330 ***	0.311 ***
	(-4.472)	(-15.391)	(54.110)
ROA	41.402 ***	1.421 ***	-0.026 ***
	(5.664)	(6.000)	(4.090)
MC	15.000 **	2.335 ***	-0.256 ***
	(2.122)	(10.220)	(-42.143)
_Cons	9.934	9.854 ***	-0.124 *
	(0.132)	(3.983)	(-0.1866)
样本数量	2813	2813	2813
拟合度	0.161	0.101	0.567

结果显示,绑定质量信号 Bq 并未对 P/E 和 P/B 产生显著的正向影响,H1b 不成立,说明内地投资者对回归上市公司的公司治理质量(境外上市存续时间代理)并不关注。关于绑定效应信号 Bs 的 P/E、P/B 和 Underpricing 三个回归分析结果都是显著的,表明逆向交叉上市公司因绑定效应获得了估值溢价。

3. 声誉寻租的假设检验

基于模型(11.1),运用代理变量 Num、Fina 和 Assets 的累积效应检验结果如表 11-5 所示。

表 11-5   声誉寻租检验的回归结果

变量	P/E			P/B			Underpricing		
	[1]	[2]	[3]	[1]	[2]	[3]	[1]	[2]	[3]
Bs	7.806*	1.486*	2.801*	3.065*	2.388*	2.503**	-0.357***	-0.309***	-0.317***
	(0.166)	(0.040)	(0.073)	(1.974)	(1.910)	(2.000)	(-8.652)	(-9.315)	(-9.523)
Bq	-0.009	-0.006	-0.008	-0.001	-0.001	-0.001	-0.001***	-0.001***	-0.001***
	(-0.386)	(-0.316)	(-0.412)	(-0.912)	(-0.633)	(-0.911)	(-2.660)	(-4.372)	(-3.612)
Num	-0.482**			-0.052***			-0.003*		
	(-0.8247)			(-0.803)			(-1.893)		
Fina		-1.601**			-1.751***			-1.471**	
		(-0.117)			(-0.377)			(-0.044)	
Assets			-1.051**			-0.997***		—	-3.901*
			(-0.300)			(-0.887)			(-1.302)
Own	-0.186	-0.186	-0.187	0.025***	0.025***	0.025***	-0.001***	-0.001***	-0.001***
	(0.966)	(-0.965)	(-0.966)	(4.043)	(4.042)	(4.044)	(-3.852)	(-3.872)	(-3.855)
Leve	0.422**	0.423**	0.423**	-0.016***	-0.016***	-0.016***	-0.001***	-0.001***	-0.001***
	(2.282)	(2.298)	(2.296)	(2.683)	(-2.655)	(-2.655)	(-3.910)	(-3.981)	(-3.980)
IFA	-29.873***	-29.852***	-29.851***	-3.330***	-3.328***	-3.328***	0.311***	0.311***	0.311***
	(-4.477)	(-4.466)	(-4.462)	(-15.397)	(-15.387)	(-15.385)	(54.151)	(54.090)	(54.111)
ROA	41.283***	41.375***	41.302***	1.408***	1.418***	1.411***	0.027***	0.026***	0.026***
	(5.633)	(5.656)	(5.644)	(5.933)	(5.981)	(5.958)	(4.210)	(4.092)	(4.152)
MC	14.916***	14.955**	14.886**	2.362***	2.330***	2.325***	-0.255***	-0.256***	-0.255***
	(2.113)	(2.110)	(2.101)	(10.164)	(10.187)	(10.154)	(-42.013)	(-42.061)	(-42.010)
_Cons	12.893	10.855	12.910	10.172***	9.956***	10.136***	-0.142**	-0.122*	-0.133**
	(0.179)	(0.144)	(0.177)	(4.055)	(3.992)	(4.066)	(-2.133)	(-1.847)	(-2.013)
样本数量	2813	2813	2813	2813	2813	2813	2813	2813	2813
拟合度	0.186	0.185	0.158	0.103	0.189	0.126	0.569	0.567	0.568

　　三个代理变量 Num、Fina、Assets 与因变量 P/E、P/B 之间均呈显著负相关关系。表明随着 H 股回归上市累积公司数量的增加，所获得估值溢价在下

降。逆向交叉上市公司累积融资总额和资产总额的增加也使得公司所获得的估值溢价减少。另外，H 股回归上市的累积效应对 Underpricing 产生了负向影响，H1c 成立。说明 H 股回归上市存在"声誉寻租"现象。与韦尔奇（Welch，1989）关于公司股票发行定价是大型 IPO 收益与信号传递收益之间的权衡的结论一致。此外，从公司价值的角度看，基于"声誉寻租"回归上市优于境外市场增发，但随着回归上市公司的增加，估值溢价递减。

四、研究结论

传统智慧难以解释逆向交叉上市的公司动机。本篇聚焦于快速增长的一类逆向交叉上市——回归上市，从绑定效应和"声誉寻租"角度考察了地理相近的香港与 A 股市场间 H – A 回归上市公司的估值溢价特征。从这一案例中得出了以下结论：

（1）回归上市可以获得显著的短期估值溢价，大型优质公司可获得更多、更持久的估值溢价。利用声誉绑定提升公司价值可能是回归上市的主要动机。

（2）回归上市公司治理质量信号对估值影响不显著、累积效应和估值溢价不断降低，一方面说明市场对回归上市存在短期估值泡沫，公司有"声誉寻租"机会，另一方面说明回归上市对市场的冲击是短期的，且随着回归上市规模的扩大负面影响逐步降低。

总之，作为逆向交叉上市的主要形式，回归上市对公司是极其有利的，可以在绑定成熟市场估值支撑的基础上提升公司价值，寻求估值溢价可能是其主要动机之一。

第二节　基于公司特征的逆向交叉上市动机检验

一、研究假设

为进一步探究逆向交叉上市的决策动因，本节基于经典理论和已有研究成果，重点考察公司特征与逆向交叉上市概率的关系，并提出如下假设：

H2：逆向交叉上市的概率与公司的品牌知名度和无形资产价值正相关。

本土市场假说认为由于中国本土投资者难以投资于海外市场，拥有较高知名度的公司对于本土市场投资者更有吸引力。当其逆向交叉上市时，投资者将会付出一个更高的价格或者是接受一个较低的预期收益。

H3：逆向交叉上市的概率与公司资金约束程度正相关。

由于 H 股公司比只在 A 股市场上市的公司具有更好的质量，而本土市场对优质公司又有着强劲需求，对于普遍存在增发融资、内源融资和债务融资相对困难的 H 股公司而言，缓解资金约束的最优选择是在 A 股市场逆向交叉上市。

H4：逆向交叉上市的概率与公司股权集中度负相关。

大股东行为假说认为，现代公司所有权和控制权相分离的情况下，大股东成为公司的实际控制人，主要通过行使法定权力来实现对企业决策的实际控制权。高度集中的股权可以对企业进行全方位的控制，从而追求控制权私利，控股股东更愿意通过扩大资本投入来扩张企业的控制性资源，而不是选择逆向交叉上市来分散股权。

二、研究设计

（一）方法模型

1. COX PH 模型

为了检验中国公司在香港市场上市后回归本土市场上市两种状态之间选择的影响因素，参照多伊奇等（2009）的做法，运用 COX PH 模型检验公司特征和逆向交叉上市之间的潜在联系。COX PH 模型的表达式为：

$$\lambda(t \mid X(t)) = \phi(X(t), \beta)\lambda_0(t) \tag{11.2}$$

其中，$\phi(X(t), \beta) = e^{X(t)\beta}$，$\beta_j = \dfrac{\partial \ln \lambda(t \mid X(t))}{\partial X_j}$

式中：$\lambda(t \mid X(t))$ 是协变量的条件风险函数，$X(t)$ 为基准风险率，$\lambda_0(t)$

为时变协变量向量，β_j 是系数向量。其中的协变量包括公司特征和本篇定义的市场水平、宏观环境。因变量是公司逆向交叉上市的可能性。由于 COX PH 模型是按照经验方式来估计基准存活函数，并没有参照任何理论分布，为了检验模型的稳健性，借鉴郭等（Guo et al., 2010）的研究方法，引入 WEIBULL 模型与指数模型来验证结果的稳健性。

2. Logit 模型

为了检验公司特征对逆向交叉上市决策的影响程度，参考王冰（2014）构建公司特征与逆向交叉上市的概率分析的 Logit 模型。设公司逆向交叉上市的概率为 P_i，X_i 为影响 P_i 的各个公司特征因素，Z_i 是各影响因素的线性组合，则有：

$$P_i = F(Z_i) = E(Y = 1 \mid Z_i) = \frac{1}{1 + e^{-Z_i}} \tag{11.3}$$

其中，$Z_i = \beta_0 + \beta_1 X_i$，若公司为逆向交叉上市公司则 P_i 取 1，否则 P_i 取 0。$1 - P_i$ 表示公司不选择逆向交叉上市的概率，两者之比如下：

$$\frac{P_i}{1 - P_i} = \frac{1 + e^{Z_i}}{1 - e^{Z_i}} = e^{Z_i} \tag{11.4}$$

对上述公式进行转换得到初步的 logit 模型。

$$L_i = \mathrm{Ln}\left(\frac{P_i}{1 - P_i}\right) = Z_i = \beta_0 + \beta_1 X_i \tag{11.5}$$

按照本篇研究问题将上述模型进行转化应用，构建的 Logit 模型为：

$$
\begin{aligned}
Reverse = {} & \beta_0 + \beta_1 LOG(AS) + \beta_2 ROA + \beta_3 GROWTH + \beta_4 INAS + \beta_5 CUM \\
& + \beta_6 LEV + \beta_7 FCF + \beta_8 BLOCK + \beta_9 AUR + \beta_{10} TOBIN\_Q \\
& + \beta_{11} MKV + \beta_{12} GDP + \varepsilon
\end{aligned}
\tag{11.6}
$$

（二）变量设置

借鉴陈等（2010）选取变量的标准，将总资产（Log(as)）作为规模因子的代理变量；将资产收益率（Roa）、销售收益率（Ros）以及销售增长率（Growth）作为盈利能力的指标。为了观察公司资本结构对逆向交叉上市决策的影响，引入无形资产（Inas）、融资金额（Cum）、财务杠杆（Lev）、自由现金流（Fcf）与所有权集中度（Block）五项测度指标。根据昂等（Ang et al.，2000）关于 Tobin_q 与治理机制正相关的理论，运用资产利用率（Aur）与 Tobin_q 作为代理成本的度量。同时引入市值（Mkv）与 GDP 增长率作为控制变量。Reverse 表示逆向交叉上市的虚拟变量（逆向交叉上市公司则取 1，反之取 0）。各变量的定义如表 11 - 6 所示。

表 11 - 6　　　　　　　　　　　　变量设定

变量符号	变量定义	代替指标
$Log(as)$	调整后的公司年末总资产的自然对数	规模因子
Roa	资产收益率 = 净利润/总资产	
Ros	销售收益率 = 营业收入/总资产	盈利能力指标
$Growth$	销售增长率 = 当年总销售额/上一一年总销售额	
$Inas$	无形资产	
Cun	融资金额	
Lev	财务杠杆 = 总负债/总资产	
Fcf	自由现金流 =（经营活动生产的现金流净额 - 资本性支出 - 股利支付）/总资产	资本结构
$Block$	所有权集中度 = 前十大股东持股比例	
Aur	资产利用率 = 销售总额/资产总额	代理成本
$Tobin\_q$	TOBIN_Q =（总负债 + 市场价值）/总资产	
Mkv	市值 = 每年上市综指 + 每年深市综指	市场水平
Gdp	GDP 是中国大陆每年生产总值增长率	宏观水平
$Reverse$	若为逆向交叉上市公司则为 1，否则为 0	虚拟变量

三、实证研究

（一）样本选择和数据来源

截至 2015 年底，在 A、H 股市场交叉上市的股票共有 86 家，其中 61 家逆向交叉上市公司，23 家典型交叉上市公司，另有 2 家同时发行 A 股与 H 股的公司。选取在 1993 ~ 2015 年逆向交叉上市的 61 家公司为基础样本集。并参考科特等（2011）的样本筛选方法，剔除金融、证券和保险行业公司以及通过合并、收购或资产置换回归 A 股市场上市的公司。为了满足样本前后有足够的观察窗口，剔除 A 股与 H 股同年发行的样本，最终确定 46 家逆向交叉上市样本公司。另外，参照郭等（2010）选取配对研究样本，以逆向交叉上市年为基准点，按照行业相似、资产规模相近标准选取 46 家单一发行 H 股的内地公司和 46 家单一发行 A 股的内地公司作为配对样本。研究数据来源于国泰安数据库、Wind 数据库、雅虎财经和新浪财经等网站。

（二）逆向交叉上市公司估值水平的描述性统计分析

从逆向交叉上市公司的市盈率水平看，表 11 - 7 显示，逆向交叉上市年份主要分布在 1994 年到 2012 年，2007 年与 2012 年最为集中，样本期内有 8 年没有公司逆向交叉上市，逆向交叉上市数量分布于市场运行状态大体一致；A 股 IPO 市盈率除极少数年份略低于同期 H 股外，绝大多数年份显著高于同期 H 股市盈率，存在显著的估值溢价，说明可能存在择时和声誉寻租现象。这与科特等（2011）市场估值水平是公司逆向交叉上市决策动因的结论一致。

表 11 - 7 逆向交叉上市公司的市盈率水平

年份	逆向交叉上市公司					
	公司数量（家）	A 股 IPO 市盈率均值（%）	H 股 IPO 市盈率均值（%）	A 股 IPO 时 H 股市盈率均值（%）	A、H IPO 时市盈率差值（%）	A 股 IPO 时市盈率差值（%）
1993	—	—	—	—	—	—
1994	3	15.52	19.84	14.07	-4.32	1.45
1995	4	16.02	15.36	12.38	0.66	3.64
1996	—	—	—	—	—	—
1997	1	15.00	6.15	3.64	8.85	11.36
1998	—	—	—	—	—	—

年份	逆向交叉上市公司					
	公司数量（家）	A股IPO市盈率均值（%）	H股IPO市盈率均值（%）	A股IPO时H股市盈率均值（%）	A、H IPO时市盈率差值（%）	A股IPO时市盈率差值（%）
1999	1	14.90	14.75	-1.21	0.15	16.11
2000	—	—	—	—	—	—
2001	5	28.75	14.49	6.93	14.26	21.82
2002	3	19.96	15.67	10.63	4.29	9.33
2003	2	15.11	16.28	11.30	-1.17	3.81
2004	—	—	—	—	—	—
2005	1	14.80	11.03	9.41	3.77	5.39
2006	3	77.75	60.82	43.96	16.93	33.79
2007	8	34.16	12.73	33.09	21.43	1.07
2008	3	34.77	17.50	24.45	17.27	10.32
2009	1	20.00	17.27	11.41	2.73	8.59
2010	2	28.90	15.50	14.22	13.40	14.68
2011	3	18.61	20.24	11.62	-1.63	6.99
2012	6	15.40	15.60	8.16	-0.20	7.24
2013	—	—	—	—	—	—
2014	—	—	—	—	—	—
2015	—	—	—	—	—	—
总计/平均	46	24.20	18.22	11.60	5.98	12.60

　　从公司逆向交叉上市后8年内的市盈率变化情况看，图11-1及图11-2显示，在2-4年的较短时间内，逆向交叉上市A股市盈率显著高于与其单一A股和单一H股配对样本，但长期则趋于一致。这与陈等（2010）的研究结论一致，即当投资者逐渐发现公司的"声誉寻租"行为时，就不再为逆向交叉上市公司支付过高的溢价。

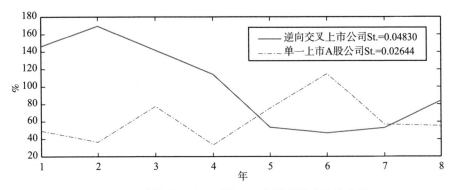

图 11 - 1　逆向交叉上市后公司 A 股的平均市盈率变化

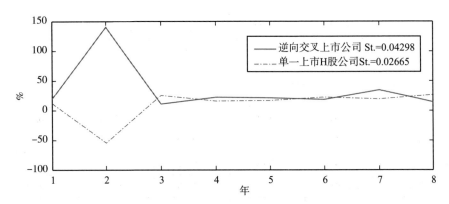

图 11 - 2　逆向交叉上市后公司 H 股的平均市盈率变化

表 11 - 8 显示，规模因子的代理变量 Log（as）的平均值为 10. 28，说明逆向交叉上市公司都有较大规模，这与克莱森斯等（2003）的研究结论一致；盈利指标的三个变量中，ROS 的均值较大为 64. 61，Growth 的均值为 17. 63，ROA 的均值较小为 4. 19，但三者都为正值，说明逆向交叉上市公司都是盈利能力较好的公司；资本结构中的 Inas 的最小值为 - 47. 7，最大值为 35. 99，且离散程度高，说明无形资产要素可能不是逆向交叉上市公司的主要动因；Cum 均值为 48. 55，最大值达到 1150. 80，说明资金约束可能是逆向交叉上市的主要动因；Lev、Fcf 和 Block 的均值差异不大，说明逆向交叉上市公司具有类似的资本结构；代理成本变量 Aur 与 Tobin_q 的均值差异较小，说明逆向交叉上市公司代理成本较低且变化较为稳定；作为控制变量的市场

估值指标 Mkv 与宏观环境指标 Gdp 的标准差都较小，说明二者随时间变化情况较为稳定。

表 11 -8　　　　　　　逆向交叉上市公司特征变量的描述性统计

变量	均值	中位数	最小值	最大值	标准差
$Log(as)$	10.28	10.33	6.65	14.69	1.72
Roa	4.19	3.99	-45.78	28.65	6.48
Ros	64.61	53.45	5.84	242.14	46.26
$Growth$	17.63	12.05	-83.91	412.96	42.25
$Inas$	4.71	4.13	-47.7	35.99	7.20
Cum	48.55	13.20	-21.44	1150.80	502.78
Lev	0.52	0.52	0.07	1.22	0.20
Fcf	0.61	0.64	-35.13	12.65	2.15
$Block$	0.83	0.84	0.49	1.02	0.10
Aur	0.68	0.56	0.08	2.57	0.48
$Tobin\_q$	1.55	1.34	0.09	8.08	0.92
Mkv	7.06	7.09	6.32	8.57	0.48
Gdp	115.95	112.94	104.98	129.39	7.46
$Reverse$	1	1	0	1	0

（三）逆向交叉上市公司的市场绩效变化

1. 逆向交叉上市前后公司价值变化

表 11 -9 显示了衡量公司价值的 Tobin_q 值在逆向交叉上市前后呈上升趋势，在上市当年达到最大值。且 T 与 T -1，T 与 T +1，T +1 与 T -1 相比，t 值均显著，表明公司的市场价值在逆向交叉上市前后有显著的改善，公司价值被高估。同时，表 11 - 10 显示，在 H 股市场上，逆向交叉上市公司与单一上市 H 股公司横向对比，两者的 Tobin_q 差值在 T 年和 T +1 年的 t 值显著，表明相较于单一上市 H 股公司来说，逆向交叉上市决策对于公司价值短期内确实有提升作用。这符合格雷厄姆等（2001）的发现，公司价值被高

估是公司交叉上市的主要动机之一。

表 11-9　　　　公司逆向交叉上市前后一年 Tobin_q 值变化及显著性检验

	平均值	标准差	最小值	最大值	
T-1	0.86	0.44	0.24	2.05	
T	2.01	1.65	0.19	8.98	
T+1	1.67	0.76	0.65	3.77	
	均值差值	标准误差值	下限	上限	t-value
T VS. T-1	1.15	1.31	0.63	1.68	4.44***
T VS. T+1	0.34	1.71	0.61	0.87	2.31**
T+1 VS. T-1	0.81	1.12	0.41	0.97	4.91***

注：***、**、*分别表示在1%、5%以及10%的显著性水平下显著。

表 11-10　　　　逆向交叉上市公司与单一发行 H 股公司前后一年
Tobin_q 值变化及显著性检验

	平均值		标准差		最小值		最大值	
	逆向	单一 H	逆向	单一 H	逆向	单一 H	逆向	单一 H
T-1	0.86	1.32	0.44	1.35	0.24	0.33	2.05	3.53
T	2.01	1.02	1.65	0.65	0.19	0.57	8.98	3.05
T+1	1.67	0.94	0.76	0.27	0.65	0.54	3.77	1.38
	二者均值差值		标准误差值		下限	上限	t-value	
T-1	-0.46		-0.91		-0.85	0.57	0.42	
T	0.99		1		-1.42	0.28	2.17**	
T+1	0.73		0.49		0.26	1.08	3.40***	

注：***、**、*分别表示在1%、5%以及10%的显著性水平下显著。

2. 逆向交叉上市前后的市场收益变化

采用法玛（1991）事件研究法进行分析验证全部样本公司逆向交叉上市前后的市场表现，事件窗口为（-180，180），香港市场使用恒生指数，本土市场使用上证综合指数。AAR 为逆向交叉上市公司平均超额收益率，

ACAR 为逆向交叉上市公司平均累积超额收益率，Std. 为样本数据的标准差。分析结果如图 11 - 3、表 11 - 11 所示。

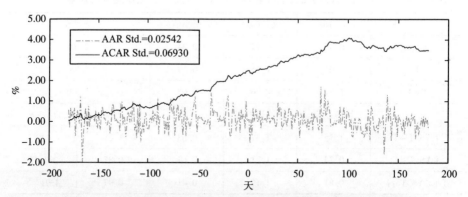

图 11 - 3　逆向交叉上市前后在香港市场的 AAR 与 ACAR 变化趋势

表 11 - 11　　　　　　　　逆向交叉上市前后 ACAR 变化的显著性检验

变量	均值	标准差	下限	上限	T 值	P 值
交叉上市前 ACAR	0.0103	0.0005	0.0092	0.0112		
交叉上市后 ACAR	0.0339	0.0003	0.0332	0.0345	31.8685 ***	0.0000
事件前后 ACAR 变化	0.0236	- 0.0002	0.0240	0.0233		

注：*** 、** 、* 分别表示在1%、5%以及10%的显著性水平下显著。

图 11 - 3 及表 11 - 11 显示，AAR 一直围绕 0 值上下波动，ACAR 在逆向交叉上市前后发生了显著变化，逆向交叉上市之前 ACAR 增幅较为缓慢，逆向交叉上市之后 ACAR 斜率变大，增幅变大。总体来看，ACAR 在逆向交叉上市后有明显的上升趋势，表明公司在 A 股市逆向交叉上市对其在香港的股价及 ACAR 短期内产生了积极影响。

图 11 - 4、图 11 - 5 及表 11 - 12 显示，逆向交叉上市前后在 H 股市场 (0，350) 天内，公司的 ACAR 要明显高于单一上市 H 股公司。逆向交叉上市公司在 A 股市场的 ACAR 一直高于单一上市 A 股公司，且两者 ACAR 的差值在 (0，350) 持续扩大。这些证据与投资者认知假说，市场流动性假说，市场分割假说及绑定假说的结论是相一致的。即逆向交叉上市后将增加股东

价值、消除资本流动障碍和降低投资成本。但从逆向交叉上市后的 350 天开始，H 股市场上，逆向交叉上市公司的 ACAR 开始低于单一上市 H 股公司；A 股市场上，逆向交叉上市公司与单一上市 A 股公司的 ACAR 的差值在逐渐减小，并有消失趋势。这些现象与奥克萨那（2013）的结论一致，说明存在长期"抑价现象"，表明市场具有回调风险能力，与单一市场同行相比，逆向交叉上市公司受到国外和当地政府的双重审查，为了限制"声誉寻租"投机性的运用，市场会调整估值水平。同时，这与李等（Lee et al.，1996）、阿伦德（Ahrend，2000）对欧洲国家的研究结果一致。综上说明，假设 H1（逆向交叉上市公司比非逆向交叉上市公司有更好的市场表现）仅在短期内成立。

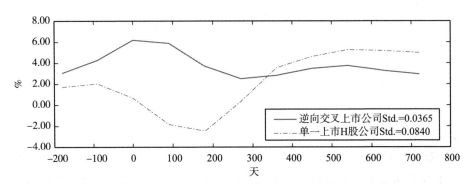

图 11-4　逆向交叉上市公司与单一上市 H 股公司长期 ACAR 变化趋势

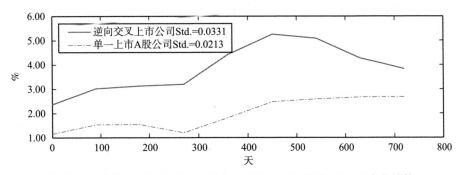

图 11-5　逆向交叉上市公司与单一上市 A 股公司长期 ACAR 变化趋势

表 11 - 12 逆向交叉上市前后 ACAR 表现

时间（天）	逆向交叉上市公司（%）		H 股配对公司（%）	差值	A 股配对公司（%）	差值
	H 股市场（%）	A 股市场（%）				
(-180, -90)	3.06	—	1.71	1.35	—	—
(-90, 0)	5.52	—	2.35	3.17	—	—
(0, 90)	6.85	2.37	-1.01	7.86	1.16	1.21
(90, 180)	4.92	3.67	-2.64	7.56	1.91	1.76
(180, 270)	2.45	2.59	-2.28	4.73	1.19	1.40
(270, 360)	2.57	3.81	2.98	-0.41	1.21	2.60
(360, 450)	3.07	5.04	4.07	-1.00	2.45	2.59
(450, 540)	3.88	5.48	5.16	-1.28	2.51	2.97
(540, 630)	3.62	4.70	5.38	-1.76	2.66	2.04
(630, 720)	2.94	3.83	4.97	-2.03	2.68	1.15

（四）变量相关性分析

表 11 - 13 显示，逆向交叉上市决策与 Roa、Inas 和 Cum 显著正相关，与 Block 显著负相关，与其他变量之间的相关性并不显著。除此之外，主要假设变量与各变量之间的相关系数较小，因此可以认为假设变量与其他变量之间不存在多重共线性的问题。这些证据初步验证了假设 H3、假设 H2 和假设 H4 是成立的。

（五）模型分析结果

1. COX PH 模型

表 11 - 14 的 COX PH 模型结果显示，代表规模因子的 Log（as）的系数为正，说明公司规模对逆向交叉上市决策有正向影响，但并不显著。反映盈利能力指标的系数都为正，且 Roa 在 5% 的水平下显著，说明盈利能力越强的公司逆向交叉上市决策意愿越强烈。反映资本结构的指标除 Block 的系数为负，其他指标系数均为正。Inas 的系数为正且在 5% 的水平下显著，这符合

表 11-13

各变量的 Spearman 相关系数

	Reverse	Log(as)	Roa	Ros	Growth	Inas	Cum	Lev	Fcf	Block	Aur	Tobin_q	Mkw	Gdp
Reverse	1.000													
Log(as)	0.190	1.000												
Roa	0.102**	0.080	1.000											
Ros	-0.148	-0.014	-0.036	1.000										
Growth	0.134	0.021	0.021*	0.093	1.000									
Inas	0.130**	0.155	0.725	0.133	0.054	1.000								
Cum	0.046**	0.061	0.036	0.205**	0.012	0.054	1.000							
Lev	-0.649	-0.018*	-0.014	-0.050	-0.019	-0.021	-0.092	1.000						
Fcf	0.108	0.010	0.082	-0.371**	0.003	0.041	-0.294	-0.001	1.000					
Block	-0.853**	-0.314	-0.095	0.182	0.115	0.193	-0.014	-0.028	-0.125	1.000				
Aur	-0.127	-0.052	0.033	0.904**	-0.099	0.237	0.178*	-0.023	0.323**	0.181	1.000			
Tobin_q	-0.090	-0.057	0.040	0.023	-0.010	0.049	0.001	0.750**	0.135	0.047	0.043	1.000		
Mkw	0.008	0.483**	-0.014	-0.125	0.096	-0.134	-0.315	0.016	0.103	0.062	-0.204	-0.067	1.000	
Gdp	0.064	-0.047	0.123	-0.002	-0.114	0.102	-0.017	0.142	-0.026	-0.005	-0.009	0.122	-0.073	1.000

注: ***、**、* 分别表示在 1%、5% 以及 10% 的显著性水平下显著。

本土市场假说，验证了假设 H2 成立。与 INS 一样，Cum 也在 5% 的水平下显著，支持优序融资理论与代理成本理论，即有资金需求的公司将受益于外部融资的收益和成本，更期望逆向交叉上市，这与孙等（Sun et al.，2008），周开国等（2011）的研究结论一致。同时这一结果也证明假设 H3 是成立的。Block 在 10% 的水平下显著的结果证实了大股东行为理论，说明公司逆向交叉上市决策与股权集中程度呈显著负相关关系，控股大股东控制权水平越高，企业选择逆向交叉上市的概率越低，而逆向交叉上市的决策会分散控股大股东的控制权集中度，即假设 H4 成立。作为逆向交叉上市决策的控制变量 Mkv 与 Gdp 分别在 0.01 和 0.1 的水平下显著正相关，说明 A 股市场的市值与宏观 Gdp 指标将正向影响公司做出上市的决策，另一方面也说明本土证券市场作为经济"晴雨表"其情况的良好对公司做出逆向交叉上市决策有着至关重要的影响。除了列出 COX PH 模型的结果，也列出了 WEIBULL 模型与指数模型的结果，二者的结果与 COX PH 模型的结果具有一致性，表明运用 COX PH 模型得出的结果具有稳健性。

表 11-14   COX PH 模型分析结果

变量	COX PH 模型	WEIBULL 模型	指数模型
Log(as)	0.5438	0.9051	0.9458
	[0.39]	[-0.72]	[-0.42]
Roa	0.5678	1.5044	1.1575
	[2.24]**	[1.69]*	[0.66]*
Ros	0.0496	0.9444	0.9806
	[-1.26]	[-1.64]	[-0.58]
Growth	0.0077	0.9957	0.9993
	[0.82]	[-0.45]	[-0.08]
Inas	0.4282	0.7640	0.8810
	[-2.21]**	[-1.41]*	[-0.72]*
Cum	0.0223	1.0181	1.0070
	[2.04]**	[1.55]*	[0.70]*

变量	COX PH 模型	WEIBULL 模型	指数模型
Lev	1.3047	5.5349	1.0098
	[0.64]	[0.81]	[0.01]
Fcf	0.0598	0.6782	0.8692
	[-0.18]	[-1.02]	[-0.46]
Block	-3.1371	-9.8548	-3.7933
	[1.51]*	[1.04]*	[0.67]*
Aur	3.9383	9.5553	4.4518
	[1.06]	[1.39]	[0.47]
Tobin_q	0.0242	1.1347	1.0313
	[0.14]	[0.84]	[0.20]
Mkv	3.1586	8.0693	1.9968
	[5.39]***	[5.75]***	[2.37]**
Gdp	0.0701	0.9496	0.9842
	[-1.94]*	[-1.92]*	[-0.60]
Wald chi2	64.14	55.65	14.62
P 值	0.0000	0.0000	0.0480

注：***、**、*分别表示在1%、5%以及10%的显著性水平下显著。

2. Logit 模型

为了检验 Logit 模型的整体显著性水平，即模型中的所有解释变量必须对因变量具有解释上的显著性。采用似然比检验（LR 统计量）。它服从自由度为 n 的 χ^2 分布，n 为解释变量的个数，Logit 模型似然比检验中的 χ^2 统计量的值为 60.80，P 值 0.0000 < 0.01。因此，选择 Logit 模型是合理的。根据公式（11.5）进行回归分析，为了保证结果具有稳健性，对三个主要假设变量（Cum、Inas 和 Block）分别进行回归，回归结果如表 11-15 所示。

表 11 –15　　　　　　　　　　Logit 回归分析结果

变量	CUM 模型	INAS 模型	BLOCK 模型
$Log(as)$	0.09	0.160	0.122
	(0.425)	(0.341)	(0.286)
Roa	0.103	0.006	0.116
	(0.256)	(0.778)	(0.256)
Ros	−0.062	−0.002	−0.031
	(0.565)	(0.875)	(0.741)
$Growth$	0.131	0.017	0.016
	(0.017)*	(0.047)**	(0.007)***
$Inas$	0.091		0.102
	(0.027)**		(0.026)**
Cum		0.027	0.027
		(0.052)*	(0.051)*
Lev	−1.060	−0.530	−0.704
	(0.197)	(0.429)	(0.363)
Fcf	0.101	0.201	0.177
	(0.742)	(0.052)	(0.571)
$Block$	−0.147	−0.363	
	(0.087)*	(0.043)**	
Aur	0.019	0.049	0.296
	(0.803)	(0.518)	(0.765)
$Tobin\_q$	0.175	0.142	0.732
	(0.527)	(0.707)	(0.564)
Mkv	2.400	2.374	2.521
	(0.472)	(0.591)	(0.460)
Gdp	−0.379	−1.323	−0.183
	(0.939)	(0.484)	(0.516)
$Constant$	2.203	1.470	1.320
	(0.021)	(0.138)	(0.157)

续表

变量	CUM 模型	INAS 模型	BLOCK 模型
Pseudo R²	31. 07	33. 21	33. 98
LR Chi2	57. 29 ***	61. 22 ***	62. 64 ***

注：*** 、** 、* 分别表示在 1%、5% 以及 10% 的显著性水平下显著。

表 11 - 15 显示了 Logit 三个模型的回归结果：在 CUM 模型中，INAS 的系数显著为正，说明逆向交叉上市决策与无形资产二者呈显著正相关关系，公司无形资产越高，做出逆向交叉上市决策的概率越大，同时，无形资产可以视为企业的品牌效应，符合本土市场假说，在本土市场具有知名品牌的公司更倾向于逆向交叉上市；Block 的系数显著为负，说明逆向交叉上市决策与所有权集中程度二者呈显著负相关关系，控股股东控制权水平越高，公司选择逆向交叉上市的概率越低，这与王冰（2014）的结论相一致，企业选择逆向交叉上市可能性的重要决定因素之一是控制权私利。Inas 和 Block 与逆向交叉上市决策的显著相关关系说明，假设 H2（逆向交叉上市的概率与公司的品牌知名度和无形资产价值正相关）和假设 H4 是成立的。在 Inas 模型中，Cum 的系数显著为正，说明逆向交叉上市与公司融资行为二者呈正相关关系，公司越是需要融资，越会做出逆向交叉上市的决策，这一结果与企业上市溢出效应的具体表现具有相似性，逆向交叉上市有利于企业通过在新的证券市场公开发行股票达到降低融资成本，扩大融资规模的目的；Block 的系数显著为负，与 CUM 模型的结果相一致。Cum 与逆向交叉上市决策的显著正相关关系说明，假设 H3 是成立的。BLOCK 模型中：Inas 与 Cum 的系数显著为正，与 CUM 模型和 INAS 模型的结果相似，就不再重复说明。另外，在 3 个模型中，Growth 与逆向交叉上市决策呈显著正相关关系，说明公司盈利能力也是决定是否逆向交叉上市的重要因素之一。Pseudo R² 表示的是整体回归的拟合程度，3 个模型的 Pseudo R² 分别为 31. 07、33. 21 和 33. 98，表明 3 个模型的拟合程度都很好。

（六）主要结论

基于交叉上市理论和在香港市场与本土市场先后发行 H 股与 A 股的内地

公司样本，采用 COX PH 模型、Logit 模型以及配对分析等方法的后验分析结果表明，内地公司逆向交叉上市的决策动因并非简单的"圈钱"目的，而是具有多样性，主要结论有：

（1）从公司特质看，逆向交叉上市的决策主要受无形资产的持有量、融资能力、股权集中程度和盈利能力的影响。在国内拥有良好口碑的知名公司、资金约束强的公司、股权集中度低的公司以及盈利能力强的公司更倾向于逆向交叉上市。逆向交叉上市会加深公司品牌关注度，帮助公司融资，扩大股权分布，提高营业能力。

（2）从逆向交叉上市的时机选择和绩效表现看，公司倾向于在本土市场处于牛市时选择上市，存在择时现象。逆向交叉上市公司股票普遍获得了短期估值溢价，但不存在持续的长期估值溢价。这表明，虽然逆向交叉上市公司都是大型优质公司，但不会长期受到投资者的依赖。

（3）从对市场的影响看，逆向交叉上市对本土市场的资金面有一定的短期冲击，短期内导致了市场资金分流；但长期看，逆向交叉上市行为促进了本土市场与成熟市场的联动性，提升了上市公司整体质量，有助于本土市场的发展。

第三节 本章小结

传统智慧难以解释逆向交叉上市的公司动机及其对新兴市场的影响。聚焦于快速增长的一类逆向交叉上市（回归上市），从绑定效应和"声誉寻租"角度考察了地理相近的香港与 A 股市场间 H－A 回归上市公司的估值溢价特征，从收益率波动性视角分析了回归上市对 A 股市场的传递溢出效应。从这一案例中得出了以下结论：

（1）回归上市可以获得显著的短期估值溢价，大型优质公司可获得更多、更持久的估值溢价。利用声誉绑定提升公司价值可能是回归上市的主要动机之一。

（2）回归上市公司治理质量信号对估值影响不显著、累积效应和估值溢价不断降低，一方面说明市场对回归上市存在短期估值泡沫，公司有"声誉寻租"机会,另一方面说明回归上市对市场的冲击是短期的,且随着回归上市规模的扩大负面影响逐步降低。

(3)逆向交叉上市的决策主要受无形资产的持有量、融资能力、股权集中程度和盈利能力的影响。在国内拥有良好口碑的知名公司、资金约束强的公司、股权集中度低的公司以及盈利能力强的公司更倾向于逆向交叉上市。

(4)公司倾向于在本土市场处于牛市时选择上市,存在择时现象。逆向交叉上市公司股票普遍获得了短期估值溢价,但不存在持续的长期估值溢价。

(5)逆向交叉上市对本土市场的资金面有一定的短期冲击,但长期看,逆向交叉上市行为促进了本土市场与成熟市场的联动性,提升了上市公司整体质量,有助于本土市场的发展。

第十二章

中国内地公司逆向交叉
上市的效应研究

第一节 逆向交叉上市对公司治理的影响

一、样本选择与数据来源

根据研究需要，选取 1993 ~ 2015 年先在香港上市后回归内地上市的逆向交叉上市公司 2008 ~ 2015 年的数据为研究样本，被选样本应该具备如下条件：（1）因为金融、保险和证券行业的会计含义与其他行业不同，所以将此类公司剔除；（2）剔除数据缺失或存在异常值以及 ST、PT 类公司；（3）剔除在创业板、新三板发行股票的公司；（4）由于公司治理水平的改善需要时间，所以剔除逆向交叉上市不满 1 年的公司。参考朗等（2003）对配对样本选取的原则：（1）同一类行业；（2）上市时间接近；（3）较为接近的资产规模，得到相应单一上市 A 股公司作为配对样本。涉及的公司和市场数据主要来源于新浪财经网、雅虎财经网和 WIND 数据库。数据的处理与统计分析工作主要在 STATA13.0 统计分析软件上完成。

二、方法模型

构建如下面板数据回归模型，进行检验逆向交叉上市是否会对公司治理水平起到改善提升作用：

$$
\begin{aligned}
\mathrm{Ln}(Tobin\_q_{it}) = {} & \alpha + \beta_1 Reverse_{it}(Cross_{it}) + \beta_2 Indep._{it} + \beta_3 Top1_{it} + \beta_4 Balance_{it} \\
& + \beta_5 Ave_{it} + \beta_6 Fac_{it} + \beta_7 Rpt_{it} + \beta_8 Size_{it} + \beta_9 Lev._{it} + \beta_{10} Roe_{it} \\
& + \beta_{11} Gov._{it} + \sum Year + \sum Ind + \varepsilon_{it}
\end{aligned}
\tag{12.1}
$$

按照多伊奇等（2004）的做法，把代表公司价值的 Tobin_q 作为衡量公司治理水平改善的因变量。由于快速增长的公司都会有一个较高的资产总值，为保证结果的有效性，对 Tobin_q 进行取对数。关键解释变量 Reverse（Cross）为逆向（典型）交叉上市虚拟变量，逆向（典型）交叉上市公司取 1，非逆向（典型）交叉上市公司取 0；Indep. 为公司独立董事所占比例；Top1 为公司第一大股东持股比例；Balance 为第二至第十大股东持股所占比例；Ave. 为户均持股比例；Fac. 为财务公司持股比例；Rpt 为关联交易比例；Size 为公司总资产的对数；Lev 为公司的财务杠杆；Roe 为公司的净资产收益率；Gov 为是否国有控股的虚拟变量，若公司为国有控股则取 1，反之取 0。其中 Indep、Top1 和 Balance 反应股权结构对公司治理的影响；Ave、Fac 和 Rpt 反映信息披露质量对公司治理的影响；Gov 反映公司性质对公司治理的影响；Size、Lev、Roe、Year 和 Ind 作为控制变量。模型变量定义见表 12－1。

表 12－1　　　　　　　　　　　模型变量定义

变量	名称	符号	定义
因变量	托宾 q	$Tobin\_q$	其值为公司（总负债＋总市值)/总资产
自变量	逆向交叉上市虚拟变量	$Reverse$	逆向交叉上市公司取 1，反之取 0
	典型交叉上市虚拟变量	$Cross$	典型交叉上市公司取 1，反之取 0
	独立董事所占比例	$Indep.$	其值为公司独立董事人数/董事会总人数
	第一大股东持股比例	$Top1$	其值为第一大股东持股所占比例
	股权制衡度	$Balance$	其值为第二大股东至第十大股东持股比例
	户均持股比例	Ave	其值为总股本/股东数量
	财务公司持股比例	Fac	其值为财务公司持股数/总股本
	关联交易比例	Rpt	其值为关联交易总额/年末资产总额
	公司性质虚拟变量	Gov	公司为国有控股公司则取 1，反之取 0

续表

变量	名称	符号	定义
控制变量	公司规模	Size	其值为公司 t 年年末总资产的对数
	财务杠杆	Lev	其值为公司负债总额/资产总额
	净资产收益率	Roe	其值为公司净利润/平均净资产总额
	年度虚拟变量	Year	年度为单位的虚拟变量
	行业虚拟变量	Ind	以 Wind 行业分布的行业虚拟变量

三、实证结果

（一）变量的描述性统计分析

表 11 - 2 数据显示：逆向交叉上市公司的 Tobin_q 值无论在均值还是中值上都要高于单一上市 A 股公司，但不显著；在股权结构上，逆向交叉上市公司的 Indep，Top1 和 Balance 分别在 1%、5% 和 10% 的置信水平下显著，且均高于单一上市 A 股公司，表明逆向交叉上市公司独立董事比例、第一大股东持股比例和股权制衡度相应都处在较高水平，较高的独立董事比例和股权制衡度有利于公司更好地保护投资者利益；信息披露方面，逆向交叉上市公司的 Ave. 和 Fac. 分别在 10% 和 5% 的置信水平下显著，说明在逆向交叉上市之后，公司户均持股比例以及财务公司持股比例都有显著的提升，信息公开披露方面得到明显的改善，公司经营透明度提高，Rpt 虽然不显著，但是在均值与中值上逆向交叉上市公司都低于单一上市 A 股公司，说明逆向交叉上市有助于降低公司的关联交易；在公司性质方面，Gov 在 10% 的置信水平下显著，说明逆向交叉上市公司的公司性质上属于国有企业性质的公司比例要高于单一上市 A 股公司，这与在香港和内地交叉上市的公司大部分为国有性质企业的事实相一致；控制变量方面，逆向交叉上市公司比单一上市 A 股公司拥有更大的公司规模，更高的财务杠杆，更强的盈利能力。同时也反映出，逆向交叉上市企业在享受高收益和大规模的同时，经营风险也在逐步提升。初步从以上单变量分析的结果看，逆向交叉上市公司在公司治理上要优于非逆向交叉上市公司，但这种改善是否是逆向交叉上市途径带来的需要后续验证。

表 12 - 2　　　　　　　　　　变量描述性统计

变量	逆向交叉上市		A 股		差异检验		
	均值	中位数	均值	中位数	均值差	中值差	T 值
Tobin_q	1. 36	1. 17	1. 28	1. 15	0. 21	0. 02	5. 396
Reverse	1	1	0	0	1	1	—
Indep.	24. 28	23. 25	23. 55	21	0. 73	2. 25	- 1. 146 *
Top1	46. 04	45. 57	43. 02	42. 84	3. 02	2. 73	- 2. 359 **
Balance	36. 74	36. 32	18. 69	15. 19	18. 05	21. 13	- 16. 259 *
Ave.	0. 014	0. 007	0. 026	0. 016	- 0. 012	- 0. 009	- 4. 309 *
Fac.	0. 168	0. 010	0. 036	0. 014	0. 132	- 0. 004	- 5. 628 **
Rpt	0. 003	0	0. 005	0. 001	- 0. 002	- 0. 001	- 0. 822
Gov	0. 76	1	0. 66	1	0. 10	0	- 7. 623 *
Size	10. 66	10. 86	8. 62	8. 68	2. 04	2. 18	- 15. 334 **
Lev	54. 30	54. 73	45. 71	44. 90	8. 59	9. 83	- 5. 503
Roe	10. 58	9. 71	8. 42	9. 16	2. 16	0. 55	1. 915 ***

注：*** 、** 、* 分别表示在 1% 、5% 以及 10% 的显著性水平下显著。

（二）横向比较回归分析

为了验证逆向交叉上市途径是否可以真正改善公司治理水平，采用建立回归面板数据模型进行进一步系统性分析研究。如表 12 - 3 所示。

表 12 - 3　　　逆向交叉上市公司与单一上市 A 股公司 Tobin_q 差异回归分析

变量	系数	标准差	P 值
Reverse	0. 4544	0. 2093	0. 030 *
Indep.	0. 0020	0. 0087	0. 820
Top1	- 0. 0040	0. 0050	0. 446
Balance	0. 0070	0. 0060	0. 028 **
Ave.	9. 8430	1. 8620	0. 000 ***
Fac.	- 1. 0090	0. 9050	0. 265

续表

变量	系数	标准差	P 值
Rpt	− 0. 2260	1. 2140	0. 085 *
Gov	− 0. 0119	0. 2106	0. 096 *
Size	0. 0800	0. 0550	0. 148
Lev	− 0. 0030	0. 0030	0. 027 **
Roe	0. 0100	0. 0030	0. 002 ***
cons		2. 274	
Year & Ind.		Control	
$Adj - R^2$		0. 243	

注：*** 、** 、* 分别表示在 1% 、5% 以及 10% 的显著性水平下显著。

　　结果表明，虚拟变量 Reverse 的系数为 0.4544，且在 10% 的置信水平下显著，说明公司在逆向交叉上市后，公司价值有显著的提升，即公司治理能力得到一定程度的改善；在公司股权结构上，Indep. 和 Top1 将会分别对公司价值产生一个正向和反向的作用，且 Balance 的系数为 0.007，在 5% 的置信水平下显著，说明独立董事占比和股权制衡度将会有效限制大股东侵占行为的发生，保护投资者利益，提高公司治理水平，而第一大股东持股所占比例越高越容易引发"不正当行为"，不利于公司治理水平的提升。信息披露上，Ave. 的系数为 9.843，且在 1% 的置信水平上显著，说明户均持股比例对公司价值产生一个显著正向影响，反映出信息披露越充分，将越有利于公司治理水平的改善，提高公司价值；Rpt. 的系数为负，且在 10% 的置信水平下显著，说明关联交易比例与公司价值是呈显著负相关关系，即关联交易是侵占公司价值的重要途径；Fac. 的系数为负，说明财务公司持股比例的增加将会控制公司价值的提升，起到改善公司治理水平的作用，但并不显著。Gov 的系数为正，且在 10% 的置信水平下显著，说明国有控股公司不利于公司价值的提升，这与中国特殊的制度背景有关，国有控股公司由于有一定的国家保障，所以是否提升公司治理能力对其影响并不大。控制变量上，Size 的系数为 0.080，说明公司规模越大，公司治理水平就越好，但是这种关联性并不显著；Lev 的系数为负，p 值为 0.027，表明公司的财务杠杆与公司治理水平

之间显著负相关，当公司的财务杠杆过高时会阻碍公司治理水平的提升；Roe
与代表公司治理能力的 Tobin-q 显著正相关，表示净资产收益率越高的公司，
公司治理能力水平将会越高，这与通常的管理绩效理论相一致。以上研究结
果初步支持了公司通过逆向交叉上市途径可以提升公司的治理能力水平和公
司整体价值。由于采用面板数据模型进行回归分析可以有效克服自由度不足
的问题，检验结果具有一定的说服力。但为了保证结果的稳健性和有效性，
对相关性较强的变量进行滞后一阶处理，重新进行回归分析，结果与以上结
论具有一致性。

（三）纵向比较回归分析

上文的研究表明：逆向交叉上市公司相较于单一上市 A 股公司有着更好
的公司治理水平，逆向交叉上市途径作为一种公司外部治理机制能够有效提
升公司的治理能力。但根据经典理论，只有先在新兴市场上市再到成熟市场
上市的典型交叉上市公司，才能得益于"绑定效应"所带来的公司治理能力
的改善，才符合约束理论的观点。非典型的"逆向交叉上市"虽然在前面我
们得到的结论初步支持了本篇的假设，但是为了保证结果的客观性与真实性，
我们接下来会采用公司自身在逆向交叉上市前后 Tobin_q 差异的回归分析和
典型交叉上市公司在交叉上市前后的 Tobin-q 差异回归分析来进行纵向分析。
根据上文筛选样本的原则，最终确认 16 家"先 A 后 H"的典型交叉上市公
司为样本公司。

表 12－4 是公司逆向交叉上市前后自身 Tobin-q 差异的回归分析。结果显
示，Reverse 的回归系数显著为正，表明公司在逆向交叉上市前后的治理水平
得到有效的改善，公司除了要继续遵守香港市场较为严苛的法律与制度准则
外还要受到 A 股市场的双重审查，从而通过双重上市这种外部机制来更好地
约束公司行为，提高公司治理水平；股权结构与信息披露上的结果与上文结
果相一致，只是此时第一大股东持股比例对公司治理改善的影响变得显著，
Rpt. 的置信水平也有所提升，表明集中的股权不利于公司治理的改善，关联
交易将会有效阻碍公司治理水平；Gov 的系数为负，表明逆向交叉上市公司
的国有控股性质会对公司治理起到阻碍的作用，但是与上文结果不同的是，
这种关系并不显著，说明国有控股性质虽然带有一定的制度色彩，但是并不

是影响公司治理改善的主要因素；Size，Lev 和 Roe 的结果与上文一致。

表 12 -4　　　　　　　逆向交叉上市前后公司自身 Tobin_q 差异的回归分析

变量	系数	标准差	P 值
Reverse	1.408	0.122	0.000 ***
Indep.	0.002	0.006	0.795
Top1	− 0.012	0.006	0.044 **
Balance	0.011	0.006	0.060 *
Ave.	7.167	1.920	0.000 ***
Fac.	− 3.149	2.629	0.231
Rpt	− 0.576	1.726	0.074 **
Gov	− 0.197	0.216	0.362
Size	0.184	0.043	0.000 ***
Lev	− 0.004	0.003	0.089 *
Roe	0.003	0.002	0.059 *
cons	1.308		
Year & Ind.	Control		
Adj – R²	0.409		

注：*** 、** 、* 分别表示在1%、5%以及10%的显著性水平下显著。

表 12 -5 是典型交叉上市公司交叉上市前后 Tobin_q 差异的检验结果。其中，关键解释变量 Cross 的系数显著为正，说明 A 股公司到香港发行 H 股交叉上市之后能够显著提升其公司价值，改善公司治理水平。这一结论也与国外学者的经典理论相一致，即从新兴市场到成熟市场上市，由于受到成熟市场更加严格的法律与市场制度约束，公司的治理水平自然会有所改善。由于中国股指目前刚刚纳入 MSCI 指数，在全球经济一体化的今天为了更好地融入国际知名金融市场、提高品牌认知度、快速感知国际金融动态、增强股票的流动性和提升投资者保护，许多已经在内地上市的公司会选择再到成熟市场上市。

表 12 - 5　　　　　　典型交叉上市公司交叉上市前后 Tobin_q 差异的回归分析

变量	系数	标准差	P 值
Cross	0.246	0.099	0.013 **
Indep.	0.008	0.005	0.082 *
Top1	− 0.006	0.003	0.088 *
Balance	0.007	0.004	0.081 *
Ave.	6.914	7.17	0.000 ***
Fac.	− 1.527	0.633	0.069 *
Rpt	10.245	12.031	0.395
Gov	− 0.254	0.111	0.023 **
Size	− 0.062	0.039	0.116
Lev	− 0.007	0.003	0.036 **
Roe	0.003	0.003	0.165
cons	2.038		
Year & Ind.	Control		
$Adj - R^2$	0.3123		

注：*** 、** 、* 分别表示在 1%、5% 以及 10% 的显著性水平下显著。

综上，与典型交叉上市途径一样，逆向交叉上市也对公司价值的提升起到促进作用，对公司治理改善有着显著的影响。

四、本节结论

以逆向交叉上市公司为主要研究样本，分别从横向和纵向上考察了逆向交叉上市是否改善了公司的治理能力与水平。研究表明，与单一上市 A 股公司相比，逆向交叉上市公司具有明显优于 A 股公司的治理能力与水平，这可以解释为：公司通过在香港上市，受到较为严苛的会计准则和法律法规约束，使这些公司的治理水平要远远高于单一上市 A 股公司。从公司自身的纵向比较看，逆向交叉上市前后公司治理水平确实显著提升，且与典型交叉上市相似，由于同时受到两个市场的"双重约束"，公司必须改善其治理水平以适应两个市场的叠加规则。与国内部分学者认为中国"海归股"的主要目标是融资的研究结果不同的是，本书认为逆向交叉上市对于公司治理能力无论在横向上和纵向上都有所改善，说明逆向回归上市具有双重的积极效果，并非单一的融资目的，这对于完善内地上市公司治理结构，促进内地证券市场规范建设均具有积极作用。

第二节　逆向交叉上市的市场间传递溢出效应

一、研究假设

交叉上市传递效应研究表明，一个市场中的大幅价格波动会通过交叉上市公司传导到其他市场，市场间价格变化的联系更紧密，信息不对称会被夸大，由此引发的价格波动将被放大（Kodres and Pritsker（2002）；Fernandes and Ferreira（2008））。由此推论回归上市股票和市场的收益率波动性将增强。此外，由于绑定效应的存在，市场间的波动溢出主要表现为从成熟市场到新兴市场的单向溢出，市场间的信息传递速度更快，对新兴市场结构和效率产生积极的影响。由此提出以下两个假设：

H2a：回归上市将加大股票和市场的收益率波动性。

H2b：回归上市对市场间传递溢出影响主要表现为从成熟市场到新兴市场的单向溢出。

二、模型与变量选择

根据前文的理论推论，为检验回归上市对母国市场的传递溢出效应，根据林（Lin，2017）的部分研究思路与方法，参照恩格尔和克罗纳（Engle and Kroner，1995）提出的 BEKK - MGARCH 模型来度量回归上市公司收益率、母国市场及东道国市场收益率的波动溢出效应。BEKK - MGARCH 模型设定形式如下：

$$\varepsilon_t \mid I_{t-1} \sim N(0, H_t), \ H_t = CC' + A\varepsilon_{t-1}\varepsilon'_{t-1}A' + BH_{t-1}B' \qquad (12.2)$$

其中，H_t 是残差向量 ε_t 在信息集 I_{t-1} 下的条件方差——协方差矩阵，C 为 $2*2$ 阶下三角矩阵，A 为二维 ARCH 项系数矩阵，B 为二维 GARCH 项系数矩阵，ε_{t-1} 是由残差项组成的 $2*1$ 矩阵，具体形式如下：

$$H_t = \begin{bmatrix} h_{11,t} & h_{12,t} \\ h_{21,t} & h_{22,t} \end{bmatrix}, \ C = \begin{bmatrix} c_{11} & 0 \\ c_{21} & c_{22} \end{bmatrix},$$

$$A = \begin{bmatrix} a_{11} & a_{12} \\ a_{21} & a_{22} \end{bmatrix}, \ B = \begin{bmatrix} b_{11} & b_{12} \\ b_{21} & b_{22} \end{bmatrix}, \ \varepsilon_{t-1} = \begin{bmatrix} \varepsilon_{1,t-1}, & \varepsilon_{2,t-1} \end{bmatrix}$$

为便于观察，将条件方差——协方差矩阵 H_t 中元素展开如下：

$$\begin{aligned} h_{11,t} = c_{11}^2 &+ (b_{11}^2 h_{11,t-1} + 2b_{11}b_{12}h_{12,t-1} + b_{12}^2 h_{22,t-1}) \\ &+ (a_{11}^2 \varepsilon_{1,t-1}^2 + 2a_{11}a_{12}\varepsilon_{1,t-1}\varepsilon_{2,t-1} + a_{12}^2 \varepsilon_{2,t-1}^2) \end{aligned} \qquad (12.3)$$

$$\begin{aligned} h_{22,t} = c_{22}^2 &+ (b_{22}^2 h_{22,t-1} + 2b_{21}b_{22}h_{12,t-1} + b_{21}^2 h_{11,t-1}) \\ &+ (a_{21}^2 \varepsilon_{1,t-1}^2 + 2a_{21}a_{22}\varepsilon_{1,t-1}\varepsilon_{2,t-1} + a_{22}^2 \varepsilon_{2,t-1}^2) \end{aligned} \qquad (12.4)$$

$$\begin{aligned} h_{12,t} = c_{11}c_{21} &+ [b_{11}b_{12}h_{11,t-1} + (b_{12}b_{21} + b_{11}b_{22})h_{12,t-1} + b_{21}b_{22}h_{22,t-1}] \\ &+ [a_{11}a_{12}\varepsilon_{1,t-1}^2 + (a_{12}a_{21} + a_{11}a_{22})\varepsilon_{1,t-1}\varepsilon_{2,t-1} + a_{21}a_{22}\varepsilon_{2,t-1}^2] \end{aligned} \qquad (12.5)$$

由式（12.3）和式（12.4）可知，矩阵 A、B 中主对角线 a_{ii} 和 b_{ii}（$i = 1, 2$）分别反映了收益率自身波动的 ARCH 效应和 GARCH 效应，即波动的聚集性和持续性；非主对角线元素 a_{ij} 和 b_{ij}（$i, j = 1, 2, i \neq j$）分别反映了收益率 j 对收益率 i 的 ARCH 型和 GARCH 型波动溢出效应。

为检验香港市场与 A 股市场之间的波动溢出效应，用 1 代表上证 A 股指数，2 代表香港恒生指数。波动溢出效应的检验包括三个检验，用 Wald 检验来进行验证。

第一个检验的原假设为 $H_0: a_{21} = b_{21} = a_{12} = b_{12} = 0$，表示上证 A 股指数与香港恒生指数之间不存在波动溢出效益。如果 Wald 统计量在一定的显著性水平下拒绝原假设，则表明上证 A 股指数与香港恒生指数之间至少存在某一方向的波动溢出效应。

第二个检验的原假设为 $H_0: a_{21} = b_{21} = 0$，表示不存在上证 A 股指数对香港恒生指数的波动溢出效应。如果 Wald 统计量在一定的显著性水平下拒绝原假设，则表明上证 A 股指数对香港恒生指数存在波动溢出效应。

第三个检验的原假设为 $H_0: a_{12} = b_{12} = 0$，表示不存在香港恒生指数对上证 A 股指数的波动溢出效应。如果 Wald 统计量在一定的显著性水平下拒绝原假设，则表明香港恒生指数对上证 A 股指数存在波动溢出效应。

同理，逆向交叉上市公司与 A 股市场之间的波动溢出效应及回归上市公司行业与 A 股市场同行业之间的波动溢出效应检验方式与香港市场与 A 股市场之间波动溢出效应的检验方式类似。

三、实证研究

（一）样本数据选择

自 1993 年青岛啤酒成为第一家 A + H 股交叉上市公司后，截至 2015 年底已有 A + H 股交叉上市公司 87 家，其中，逆向交叉上市公司有 61 家，典型交叉上市公司（先 A 股上市后 H 股上市）有 24 家，同时发行 A + H 股 2 家。剔除金融行业、并收购类公司以及数据缺失或存在异常值的公司，最终确定 45 家逆向交叉上市公司为研究样本。由于逆向交叉上市公司具有"优质公司"的标签，为了更好的反映和考察 H 股回归上市的绑定效应与传递溢出效应，选取根据样本行业分布的配对 A 股上市公司（2813 家）、香港恒生指数和上证 A 股指数作为市场层面比较研究对象。样本区间为 1994 年 1 月 7 日至 2015 年 12 月 31 日，剔除节假日和部分不匹配交易日，共得到 5180 组数据。数据来源于 Wind 资讯数据库、东方财富 Choice 数据库。① 数据处理利用 STATA 和 R 软件实现。

对于香港恒生指数、上证 A 股指数、配对 A 股上市公司及 45 家回归上市公司日收盘价数据作如下处理：$R_t = 100 \times (\ln P_t - \ln P_{t-1})$，其中 R_t 为第 t 日的收益率，P_t 为第 t 日的收盘价，P_{t-1} 为第 $t-1$ 日的收盘价。对以上收益率序列进行描述性统计分析，结果如表 12 - 6 所示。

---

① 本章各公司收盘价数据来源于东方财富 Choice 数据库，其余数据来源于 Wind 资讯数据库。

表 12-6

收益率序列描述性统计分析

	恒生指数	上证 A 股指数	逆向交叉上市公司	非日常生活消费品	工业	公用事业	能源	信息技术	医疗保健	原材料
均值	0.0126	0.0354	-0.0162	0.0281	0.0229	0.0127	0.0252	0.0289	0.0391	0.0265
标准差	1.7155	2.0567	2.7511	2.1910	2.2312	2.3853	2.4734	2.4716	2.4925	2.3324
偏度	0.2680	1.3276	4.3302	0.7783	0.5837	0.9362	0.7419	1.0273	2.9589	1.0364
峰度	11.9478	25.4695	94.9073	17.2935	14.1457	23.3438	16.3674	19.5745	52.8293	20.9713
J-B 统计量	30902 (0.0000)	141650 (0.0000)	1961800 (0.0000)	30902 (0.0000)	43523 (0.0000)	118470 (0.0000)	58349 (0.0000)	83684 (0.0000)	610430 (0.0000)	95934 (0.0000)
$Q(10)$	28.708 (0.0014)	55.805 (2.33e-08)	28.616 (0.0014)	37.369 (4.88e-05)	44.161 (3.08e-06)	59.202 (5.13e-09)	22.385 (0.0133)	40.256 (1.53e-05)	23.501 (0.0090)	53.552 (5.88e-08)
$Q^2(10)$	1736.4 (0.0000)	1691.1 (0.0000)	55.919 (2.12e-08)	1067.4 (0.0000)	1234.3 (0.0000)	777.5 (0.0000)	1170.4 (0.0000)	805.28 (0.0000)	279.91 (0.0000)	850.47 (0.0000)
ADF	-51.677 (0.0000)	-49.7095 (0.0000)	-49.3276 (0.0000)	-49.4412 (0.0000)	-49.3367 (0.0000)	-48.6968 (0.0000)	-49.845 (0.0000)	-48.783 (0.0000)	-50.419 (0, 0000)	-49.349 (0.0000)
$KPSS$	0.0327 (0.1)	0.0503 (0.1)	0.1342 (0.1)	0.0813 (0.1)	0.0545 (0.1)	0.0472 (0.1)	0.0566 (0.1)	0.0691 (0.1)	0.0554 (0.1)	0.0447 (0.1)

注：1. 括号内为 P 值。2. 根据 GICS（全球行业分类系统），45 家回归上市公司主要分布在非日常生活消费品、工业、公用事业、能源、信息技术、医疗保健和原材料这 7 个行业。表 7 与此注同。

由表 12 – 6 可知，恒生指数、上证 A 股指数及 A 股各行业收益率为均为正值，45 家回归上市公司收益率为负值。对于收益率标准差，回归上市公司最大，恒生指数最小，说明回归上市公司的波动率较大。各个收益率分布均表现为正偏度，即右侧尾部较长；峰度值均大于 3，呈尖峰状，并且各个收益率的 Jarque – Bera 统计量在 1% 的水平下均高度不显著，表明收益率不服从正态分布，过度峰态的存在说明经常出现较高的收益率。另外，Q(10) 和 $Q^2(10)$ 统计量检验表明，各个收益率均有明显的自相关现象。对上述收益率序列进行 ADF 检验和 KPSS 检验，结果表明所有收益率序列平稳，适合建立模型。

（二）香港市场和逆向交叉上市公司与 A 股市场的传递溢出效应

对恒生指数和逆向交叉上市公司收益率与上证 A 股指数收益率采用 BFGS（牛顿迭代法）估计两个 BEKK – MGARCH 模型的参数，估计结果如表 12 –7 所示。

表 12 –7　　　　　　　香港市场、逆向交叉上市公司与 A 股市场间
BEKK – MGARCH 模型估计结果

参数	模型一：香港市场与 A 股市场估计结果		模型二：逆向交叉上市公司与 A 股市场估计结果	
	估计值	标准误差	估计值	标准误差
c_{11}	0.3431 ***	0.0286	0.4832 ***	0.0299
c_{21}	0.1728 ***	0.0225	0.1010 ***	0.0195
c_{22}	0.4010 ***	0.0289	0.1104 ***	0.0124
a_{11}	0.3390 ***	0.0155	0.6749 ***	0.0311
a_{12}	– 0.0048 **	0.0082	0.0773 ***	0.0175
a_{21}	– 0.0044	0.0133	– 0.5833 ***	0.0340
a_{22}	0.3814 ***	0.0113	0.1540 ***	0.0211
b_{11}	0.9183 ***	0.0083	0.8258 ***	0.0119
b_{12}	– 0.0011 **	0.0037	– 0.0226 ***	0.0058
b_{21}	– 0.0055	0.0058	0.1670 **	0.0117

续表

参数	模型一：香港市场与 A 股市场估计结果		模型二：逆向交叉上市公司与 A 股市场估计结果	
	估计值	标准误差	估计值	标准误差
b_{22}	− 0. 9057 ***	0.0050	0.9939 ***	0.0061
	Wald 值	P 值	Wald 值	P 值
检验一	7.2	0.012	12.8	0.012
检验二	0.15	0.93	12.4	0.002
检验三	7.1	0.029	0.43	0.81

注：其中，***、**、* 分别表示在 1%、5% 以及 10% 的显著性水平下显著。

表 12 − 7 中的模型一和模型二结果显示，参数 a_{11}、a_{22}、b_{11} 和 b_{22} 均不等于 0 且在 1% 水平下均显著，说明 A 股市场、香港市场和逆向交叉上市公司收益率的波动都明显受到各自前期波动的影响，即波动的聚集性和持续性。

由模型一可知，参数 a_{12}、a_{21}、b_{12} 和 b_{21} 均不等于 0 但 a_{21} 和 b_{21} 不显著，根据波动溢出效应的检验一，Wald 统计量在 5% 的显著性水平下拒绝原假设，表明上证 A 股指数与香港恒生指数之间至少存在某一方向的波动溢出效益。根据检验二，Wald 统计量不能拒绝原假设，表明 A 股市场对香港市场不存在波动溢出效应。根据检验三，Wald 统计量在 5% 的显著性水平下拒绝原假设，表明香港市场对 A 股市场存在波动溢出效应。由此推断，两个市场间存在香港市场对 A 股市场的单向波动溢出效应。

由模型二可知，参数 a_{12}、a_{21}、b_{12} 和 b_{21} 均不等于 0 且显著，根据波动溢出效应的检验一，Wald 统计量在 5% 的显著性水平下拒绝原假设，表明逆向交叉上市公司与 A 股市场之间至少存在某一方向的波动溢出效应。根据检验二，Wald 统计量在 1% 的显著性水平下拒绝原假设，表明逆向交叉上市公司对 A 股市场存在波动溢出效应。根据检验三，Wald 统计量不能拒绝原假设，表明 A 股市场对逆向交叉上市公司不存在波动溢出效应。由此推断，回归上市仅存在 H 股回归上市公司对 A 股市场的单向波动溢出效应。

（三）逆向交叉上市公司与 A 股市场同行业公司间的传递溢出效应

对逆向交叉上市公司与 A 股市场同行业公司收益率采用 BFGS 估计

BEKK – MGARCH 模型的参数，估计结果如表 12 – 8 所示。

表 12 – 8　　　　　　　　逆向交叉上市公司与 A 股市场同行业公司间
BEKK – MGARCH 模型估计结果

参数	非日常生活消费品	标准误差	工业	标准误差	公用事业	标准误差
c_{11}	0.4945	0.3174	0.4273 ***	0.1655	0.6527 ***	0.2130
c_{21}	0.4200 ***	0.0253	− 0.0741	0.1608	0.0275	0.2666
c_{22}	− 0.0170	0.3357	0.0447	0.1946	0.1895 ***	0.0380
a_{11}	− 0.1295 ***	0.0160	− 0.1723 ***	0.0255	− 0.6256 ***	0.0997
a_{12}	0.0072 **	0.0036	0.1034 ***	0.0200	0.0532 ***	0.0141
a_{21}	0.1196 **	0.0666	− 0.1566 ***	0.035	0.7514 ***	0.0973
a_{22}	0.4654 ***	0.0125	− 0.4301 ***	0.0255	0.1838 ***	0.0178
b_{11}	− 0.8233 ***	0.0142	− 0.4557 ***	0.0208	− 0.7970 ***	0.0712
b_{12}	− 0.1878 ***	0.0034	− 0.9077 ***	0.0173	− 0.0006	0.0353
b_{21}	2.3829 ***	0.0480	1.5503 ***	0.0329	1.6011 ***	0.0571
b_{22}	− 0.5007 ***	0.0139	1.1722 ***	0.0185	0.9687 ***	0.0321
	Wald 值	P 值	Wald 值	P 值	Wald 值	P 值
检验一	129.0	0.0000	122.0	0.0000	50.9	2.3e − 10
检验二	118.5	0.0000	73.7	1.1e − 16	50.7	9.7e − 12
检验三	10.5	0.0052	48.2	3.3e − 11	0.2	0.9

参数	能源	标准误差	信息技术	标准误差	医疗保健	标准误差	原材料	标准误差
c_{11}	0.2151 ***	0.0261	0.6501 ***	0.0501	0.3620	0.4879	0.4322 ***	0.03611
c_{21}	0.2217 ***	0.0243	0.2012 ***	0.03182	0.2095	0.1789	0.1725 **	0.0804
c_{22}	0.0753 ***	0.0133	0.1467 ***	0.02135	0.0978	0.4249	0.0003	0.07587
a_{11}	0.1835 ***	0.0132	0.3345 ***	0.0184	0.2237 ***	0.0187	− 0.2623 ***	0.0168
a_{12}	0.0004	0.0109	0.0213 **	0.0095	− 0.0095	0.0132	− 0.1956 ***	0.0121
a_{21}	0.1248 ***	0.0153	− 0.0326	0.0237	− 0.0071	0.0291	0.2309 ***	0.0301
a_{22}	0.2912 ***	0.0156	0.2336 ***	0.0134	0.2669 ***	0.0203	0.4028 ***	0.0177

续表

参数	能源	标准误差	信息技术	标准误差	医疗保健	标准误差	原材料	标准误差
b_{11}	0.9856 ***	0.0029	0.9286 ***	0.0082	− 0.9278 ***	0.0568	0.3202 ***	0.0133
b_{12}	0.0023	0.0025	− 0.0046	0.0040	0.0393	0.0546	− 0.5605 ***	0.0091
b_{21}	− 0.0355 ***	0.0039	− 0.0098	0.0072	1.9634 ***	0.0681	0.9223 ***	0.0172
b_{22}	0.9534 ***	0.0040	0.9654 ***	0.0036	0.9189 ***	0.0579	1.2706 ***	0.0124
	Wald 值	P 值	Wald 值	P 值	Wald 值	P 值	Wald 值	P 值
检验一	1.3	0.85	0.11	1.0	56.6	1.5e − 11	89.1	0.00
检验二	1.3	0.51	0.058	0.97	56.5	5.3e − 13	51.3	7.3e − 12
检验三	0.0021	1.0	0.053	0.97	0.035	0.98	37.8	6.1e − 09

由表 12 - 8 可知，逆向交叉上市公司与 A 股市场同行业公司收益率的波动都显著受到行业自身前期波动的影响。根据 Wald 检验，非日常消费生活品行业、工业行业和原材料行业存在双向波动溢出效应；公用事业行业和医疗保健行业存在单向波动溢出效应，且均是逆向交叉上市公司对 A 股同行业公司的单向波动溢出；能源行业和信息技术行业不存在波动溢出效应。

综上所述，A 股市场、香港市场和逆向交叉上市公司的自身波动性都明显受到各自前期波动程度的影响，但没有证据表明回归上市导致了市场波动程度的增加，H2a 不成立。回归上市对市场间传递溢出影响主要表现为从成熟市场到新兴市场的单向溢出，H2b 成立。但从具体行业角度看，传递溢出效应特征是混杂的，既有从成熟市场到新兴市场的单向溢出，也有双向溢出及无波动溢出的情形，这可能与两个市场各自的上市公司优势行业有关，有待后续研究。

四、研究结论与政策建议

传统智慧难以解释逆向交叉上市的公司动机及其对新兴市场的影响。聚焦于快速增长的一类逆向交叉上市——回归上市，从绑定效应和"声誉寻租"角度考察了地理相近的香港与 A 股市场间 H－A 回归上市公司的估值溢价特征，从收益率波动性视角分析了回归上市对 A 股市场的传递溢出效应。从这一案例中得出了以下结论：

（1）回归上市对市场间传递溢出影响主要表现为从香港市场到 A 股市场的单向传递溢出，但具体行业的传递溢出效应特征是混杂的，这可能与两个市场各自的上市公司优势行业有关。

（2）回归上市有助于提升 A 股市场的优质公司占比，并通过传递溢出效应提升 A 股市场效率。

总之，作为逆向交叉上市的主要形式，回归上市对市场的负面冲击相对有限，有助于推进新兴市场与成熟市场的联动，加快新兴市场效率提升，鉴于此，对于致力于打造世界金融中心的中国而言，对于逆向交叉上市应该持开放积极态度，鼓励优质公司回归上市乃至于外国优质公司来交叉上市，健全相关监管规制，并保持政策连贯性。

五、结论与启示

本节运用 GARCH 模型分析了香港市场、A 股市场与逆向交叉上市公司的收益率的波动性，并且结合 Granger 因果检验方法考察了三者收益率序列与条件方差序列的传递溢出效应，得出了以下结论：

第一，香港市场对 A 股市场起到了风向标的作用，香港市场的波动会显著影响到 A 股市场的波动，但 A 股市场不会对香港市场产生明显影响。

第二，已经在香港上市的公司再回归 A 股市场上市，其自身必然受到香港市场波动的影响，逆向交叉上市公司会对 A 股市场产生传递溢出效应，但随着回归时期的延长，传递溢出效应也将发生在 A 股市场对逆向交叉上市公司身上，这种现象并不仅存在于逆向交叉上市公司与 A 股市场的整体情况下，在分类后的各个行业上也是十分显著的。这说明逆向交叉上市公司的特殊上市方式可以作为一种传递"媒介"在香港市场与 A 股市场进行信息波动传递；另一方面，这种双向传递溢出效应也说明中国 A 股市场发展迅速，有助于加快 A 股市场的国际化进程。

第三节 本章小结

本章从公司自身方面和市场层面对内地公司逆向交叉上市的经济后果进行了系列分析和探讨。在公司层面，逆向交叉上市对公司自身的经济后果影响主要体现在公司治理能力的提升上，逆向交叉上市与单一上市A股公司的横向对比分析表明，逆向交叉上市公司的治理能力与水平显著高于单一上市A股公司；公司自身逆向交叉上市前后的纵向对比分析表明，逆向交叉上市后公司的治理能力得到了显著的改善。在市场层面，香港市场对A股市场一直以来起到的是风向标的作用，在香港市场上市的公司通过逆向交叉上市会对A股市场产生传递溢出效应，但随着时间的增长，A股市场也将对逆向交叉上市公司产生传递溢出效应，且在分类后的各个行业更加显著。

第十三章

本篇总结与展望

第一节 研究结论

一、中国公司逆向交叉上市的决策动因

通过对以往经典理论的回顾以及对先在香港发行 H 股后回归 A 股市场的逆向交叉上市公司进行实证研究，采用 COX PH 模型、Logit 模型和配对分析等方法，最终从公司层面和市场层面剖析了内地公司逆向交叉上市的决策动因，得出了一些有益的结论和启示。

（一）公司层面

从公司自身的特征方面来看，内地公司逆向交叉上市决策主要受到公司无形资产的持有量、融资能力、股权集中程度和盈利能力的影响。

首先，公司逆向交叉上市决策的概率与公司的无形资价值正相关，即公司拥有的无形资产价值越大其逆向交叉上市的概率就越大，这与本土市场假说相一致。其次，公司逆向交叉上市决策与公司资金约束程度正相关，即有资金需求的公司将受益于外部融资的收益和成本，公司的融资能力越强，其逆向交叉上市的欲望越强烈，这与孙等（2008）、周开国等（2010）的研究结论均相同。再次，公司逆向交叉上市决策与股权集中程度负相关，控股大股东控制权水平越高，工作作出逆向交叉上市决策的概率就越低，因为逆向

交叉上市将会分散公司的股权集中程度，从而侵占控股大股东的利益。最后，盈利能力越强的公司为了获得更广阔的市场，得到更多的资源，越倾向于作出逆向交叉上市的决策。逆向交叉上市的决策有利于公司获得更高的品牌关注度，帮助公司扩大融资，扩大股权分布，提高营业能力。

（二）市场层面

公司作出逆向交叉上市决策会受到市场的显著影响。从公司逆向交叉上市的时机选择和市场表现来看，公司倾向于在本土市场处于良好的牛市情况下回归上市，存在显著的择时现象。事实表明，逆向交叉上市公司的股票短期内普遍获得较高的估值溢价，这与科特等（2011）市场估值水平是公司逆向交叉上市决策动因的结论相符，但长期内这种溢价会逐渐消退，说明回归上市后将会受到市场的抑制作用，与奥克萨那等（2013）提出的"抑价现象"相一致。这表明，虽然进行逆向交叉上市的都是大型优质公司，但也不会长期受到投资者依赖。同时，逆向交叉上市行为促进了本土市场与成熟市场的联动性，整体提升了上市公司的质量，为上市公司更好地发展提供了更加有利的环境与条件。

二、中国内地公司逆向交叉上市的效应

本篇主要围绕着逆向交叉上市的中国内地公司自身和所涉及的证券市场两个角度对中国公司逆向交叉上市的经济后果进行了分析，得出的主要结论如下：

（一）逆向交叉上市对公司治理的影响

从逆向交叉上市公司自身的角度出发，横向上与单一上市 A 股公司相比，逆向交叉上市公司由于受到香港成熟市场较为严苛的会计准则与法律法规约束，其公司治理能力显著优于单一上市 A 股公司。其中，在股权结构上，逆向交叉上市公司拥有较高的独立董事比例和股权制衡度，可以有效抑制大股东的私利行为，更好地保护投资者；在信息披露方面，逆向交叉上市公司由于受到双重市场的约束拥有更高的信息透明度；在财务上，

逆向交叉上市公司拥有更高的财务杠杆，较高的财务杠杆显示经营风险的提升，为了降低风险，逆向交叉上市公司必须提高其治理水平。纵向上与逆向交叉上市前后的自身进行对比，与典型交叉上市公司一样，受"绑定效应"的影响，逆向交叉上市后公司的股权分布扩大，信息披露能力提高，公司价值提升，公司的治理水平显著提升。综上表明，逆向交叉上市不论与单一上市 A 股公司相比较，还是与其自身前后相对比，在公司治理方面都得到了显著的改善。

（二）逆向交叉上市对证券市场的影响

从证券市场角度来看，实证结果表明，香港市场作为相对成熟证券市场，对 A 股市场主要起到风向标的作用，香港市场的波动会显著影响到 A 股市场的波动，但 A 股市场由于受到自身发展的局限，当前阶段并不会对香港市场产生显著的影响，形成香港市场对 A 股市场的单向传递溢出效应。但当公司逆向交叉上市后，由于其香港市场上市公司身份，主要受到香港市场波动的影响，而且这种波动影响会传递到 A 股市场产生传递溢出效应，但随着回归时间的延长，传递溢出效应也将出现在 A 股市场与逆向交叉上市公司之间，且这种现象不仅存在于逆向交叉上市公司整体与 A 股市场之间，还在分类后的各个行业上也是十分显著的。这说明，逆向交叉上市作为一种特殊的交叉上市方式可以作为一种"媒介"对香港市场与 A 股市场的信息波动起到连接作用，促进香港市场与 A 股市场共同发展。

第二节　对策与建议

一、上市公司层面

通过研究发现，逆向交叉上市对公司自身的改善与提升具有积极的影响，逆向交叉上市可以被视为一个充满智慧的战略决策。为了让更多的境外上市公司可以获得逆向交叉上市所带来的好处，对倾向于逆向交叉上市的公司提出以下几点建议。

（一）提高公司整体实力

公司应该认识到，逆向交叉上市作为交叉上市的一种非典型方式对公司整体实力的要求较高。对于已经境外上市后回归本土市场上市的公司而言，逆向交叉上市公司必须具备较高的品牌知名度，较强的资金约束能力，较为分散的股权以及优良的盈利能力。只有具备以上实力，逆向交叉上市后才能更自如地应对 A 股市场所带来的冲击；对于有逆向交叉上市倾向但还未进行逆向交叉上市的公司来说，逆向交叉上市除了可以帮助公司融资获得较高溢价之外，提高公司治理能力，同时也会极大分散股权并要求具有较高的信息披露能力，因此，公司必须做好充足的准备。

（二）正确评估逆向交叉上市风险

随着 A 股市场迅速的发展与完善，近些年中国境外上市的公司出现回归上市的热潮，但这并不排除有错误预计市场风险的跟风公司，导致逆向交叉上市后成为"戴帽"公司陷入危机。逆向交叉上市有风险，要正确评估逆向交叉上市风险，要明确逆向交叉上市成本以及后续一系列相关费用，不可盲目为了公司融资或提高声誉等原因进行逆向交叉上市。同时要实时把握国内外市场的动态，随时做好应对准备。

（三）对公司及投资者充满信心

目前中国内地公司进行逆向交叉上市的公司数目已经超过境外上市公司总数的 1/3，境外上市公司应该对逆向交叉上市决策充满信心。其中，虽然逆向交叉上市公司中大部分为实力雄厚的国有优质企业，但是也不缺乏经营优良的民营企业，因此，对于逆向交叉上市各类型境外上市公司都应充满信心。很多公司回归上市更多考虑到投资者信心问题，但从逆向交叉上市公司回归本土市场所获的高溢价可以看出，国内投资者对逆向交叉上市公司持有充足的信心，公司也可以通过规范内部管理，信息披露更加透明化等方式来获得投资者更多的信赖。

二、监管机制与市场层面

中国证券市场作为现行全球最大的新兴市场，在制度设计和监管方面仍然存在一定的缺陷，为了与国际市场接轨，有必要加快以下工作。

（一）完善健全有关交叉上市的制度与法律法规

中国内地公司交叉上市现象促进了中国资本市场的发展，使中国内地证券市场成熟壮大并逐步与国际化接轨，同时提升了内地证券市场公司的整理素质。但作为新兴市场仍然存在制度与法律法规的不健全，虽然交叉上市对公司的治理得到了改善，但是投资者收益却逐年递减，极大损害了市场的公允性。因此，证券监管部门应充分考虑公司的实际情况和市场承受程度，制定出交叉上市时机和交叉上市模式限定的相关制度。采取强有力的措施提高公司治理，保护投资者利益，吸引更多的境外公司逆向交叉上市。

（二）解决中国"政策市"问题

中国内地证券市场存在严重的"政策市"问题，政府对市场的干预过多，不合理的政策干预影响了证券市场的正常运行与发展。对于"政策市"的解决是迫在眉睫的问题。首先，应尽快解决股权分置的遗留问题，快速恢复市场信心，营造良好的证券市场环境；其次，实现证监会等有关部门政策的稳定化与透明化以解决政策多而不统一的现象，规范政策出台体系；严厉打击证券市场的违法乱纪行为，妥善解决有关部门执法不严违法不究的问题；最后，建立政府与市场间的稳定联系，注重制度与制度之间的博弈关系，真正地实现政府与证券市场间的双赢结果。

第三节　后续研究展望

本篇的不足主要有：

（1）主要研究样本数量相对较少。截至 2015 年底在香港市场与 A 股市场间发行 A 股与 H 股的公司共有 86 家，其中有 23 家为典型交叉上市公司，61 家为逆向交叉上市公司，另外有 2 家公司同发行 A 股与 H 股。在进行实证分析过程中，受到数据搜集与剔除原则的影响，最后进行检验的样本数量偏少。得到的结果具有一定局限性。

（2）研究对象存在一定局限性，经济后果研究期限较短。本篇的研究对象主要限定在香港市场与 A 股市场间进行逆向交叉上市的内地公司，没有涉及在美国和英国等市场境外上市并回归的逆向交叉上市公司。同时，对逆向交叉上市公司经济后果的研究时限较短，这些不足在一定程度上影响了本篇结论的代表性。

（3）主要采用后验式的检验方式。对于中国内地公司逆向交上市决策动因和经济后果的研究主要采用的是后验式的检验方式，主要是通过对公司已有数据进行搜集，并建立模型进行对比检验，由于缺乏相关预测模型和调查问卷调查结果的对比分析，也在一定程度上影响本篇结论的稳健性。

为此，后续研究拟围绕以下三方面展开：

（1）对交叉上市公司动因进行扩大样本量分类研究。由于交叉上市方式不仅只有逆向交叉上市一种，同时还有典型交叉上市和同时上市方式。所以可以对三种方式进行深入研究，也可以按照行业、公司属性等形式进行。同时，中国内地公司交叉上市的地点除中国香港以外，还有美国、英国等市场，可以把所有海外市场交叉上市公司都容纳到研究样本中。

（2）对逆向交叉上市公司进行跟踪分析。本篇对逆向交叉上市公司的经济后果研究的时间范围较短，在后续的研究中为了深层次的挖掘逆向交叉上市后的经济后果，可以对逆向交叉上市公司进行跟踪调查分析，延长研究期间，使研究结果更加准确。

（3）采取问卷调查形式的研究方法。本篇主要采用后验式的检验方式，通过收集已有数据进行逆向交叉上市决策动因与经济后果的研究分析，缺乏主观性调查，在后续的工作中，可以从设计调查问卷入手，通过发放给各逆向交叉上市公司问卷的形式收集公司具体数据进行深入分析。

第三篇

中国内地证券市场的竞争力、
定价效率与逆向交叉上市定价

第十四章

绪　　论

第一节　研究背景及研究意义

一、研究背景

证券交易所被认为是市场经济的轴心，除了提供证券流通的场所，证券交易所还有资金募集、价格发现、信息披露、资源配置等功能。波斯纳（Posner，2009）认为，一国股票市场的规模决定该国在国际直接融资领域的地位，如果该国渴望在国际间拥有话语权，那么该国必须拥有一个强大的股票市场。在全球证券交易所互联互通以及上市竞争和交易竞争加剧的趋势下，一国证券市场的相对竞争力的高低关系到本国证券市场的运行效率和国际地位。发达国家经验表明，一个开放高效率的证券市场是保证经济持续健康发展的必要条件。

中国上海和深圳两个证券交易所自 1990 年和 1991 年设立以来，始终处于快速发展进程中。据世界证券交易所联合会（WFE）2016 年年鉴数据，上海证券交易所和深圳证券交易所的总市值分别位列第 4 和第 6 位，但在总市值最大的 21 个证券交易所中，除上海证券交易所和深圳证券交易所外，均设有面向境外公司上市的"国际板"，其中包括印度等金融自由化程度不高的发展中国家，新加坡、中国香港等市场的境外公司上市数量占全部公司数量的 40% 以上，中国内地证券市场在国际化程度方面远远落后于印度等发展中国家。

按照市场功能，股票市场可以被分为一级市场和二级市场，也分别被称为发行市场和流通市场。一级市场中股票的供给方式主要有两种：首次公开募股（IPO）及已上市公司的再融资。相较于后者，前者作为一个企业通过资本市场获取资金并成为一个公众公司的第一步，显然更为重要。作为资本市场资金进入企业的第一步，IPO 定价效率关系到资本的有效配置。合理的IPO 价格能够反映公司的内在价值，使资本市场的资金得到有效的配置，从而推动实体经济的发展，反之，则将对实体经济的发展带来负面影响。此外，资本市场中资金有效配置也将影响企业和投资者对资本市场的选择，因此IPO 定价效率是影响资本市场竞争力的重要因素之一。

20 世纪 80 年代以来，数千家公司通过在一个以上的证券交易所上市进行跨市场融资，交易所之间的竞争表现为对境外公司上市和交叉上市资源的争夺。在这种背景下，优质公司也具有更多的上市地选择，在交易所与公司的上市博弈中，越来越多的公司选择了跨市场的交叉上市。一般而言，典型交叉上市模式是先在效率低的本土新兴市场上市，然后到效率高的境外成熟市场上市，在过去的 30 多年里，这种典型的交叉上市模式已经被学者们广泛研究。然而，21 世纪以来，与典型交叉上市理论相悖的逆向交叉上市在新兴市场国家频繁出现。经典估值理论认为，交叉上市公司在成熟市场的发行和交易价格高于其在新兴市场的价格。但是中国等新兴市场的交叉上市公司却存在与之相反的现象，如 A + H 交叉上市公司，其回归 A 股上市的发行和交易价格高于其在 H 股的发行和交易价格。这种现象与市场分割有关，也与逆向交叉上市公司与其他单一 A 股上市公司相对独立的定价方式有关，作为 A 股市场 IPO 的一部分，本篇也将对其定价方法存在的问题和改进方式进行研究。

近年来，中国相继推出了一系列规范发展证券市场的措施，包括沪港通、深港通和 QFII 等证券市场的开放政策及 2005 年询价制度的启用和随后对询价制度的七次改革等针对 IPO 的改进政策，且近期又相继推出了沪伦通、注册制等改革政策。相对于世界各大交易所，中国上海证券交易所和深圳证券交易所的竞争力如何？中国证券市场的短板在哪？这些年来中国证券市场的竞争力发展情况如何？中国证券市场的 IPO 定价效率与成熟市场之间是否存在差距？2005 年以来询价制度的启用以及对询价制度的改革对 IPO 定价效率是否有影响？这些都是值得探讨的问题。

二、研究意义

（一）理论意义

目前，对中国内地证券市场及交易所竞争力的研究文献比较少。从竞争力的视角研究中国证券市场国际地位的意义表现在：首先，立足于中国内地证券市场，从国际比较的角度，分别从上市竞争力，交易竞争力和国际化程度三个层面研究中国内地证券市场在全球证券市场中的地位，可以揭示中国内地证券市场近年来的发展情况，中国内地证券市场与发达国家证券市场之间各方面的差距及中国内地证券市场存在的短板，从而丰富完善对于证券市场和交易所竞争力的理论研究，为中国提升证券市场竞争力，提升国际化程度和创立国际板提供理论依据和指导。其次，国内关于 IPO 定价效率的研究主要集中于对 2009 年第一次询价制度改革以及更早的政策影响研究，对于近年来改革成效的研究较少。因此，从 A 股市场与成熟市场的横向比较以及纵向的政策前后比较两个视角，研究内地 A 股市场 IPO 定价效率与较为发达的香港证券市场之间的差距，同时研究 2005 年询价制度启用以来至 2017 年底其改革对中国内地 IPO 定价效率的影响。可以丰富中国对 IPO 定价效率政策影响的研究，同时通过与成熟市场定价效率的比较，形成更完整，更具体的 IPO 定价效率理论。最后，鉴于目前国内外关于逆向交叉上市 IPO 定价的研究成果较少，针对现行 A＋H 逆向交叉上市所采用的跟随 H 度定价方法的局限性，提出一种综合考虑中国内地市场估值水平和公司特质的 IPO 定价模型，为逆向交叉上市 IPO 定价模型研究提供新的方向。

（二）现实意义

首先，在全球金融开放与竞争日益加剧的背景下，随着交叉上市和境外投资的方式的增加，越来越多的企业选择在境外上市，投资者可选择的资本市场也越来越多，股票市场之间对于优质上市公司和交易量的争夺不断加剧。

在此背景下，研究中国内地证券市场相对于全球各大证券市场的竞争力能够帮助我们了解内地证券市场在世界证券市场中的地位，从而发现中国内地证券市场与发达国家（地区）证券市场之间的差距。相较于其他发达国家（地区），中国内地证券市场是一个相对封闭的市场，至今仍未开通国际板。本篇将国际化程度作为一个重点研究的议题，以此揭示中国内地证券市场国际化程度的滞后程度及其对中国内地证券市场整体竞争力的影响，从而为中国内地证券市场国际化程度的进一步发展和国际板的开通提供依据。其次，对于中国内地证券市场 IPO 定价效率的研究能够帮助我们发现历次询价制度改革中存在的不足，同时发现中国内地 IPO 定价效率与成熟市场之间的差距和原因，以寻求改革方向。最后，目前所采用的跟随定价方法存在诸多不合理的地方，容易被境外投资者利用，造成境内资产和本土投资者利益的流失。因此，本篇提出一个"以我为主"的 IPO 的定价模型，为逆向交叉上市 IPO 定价的改革提供政策依据。

第二节　概念界定

一、交易所竞争力

近年来，在许多国家和地区，上市公司和投资者的活动不再局限于当地的证券市场，交叉上市和境外投资的方式越来越多，交易所之间的大型并购时有发生，世界各国证券交易所之间的竞争加剧。本篇中的交易所竞争力主要分为两类：分别是上市竞争力和交易竞争力。上市竞争力是指交易所对上市公司的吸引力，主要受到交易所规模、估值水平、融资成本等交易所自身要素以及金融市场进入难度等政策环境因素的影响。交易竞争力是指交易所对投资者的吸引力，主要受到流动性、交易效率和交易成本等交易所自身要素以及投资者保护等政策环境的影响。

二、交易所国际化程度

鉴于全球交易所之间的交易竞争日益加剧，交易所的国际化程度将对其竞争力产生主要影响，为此，本篇创新性地引入交易所国际化程度指标作为影响交易所竞争力的因素。所谓交易所国际化程度，主要反映境外公司在本国（本地区）交易所的上市和交易规模以及境外资本在本国（本地区）交易所的参与程度等。

三、IPO 定价效率

本篇中的 IPO 定价效率主要指的是公司基本估值要素、IPO 发行事件要素以及环境要素对 IPO 价格以及首发后累计超额收益率的解释程度。

第三节　研究方法与研究内容

一、研究方法

本篇研究方法主要有文献研究法和计量模型实证研究法。通过对国内外关于交易所竞争力和 IPO 定价效率文献的研究，概述其研究成果及研究中尚未涉及的领域和内容，同时总结出交易所竞争力的度量指标、国际化程度指标及 IPO 定价效率的度量指标，为后续研究提供理论依据。结合当前中国内地证券市场及世界各大证券市场的实际情况，分别采用 DEA – Malmquist 模型和 Context – Dependent DEA 模型等分析中国内地证券市场竞争力近年来的发展情况和当前的国际地位，并对比分析沪港通等证券市场开放政策前后中国内地证券市场竞争力的变化。采用 SFA 方法对比研究中国内地 IPO 定价效率与成熟市场之间的差异，以及询价制度改革对 IPO 定价效率的影响。采用事件研究法验证跟随 H 股定价方法可能导致的套利机制，同时以超效率 DEA

模型为基础，提出逆向交叉上市 IPO 定价模型，并采用短中长期累计收益率检验其合理性。

二、研究内容

本篇的研究内容主要涉及两个主题。一是中国内地证券市场竞争力的国际比较与政策影响，包括三部分，第一部分研究 2008～2016 年中国内地证券市场上市竞争力及交易竞争力的发展情况；第二部分研究 2016 年中国内地证券市场在上市竞争力，交易竞争力和国际化程度三方面的国际地位；第三部分研究深港通、沪港通等证券市场开放政策对中国内地证券市场国际化程度的影响。二是 IPO 定价研究，包括三部分，第一部分为中国内地 IPO 定价效率与成熟市场 IPO 定价效率的比较；第二部分为 2005 年询价制度采用以来，历次询价制度改革对 IPO 定价效率的影响；第三部分为套利机制的检验和逆向交叉上市 IPO 定价模型的提出和检验。

围绕上述两个主题，本篇的框架为：

第十四章：绪论。介绍研究背景及研究意义、主要研究内容、文章结构和主要创新点。

第十五章：文献综述。回顾国内外关于证券市场竞争力及 IPO 定价的研究，对其成果进行整理和评述，为本篇的研究提供相关理论依据。

第十六章：中国内地证券市场竞争力评价。采用 2008～2016 年全球 45 个主要证券交易所的面板数据，利用 DEA - Malmquist 模型，从交易所对上市公司和对投资者的吸引力角度出发，分别研究上海证券交易所和深圳证券交易所近年来上市竞争力和交易竞争力的发展变化。采用 2016 年全球 45 个主要证券交易所的截面数据，利用 Context - Dependent DEA 模型，分别从上市竞争力、交易竞争力和国际化程度三个层面分析研究中国证券市场的国际地位，探寻中国证券市场发展中存在的短板。同时，利用 2013 年和 2016 年国际化程度的截面数据，对比研究沪港通、深港通和 QFII 等证券市场开放政策实施前后中国证券市场国际化程度的变化情况。

第十七章：IPO 定价效率评价。首先，利用 2005 年询价制度启用后至 2017 年年底 A 股市场的 IPO 数据及部分 H 股市场的 IPO 数据，对比研究两个市场之间的 IPO 定价效率，探寻 A 股市场的 IPO 定价效率与成熟市场之间的差距。其次，以 2009 年第一次询价制度改革，2013 年第四次改革和 2015 年第六次改革为时间节点，研究三次改革前后 A 股市场 IPO 定价效率的变化，探寻三次改革对 A 股 IPO 定价效率的影响。

第十八章：A + H 逆向交叉上市 IPO 定价模型研究。首先采用事件研究法，利用 46 家 A + H 逆向交叉上市公司的 IPO 数据，检验跟随 H 股定价可能造成的境外投资者套利机制。然后，基于超效率 DEA 模型以及同行业前三年内的 IPO 数据，提出一个综合考虑中国内地证券市场估值水平和公司特征的 IPO 定价模型，并利用 28 家 A + H 逆向交叉上市公司的样本数据，证明上述 IPO 定价模型的准确性。

第十九章：本篇总结与展望。归纳总结本篇关于中国内地证券市场竞争力、IPO 定价效率、逆向交叉上市 IPO 定价改革等方面的研究结论，提出有关改革政策建议，指出下一步研究方向。

本篇研究技术路线图如图 14 - 1 所示。

三、主 要 创 新 点

(一) 研究视角创新

由于中国内地证券市场至今未设立国际板，还处在比较封闭的阶段，所以国内学者对于证券市场和交易所竞争力的研究较少，且大多为理论研究。因此，首先，本篇从国际比较的视角出发，以竞争力来衡量中国内地证券市场近年来的发展和现状，以期更具体更客观地呈现中国内地证券市场近年来在各方面的发展状况。其次，国内文献关于 IPO 定价效率的研究大多集中于对第一次询价制度改革前后 IPO 定价效率变化的研究，本篇引入与 A 股市场地理相近、互联互通和交叉上市的港股市场作为成熟市场比较对象，研究 A 股 IPO 定价效率与其差距，以更客观地评价 A 股市场的 IPO 定价效率。最后，为了解决当前跟随 H 股定价存在的问题，转变"以他为主"的定价思路，以超效率 DEA 为基础，从"以我为主"的角度出发，在定价模型中综合考虑本土市场的估值水平，使定价更符合本土市场。

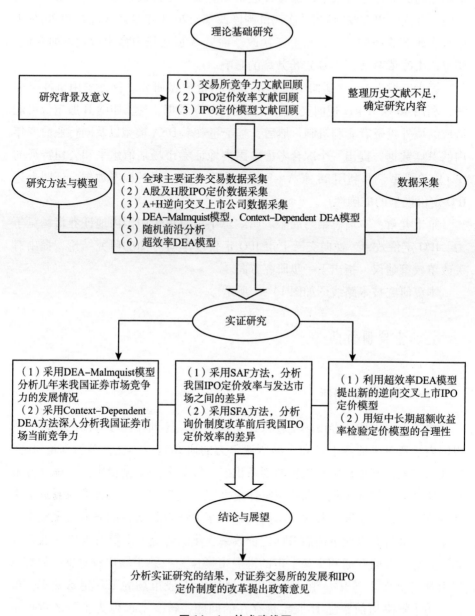

图 14 - 1　技术路线图

（二）指标体系创新

国外学者对交易所竞争力的研究主要以交易所对上市公司和投资者的吸引力的角度来呈现，由于中国内地证券市场环境相对封闭，本篇引入了一组关于中国内地证券市场国际化程度的指标，将其与前面的二者进行比较，以更具象地呈现中国内地在证券市场国际化方面的差距。同时，为了更全面地研究 IPO 定价效率，引入发行后 30 日，60 日以及 90 日的超额累计收益率作为被解释变量，以研究公司基本估值变量对发行后收益的影响。

（三）方法集成应用创新

将 DEA – Malmquist 方法和 Context – Dependent DEA 方法进行组合运用，首先运用 DEA – Malmquist 方法分析中国内地证券市场竞争力的动态发展，同时采用 Context – Dependent DEA 方法深入分析中国内地证券市场的现状。此外，为了防止单边误差以及 2014 年后不符合实际的新股首日收益率对研究结果的影响，采用 SFA 模型来研究 IPO 定价效率。

第十五章

文 献 综 述

第一节 交易所竞争力文献回顾

交易所竞争力主要体现在上市竞争力和交易竞争力两个方面。对此，学者通常分别从上市公司和交易者的角度对其进行研究。由于 21 世纪以来，竞相吸引新公司上市日益成为欧美主要交易所的主要竞争方式，因此，从上市公司视角研究交易所竞争力的文献居多。

一、关于上市竞争力和交易竞争力的文献评述

大多数学者通过研究公司交叉上市交易所选择的影响因素来研究交易所的竞争力，如市场规模、流动性、会计规则、法律法规和文化相似性等。贝克等（2002）通过对纽约证券交易所及伦敦证券交易所交叉上市公司的研究，发现公司可以通过在这两个证券交易所上市提高自身的声誉，同时降低融资成本。富尔斯特（Fuerst，1998）通过对美国市场上交叉上市公司的研究发现，为了在监管规则更加严格的交易所上市，公司管理层会愿意接受附加的公司信息披露。帕加诺等（2001）以本国企业交叉上市的东道国选择为研究对象，对东道国交易所的竞争力进行研究，结果表明，欧洲公司更倾向于在规模更大、流动性更好、投资者权利更有保障、市场效率更高的证券交易所上市，而不会选择在会计规则更严格的交易所上市。王（Wang，2008）研究了上市公司交叉上市决策与目的地交易所及其所在国家特征的关系发现，

上市公司偏好在流动性较好、市盈率较高、投资者保护较好、金融限制较少，并且市值总量较大、国际化程度较高的发达国家市场上市。卡勒曼等（Karreman et al.，2007）认为，从全球证券交易所的上市竞争力以及公司上市决策因素考虑，股票市场的上市吸引力取决于交易所本身多方面特征，包括市场规模、国际地位、市场分割以及对不同类型公司差异化政策等。阿米拉等（2011）通过对上市公司交叉上市东道国的研究发现，出于对股价的考虑，公司股东会放弃部分个人利益以换取公司在上市标准不同的交易所上市，从而获得更多的发展机会，拥有更多潜在发展机会的公司更乐意在上市标准更高的证券交易所上市。

部分学者从投资者对证券交易所选择的影响因素研究其竞争力，如及时性、交易成本、交易额、产品多样性、售后服务等。塞里福索（Serifsoy，2007）通过对 1999~2003 年全球 28 个证券交易所的技术效率及关键要素的研究发现，有多样化产品的交易所的效率大多低于专注于现金业务的交易所，没有证据表明采用垂直一体化商业模式的交易所更有效率。塞里福索认为，垂直一体化所需的运营复杂度产生的成本高于其产生的协同效应，从而导致了技术效率的降低。赫吉安等（HerJiun et al.，2006）认为，投资者偏好提供全方位金融产品的金融服务机构。王等（2014）通过对来自 10 个东道国的 642 家交叉上市公司的研究发现，两国之间语言和法律环境的相似程度对交叉上市公司在东道国的交易量有显著影响。此外，当东道国市场有更高的信息效率、更低的买卖差价、更好的投资者保护和信息披露时，其交易量就越高，交易竞争力也越强。

此外，也有学者同时从上市公司和投资者的视角研究交易所的竞争力。陈薪宇等（2012）通过对 A 股 1992~2009 年数据的研究发现，投资者是上市公司的格兰杰原因，上市公司不是投资者的格兰杰原因，由此得出结论，投资者的增加能吸引更多的上市公司。罗（Lo，2013）分别从上市公司和投资者的视角，研究交易所的上市竞争力和交易竞争力，利用 DEA 模型对 2009 年全球最大的 45 个证券交易所进行排序，结果表明：纽约、中国香港、印度等 16 家交易所具有上市和交易竞争优势，而中国上海证券交易所和深圳证券交易所的竞争力分列第 43 和 44 位。同时发现，资本市场金融监管对交易所上市竞争力有积极影响，上市竞争力与交易竞争力之间没有必然的同向关系。

也有学者从交易所自身特征（如组织模式和监管模式等）的角度来研究交易所的效率和竞争力。刘彦来等（2014）对全球范围内 16 家证券交易所监管模式和组织模式的研究结果表明，交易所组织形式和监管模式对其竞争力有显著影响。塞里福索（2008）将交易所分为会员制交易所、未上市的股份制交易所和已上市的股份制交易所三类，通过研究股份化和公开上市对证券交易所效率的影响发现，股份制交易所的效率比会员制交易所的效率更高，而公开上市对交易所效率没有显著的影响。阿扎姆（Azzam，2011）通过对 1996～2008 年 11 个股份化证券交易所的研究发现，股份化增强了交易所的财务表现、市值规模和流动性，同时降低了债务水平。规模越大的交易所盈利能力越低、债务水平越高；规模较大、债务较低、交易量较高的交易所越有可能进行股份化。奥特彻里等（Otchere et al.，2008）通过对澳大利亚证券交易所的研究发现，股份化和自我上市使澳大利亚证券交易所的盈利率显著提高，业绩显著改善，同时提升了中小市值公司的流动性，说明证券交易所的股份化和自我上市不仅有利于其自身股东价值的提升，也有利于股市的整体表现。克里希那穆提（Krishnamurti et al.，2003）通过对当时已经进行股份制改革的印度国家证券交易所和当时还是会员制的孟买证券交易所的研究也发现，印度国家证券交易所有更好的市场表现。穆尔西等（Morsy et al.，2010）采用 16 个交易所绩效指标分析股份化对证券交易所的影响，结果表明，只有上市公司总数、交易量、国内总市值、公司募集资金总额、股票交易额、境内股票周转率和上市债券价值七个指标有明显的改善，因此，股份化计划并未改善证券交易所股票市场和债券市场的市场表现。

二、关于证券市场开放的文献评述

证券市场国际化是新兴市场的必由之路，对于相对封闭的中国证券市场而言，证券市场国际化是未来必须经历的过程。现有相关文献主要集中在证券市场开放的影响研究方面，主要以证券市场开放前后市场表现的差异来呈现，由于研究对象的不同，其影响有正有负，对于相对成熟的市场，其影响为正的可能性更大。富赫斯等（Fuchs et al.，2003）以 27 个新兴市场国家的证券市场为研究对象，对比其证券市场开放前后各指标的变化，结果表明，证券市场的开放对总市值、换手率和上市公司数量的增长都有显著的正向影响，但是这种影响只在短期内有效。莱文等（Levine et al.，2005）从国际证券融资的角度出发，研究本国公司在境外市场融资和交易对本国证券市场流动性的影响。结果表明，本国公司（包括交叉上市公司和非交叉上市公司）在国内的流动性与本国公司境外融资的行为呈负相关关系。金姆等（2000）通过比较发展中国证券市场开放前与开放后一段时间的各项指标发现，证券市场开放对发展中国家的证券市场发展在短期内有积极作用。纳赛尔等（Naceur et al.，2008）通过对中东和北非国家证券市场的研究发现，证券市场的开放对其经济和投资的增长没有显著影响，从短期来看，甚至有负面影响。斯塔特曼（Statman，1999）认为新兴市场的经济和金融体系仍然很脆弱，金融开放使新兴市场经济国家更容易遭受金融危机的打击。塔登德等（Thaddend et al.，2008）通过对资本市场均衡的研究发现，两国金融市场间相关性的增加，会导致其跨境贸易成本的降低，从而增加其资本市场对投资者的吸引力。莱文等（2007）通过对 55 个国家 3200 家公司面板数据的研究发现，公司交叉上市，境外筹资等活动对国内公司的流动性有消极的溢出效应，并且会导致国内公司的交易向境外转移，因此，证券市场国际化程度在一定程度上会对证券交易所的绩效产生影响。

三、小结

国内文献中关于交易所竞争力的研究较少，且多为理论研究，尚没有学者从国际视角对内地两个证券交易所的竞争力进行研究。国外关于交易所上市竞争力的研究大多从交叉上市的视角出发，研究交易所对境外公司的吸引力，但是关于交易竞争力的研究较少。中国内地证券市场目前处于一个相对封闭的阶段，虽然 QFII、沪港通、深港通等证券市场开放政策陆续开始实施，但是国际板迟迟没有开通，优质境外公司无法在中国内地证券市场上市。因此，虽然国内学者对证券市场开放做了较多研究。但是目前尚没有将上述两者结合研究的文献，因此，结合上述两个研究热点，在传统的上市竞争力和交易竞争力层面上增加国际化程度层面的指标，衡量中国沪深两所在这三方面的国际地位，进一步分析中国内地证券市场的不足，为证券市场的改革提供方向。

第二节　IPO 定价文献回顾

一、关于 IPO 抑价理论的文献评述

IPO 首日抑价率通常被作为 IPO 定价效率的度量标准，一般认为，IPO 首日抑价率越高，IPO 定价与股票内在价值的差异越大，IPO 定价效率也就越低。伊博森（Ibbotson，1975）通过对 20 世纪 60 年代美国股票的发行初始价格和后续表现的研究发现，美国股票存在 11.4% 的平均抑价率，这也是对 IPO 首日抑价率最早的研究成果。此后，许多学者对这一现象做了大量的研究，并提出各种假说和理论试图解释这一现象。经典理论主要有：韦尔奇（1989）提出的信号传递假说，该假说认为，为了将自己与低质量公司区分开，高质量公司会故意压低其首发价格，以此传递其发展前景良好的信号，同时增加低质量公司伪装成高质量公司的信号成本，以诱导其披露自身公司质量信息。再融资时，高质量公司就可以通过提高股价来弥补 IPO 的损失，因此，该假说也被称为再融资理论。罗克（Rock，1986）提出的赢者诅咒理论。该假说假设市场上一部分投资者拥有相较于公司和其他投资者的信息优势。具有信息优势的投资者在选择投资对象时，若新股的价格高于他们预期的价格，他们将退出市场。而对于不具有信息优势的投资者，由于其购得不合理定价新股的可能性较高，因此较高的新股价格就意味着较高的风险。因此，发行商会故意降低股票价格，从而使新股价格更符合具有信息优势投资者的预期，同时降低不具有信息优势投资者的风险，与此同时吸引两边的投资者。巴伦（Baron，1982）提出的投资银行垄断假说。该理论认为，由于投资银行获取的资本市场信息比发行公司完善，为了避免由于信息不对称引起的逆向选择问题和道德风险问题，发行公司一般会授权投资银行进行新股的发行。而投资银行为了顺利发行股票和提高自身声誉，会降低股票的

发行价格，因此该理论也被称为承销商声誉理论。

二、关于 IPO 定价效率影响因素的文献评述

汉格斯等（Hunghes et al.，1992）认为，降低发行价格能够降低发行人法律责任索赔的程度和可能性，而承销商会为发行人提供诉讼保险，这一假说被称为"避免法律诉讼假说"。蒂尼奇（Tinic，1988）和劳里（Lowry et al.，2002）通过对美国市场的研究验证了这一假说成立。但是朱（zhu，2009）和沃克（Walker et al.，2011）对美国以外单一国家的研究均认为该假说不成立。林等（2013）利用 1991～2011 年全球范围内 13759 家公司的 IPO 数据再次对"避免法律诉讼假说"进行检验，结果表明该假说在国际背景下是成立的。田（Tian，2011）为了研究中国股票市场极端的 IPO 抑价率，使用供需分析模型对中国 A 股市场 1992～2004 年的 1377 个 IPO 样本数据进行实证分析后发现，中国 IPO 抑价的主要原因是政府对 IPO 定价法规的干预以及对 IPO 股票供应的控制。林（2012）等研究了中国 A 股市场背景下会计稳健性与 IPO 抑价幅度之间的关系发现，二者呈负相关关系，说明良好的会计稳健性有助于提高 IPO 定价效率。此外，信息不对称性较高时，会计稳健性与 IPO 抑价幅度之间的关系就更显著。图朗尼—雷德等（Tourani - Rad et al.，2016）通过对 1996～2012 年在香港证券交易所上市的内地公司的研究发现，虽然内地公司的运营大部分在内地进行，但在香港上市时，它们通常被认为与香港公司有类似的信息不对称性和定价效率。此外，相比香港证券交易所，中国内地证券交易所有更高的信息不对称性和较低的定价效率。本森尼斯特等（Benceniste et al.，1990）和斯巴特等（Spatt et al.，1991）认为，将新股配售权交给承销商能够投资者提供正确报价，从而提高 IPO 定价效率。卢等（Lou et al.，2014）利用贝叶斯随机前沿分析了 2009 年 10 月至 2014 年 1 月中国创业板的 IPO 定价效率，结果显示其平均定价效率为 0.5908，说明 IPO 公司的大多信息都未能反映在新股发行价格上。此外，发行人基本特征，信息不对称性，发行特征和市场环境特征对 IPO 定价效率都有不同程度的影响。

三、关于中国新股发行制度改革的文献评述

国内学者对中国新股发行制度改革的影响主要集中在对 2009 年第一次询价制度的改革方面。刘志远等（2011）通过对 2009 年询价制度第一阶段改革前后 IPO 定价效率的研究发现，询价制度第一阶段改革后，IPO 抑价率显著降低，新股定价效率明显提高，但是，改革后机构投资者"择股"效应显著，导致了新股风险分担不公平现象。唐炳南（2016）主要从信息覆盖广度和信息价值挖掘深度的角度研究了 2009 年 IPO 发行制度改革对 IPO 定价效率的影响，结果显示，改革后风险和市场氛围两类因素对发行价格的解释力有所提升，但是，股票基本价值指标对发行价格的解释能力却有所下降。张铮等（2012）通过对 2009 年新股发行制度改革的研究发现，新股发行制度改革后，IPO 抑价率明显下降，且财务特征变量对 IPO 定价的解释程度提高。周孝华等（2006）通过对审批制和核准制下 IPO 定价效率的比较研究发现，审批制下新股发行价格只能反映公司的盈利能力、偿债能力和二级市场的供求情况，而核准制下，除了以上指标，新股发行价格还能反映公司规模，成长能力和发行方式，说明发行效率有所提高。陈训波等（2013）认为中国 A 股市场 IPO 等定价效率低的原因是一级市场的抑价发行和投资者在二级市场的狂热追捧，以及由此形成的半市场化环境，因此，市场化改革是提升中国 IPO 定价效率的主要途径。张剑（2014）通过对 2009 年 6 月至 2012 年 5 月三次新股发行制度改革的研究发现，证监会对新股价格进行的"窗口指导"会导致一级市场的故意压价现象。

四、关于反向价差问题的文献评述

中国内地证券市场独有的"国内溢价，海外折价"现象引起了许多学者的关注，剖析 A 股与 H 股、A 股与 N 股、A 股与 B 股反向价差问题的研究文献众多。董秀良等（2009）研究了 H 股公司回归 A 股上市对原上市地股价的影响后发现，H 股公司的股价在发行 A 股之前有一个较大的涨幅，由此导致的 A 股高溢价发行将导致内地投资者的资产被稀释。刘昕（2004）和李大伟

等（2004）通过对 H 股折价现象原因的研究发现，信息不对称、H 股流动性和境内外无风险利率之差是影响 H 股折价程度的因素。韩德宗（2006）认为公司规模、股份流动性和 A 股流通股股东的被补偿预期等因素会影响 A 股和 H 股市场的软分割。田素华（2002）与汪炜等（2003）对回归上市股票发行价反向价差进行实证研究，探讨了由于 IPO 定价不合理所导致的投资者权益被输送和财富转移的问题。董秀良等（2012）在对中国内地公司境内外交叉上市定价比较的基础上，重点考察了 H 股回归的定价现状、定价依据，并对跟随定价可能引发的问题进行了分析。研究发现，H 股回归 A 股的首发定价不仅远高于 H 股当初的发行价，甚至高于其回归前一个月 H 股的市场均价，而实证分析则发现，造成该现象的根本原因在于回归 A 股的定价实际上采用的是跟随 H 股市场价格的定价法。潘晓丽（2014）认为中国 A 股市场存在显著的 IPO 溢价现象，并且这种现象将导致 A 股市场投机氛围浓烈，大量流动性在短期被冻结等后果。

综上所述，在 IPO 定价效率方面，国内学者对 IPO 定价效率的研究主要集中于 2009 年第一次 A 股市场新股发行制度改革对 IPO 定价效率的影响，以及较早的关于审批制和核准制对 IPO 定价效率影响的研究。随着中国询价制度改革的逐渐深入，有必要对近年来新增的改革措施进行研究，以明确对中国内地证券市场有效果的措施。同时，现有文献很少采用实证分析的方法对中国内地证券市场与发达国家证券市场进行比较研究，随着中国内地证券市场国际化进程的加快，对于中国内地证券市场与发达地区证券市场之间 IPO 定价制度和定价效率差异的研究能够帮助我们明确询价制度改革方向，以更好地适应国际化的环境。在中国内地证券市场反向价差问题的研究上，国内学者的研究主要关注其动因和经济后果，忽略了导致这一现象的 IPO 定价机制研究。

第三节 本 章 小 结

本章对国内外学者有关证券交易所竞争力和 IPO 定价方面的研究文献进行了回顾。可以看出，关于国内交易所竞争力研究、IPO 定价效率研究、回归上市定价研究等方面的现有文献较少，根据中国内地证券市场发展的目标，有必要从国际比较的角度，对近年来中国内地证券市场竞争力的发展情况进行分析，着重研究当前中国证券市场竞争力存在的短板，并且寻求解决途径。此外，在 IPO 定价效率方面，目前国内对于 IPO 定价效率的研究主要局限于对于 A 股市场定价效率的研究，有必要从更长的时间维度对中国询价制度改革对 IPO 定价效率的影响进行考察，同时将 A 股的 IPO 定价效率与成熟市场的定价效率进行比较，研究其差距和发展方向。在反向价差问题上，现有文献给出的主要是原因和结果的分析，并未给出具体的解决方案。因此，基于超效率 DEA 的相对评价方法，提出一个逆向交叉上市定价模型，以试图寻找解决这一问题的具体方法。

第十六章

中国内地证券市场竞争力评价

上海证券交易所和深圳证券交易所分别成立于 1990 年 11 月 26 日和 1990 年 12 月 1 日，是目前中国主要的两个证券交易所。自成立以来，伴随着中国经济的高速发展，两所的业务迅速发展，截至 2016 年底，从市值总量来看，上海证券交易所和深圳证券交易所分别位列世界交易所的第四位和第六位。但是，在市值排名前二十的证券交易所中，只有上海证券交易所和深圳证券交易所没有境外公司上市。中国证券市场从 1990 年建立以来，一直以比较稳妥的方式发展，逐步推进中国证券市场的国际化进程。尝试过发行国际债券、建立 B 股市场、海外直接或间接上市、沪港通、深港通、QFII 等国际化措施。但是允许境外公司在中国上市的相关政策却迟迟没有推出，导致中国证券市场至今没有与其他国家证券市场形成正面的竞争关系。近年来，诸多优质公司，如阿里巴巴，腾讯，网易等公司纷纷在美国和中国香港等地上市，这也间接造成中国证券市场财富和竞争力外流的问题。因此，本章将对近年来上海证券交易所和深圳证券交易所的竞争力进行全面分析，探寻近年来中国证券市场的相对发展情况以及短板所在，为提高中国证券市场竞争力提供方向和依据。

第一节 研究设计

一、方法模型

（一）DEA 模型

数据包络分析（data envelopment analysis，DEA）最早由美国运筹学家查恩斯等（Charnes et al.，1978）提出，是一种可用于多输入输出变量，无量纲，并且不必给出具体生产函数关系的分参数效率评价方法。DEA 方法最初用于探讨非营利组织的绩效问题，由于其经济含义明确、算法简单等优点，这一方法如今被应用于如医学、教育、银行等多个领域。众多学者对 DEA 方法进行研究和扩展，阿道夫松等（Adolphson et al.，1991）扩大了 DEA 方法的应用，认为 DEA 方法也适用于只有同质决策单元的绩效比较。

根据本章的研究目标和问题的性质，采用的 DEA 模型是班克等（Banker et al.，1984）提出的面向输出的 BCC 模型：

$$\max_{\phi,\lambda,s^+,s^-} Z_0 = \varphi + \varepsilon. \vec{1}s^+ + \varepsilon. \vec{1}s^-$$

$$\text{s. t.} \quad \varphi Y_0 - Y\lambda + s^+ = 0$$

$$X\lambda + s^+ = X_0$$

$$\vec{1}\lambda = 1$$

$$\lambda,\ s^+,\ s^- \geq 0 \tag{16.1}$$

式中，X 为输入变量的向量，$X = (x_{1j},\ x_{2j},\ \cdots,\ x_{mj})$，$Y$ 为输出变量的向量，$Y = (y_{1j},\ y_{2j},\ \cdots,\ y_{sj})$，$j = 1,\ \cdots,\ n$，其中，$m$ 为输入变量个数，s 为输出变量个数，n 为决策单元（decision making unit，DMU）个数。λ 为权重向量。ε 为非阿基米德无穷小量，以保证没有输入或输出变量的权重为零，s^+ 和 s^- 分别为输出和输入的松弛变量向量。φ 为被评价决策单元的效率指数，$\varphi = 1$ 时，表明交易所的某一竞争力在最优生产前沿面上。考虑到本章主要研究的是证券交易所的绩效表现，与输入变量的关系不大，因此，将所有输入变量设置为单一向量 1。

（二）Malmquist 指数

Malmquist 指数最早由 Malmquist（1953）年提出，最初用于研究消费在不同时期的变化，其表达式如下：

$$M_0(x_t,\ y_t,\ x_{t+1},\ y_{t+1}) = \left[\frac{D_0^{t+1}(x_{t+1},\ y_{t+1})}{D_0^{t+1}(x_t,\ y_t)} \times \frac{D_0^t(x_{t+1},\ y_{t+1})}{D_0^t(x_t,\ y_t)}\right]^{\frac{1}{2}}$$

$$\tag{16.2}$$

其中，D_0^t 和 D_0^{t+1} 分别表示以 t 时期的技术为基础的 t 和 $t+1$ 时期的距离函数，Malmquist 指数可以被分解为三部分：

$$M_0(x_t, y_t, x_{t+1}, y_{t+1}) = \frac{S_0^t(x_t, y_t)}{S_0^t(x_{t+1}, y_{t+1})} \times \frac{D_0^t(x_{t+1}, y_{t+1})}{D_0^t(x_t, y_t)}$$

$$\times \left[\frac{D_0^t(x_{t+1}, y_{t+1})}{D_0^{t+1}(x_{t+1}, y_{t+1})} \times \frac{D_0^t(x_t, y_t)}{D_0^{t+1}(x_t, y_t)} \right]^{\frac{1}{2}} \quad (16.3)$$

上式中等号右边的三个部分从左到右分别表示规模效率变化（SECH），纯技术效率变化（PECH）和技术水平变化（TECHCH）。此外，技术效率变化（EFFCH）等于规模效率变化和纯技术效率变化的乘积，即 EFFCH = SECH × TECHCH。

（三）Context – Dependent DEA 模型

Context – Dependent DEA 由塞福德等（Seiford et al., 2003）学者提出，用于测度决策单元的吸引力和进步力。决策单元的绩效由有效前沿面决定，因此，在一个数据包络模型中，增加或删减一个无效的决策单元不会改变其他决策单元的效率。根据这一特点，一组决策单元 $J^1 = \{ DMU_j, j = 1, 2, \cdots, n \}$ 可以依据公式（16.1）得到初始的有效前沿 $E^1 = \{ DMU_k \in J^1 \mid \varphi^* = 1 \}$，去掉这个有效前沿后，剩余的决策单元 $J^2 = J^1 - E^1$ 可以再次根据公式（16.1）得到第二级有效前沿，以此类推，直到 $J^{L+1} = \varnothing$，此时原始的决策单元被分 L 为层。

（四）吸引力测度模型

所谓吸引力，指的是高层有效前沿面中的决策单元对较差有效前沿面的吸引力。因此，吸引力的测度以相对较差的有效前沿面为评价背景，被测度的决策单元与评价背景的距离越远，表示其吸引力越大。对于某一有效前沿面 E^{l_0} 的某一决策单元 DMU_q，其与某一较差前沿面 E^{l_0+g} 的距离可由以下模型来确定：

$$A_q^*(g) = \min_{\lambda_j, A_q(g)} A_q(g) \quad g = 1, \cdots, L - l_0$$

$$\text{s. t.} \quad \sum_{j \in E^{l_0+g}} \lambda_j x_{ij} \leqslant A_q(g) x_{iq} \quad (i = 1, \cdots, m)$$

$$\sum_{j \in E^{l_0+g}} \lambda_j y_{rj} \geqslant y_{rq} \quad (r = 1, \cdots, s)$$

$$\lambda_j \geqslant 0, \ j \in E^{l_0+g} \quad (16.4)$$

式中，$A_q^*(g)$ 为决策单元 DMU_q 的 g 级吸引力，其中，$g = 1$，$\cdots$，$L - l_0$，$A_q^*(g) > 1$，$A_q^*(g+1) > A_q^*(g)$。$A_q^*(g)$ 的值越大，决策单元 DMU_q 与有效前沿面 E^{l_0+g} 的距离就越远，因此其吸引力也就越大。

（五）进步力测度模型

所谓进步力，指的是低层有效前沿面中的决策单元相对于较高层有效前沿面的可改进程度，进步力的测度以较高水平的有效前沿面为评价背景，被测度的决策单元与评价背景的距离越远，表明其可改进程度越大。对于某一有效前沿面 E^{l_0} 的某一决策单元 DMU_q，其与某一较高前沿面 E^{l_0-g} 的距离可由以下模型来确定：

$$G_q^*(g) = \min_{\lambda_j, P_q(g)} G_q(g) \quad g = 1, \cdots, L - l_0$$

$$\text{s. t.} \quad \sum_{j \in E^{l_0-g}} \lambda_j x_{ij} \leqslant G_q(g) x_{iq} \quad (i = 1, \cdots, m)$$

$$\sum_{j \in E^{l_0-g}} \lambda_j y_{rj} \geqslant y_{rq} \quad (r = 1, \cdots, s)$$

$$\lambda_j \geqslant 0, \quad j \in E^{l_0-g} \tag{16.5}$$

式中，$G_q^*(g)$ 的倒数 $P_q^*(g)$ 为决策单元 DMU_q 的 g 级进步力，其中，$g = 1$，$\cdots$，$L - l_0$，$P_q^*(g) > 1$，$P_q^*(g+1) > P_q^*(g)$。$P_q^*(g)$ 的值越大，决策单元 DMU_q 与有效前沿面 E^{l_0-g} 的距离就越远，因此其进步力也就越大。

二、变量选取

参照罗（2013）的研究方法，引入上市竞争力和交易竞争力两个层面的评价指标，在此基础上，同时考虑到本章研究目标的特殊性，增加一类国际化程度指标，以便深入考察国际化程度对市场竞争力的影响。

从上市公司角度，交易所除了为公司提供上市服务之外，同时也为其提供包括交易监控、信息传递和公司宣传等在内的相关服务。为此，参考卡勒曼等（2009）的研究方法，引入六个上市竞争变量，包括四个交易所层面的指标和两个国家层面的指标，分别为：上市中、新上市、增发融资和可见度以及政策透明度和法律监管。"上市中"为截至某年年末在交易所上市的公司数量，为了获得更多的潜在投资者，公司倾向于在规模更大的证券交易所上市，而上市公司的数量意味着交易所的规模。"新上市"为某一年内在交易所新上市公司数，表明交易所对新公司的吸引力。以上这两个指标均表明交易所对公司 IPO 融资的吸引力。"增发融资"为上市公司募集资金的成本，用平均市盈率来度量。"可见度"为公司上市之后对于投资者的可见度。贝克等（Baker et al.，2002）等发现，在规模越大的交易所上市，上市公司可获取的可见度及其声誉就越高。因此，可用交易所上市公司总市值来度量。由于上市被视为公司在国内或境外扩张和并购战略的第一步，公司显然偏好于金融机构充分透明、合同能有效执行的国家。因此，本章采用世界经济论坛（WEF）发布的全球竞争力报告中的"Transparency of government policymaking"排名作为"透明度"的替代指标。Klein（2005）认为，由于注重少数股东保护的交易所具有更大的上市吸引力，因此，可以采用 WEF 全球竞争力报告中的"Regulation of securities exchanges"排名作为"法律监管"的替代指标。

克莱恩等（Klein，2005）认为，投资者倾向于寻找交易成本小、流动性高、股东保护完善的市场。因此，引入六个交易竞争变量，包括四个交易所层面的指标：流动性、价格发现、分红和产品多样化，以及两个国家层面的指标：易于访问和股东保护。

投资偏好在佣金和税收较低的场所交易，然而，鉴于交易成本很难估算，而交易成本与流动性直接相关，本章采用换手率作为交易成本替代指标，即上文中的"流动性"。"价格发现"反映了交易价格与理论均衡价格的接近程度，交易量越大，接近程度越高，因此采用总交易量来反映。泰勒（Thaler，1981）等认为，"分红"为市场平均股息率，投资者偏好股息率更高的市场。谢鸟（Sheu，2006）等认为，金融产品多样化的市场有助于公司战略发展，"产品多样化"则可以通过交易所提供的衍生产品数量来度量。"易于访问"是指由于放松管制和技术进步带来的可访问性提升，采用 WEF 全球竞争力报告中的"Ease of access to loans"排名来测度。"股东保护"同样采用 WEF 全球竞争力报告中的"Legal rights index"来测度。

最后，在此基础上增加一组度量资本市场国际化程度的指标，包括三个交易所层面的指标：已上市境外公司比例、新上市境外公司比例和境外公司交易额比例，以及三个国家层面的指标：国际资本流通、资本管控和金融深化程度。

在交易所层面，首先，从公司的角度出发，引入已上市境外公司比例和新上市境外公司比例这两个指标，分别用来衡量交易所对境外公司和吸引力和对新上市境外公司的吸引力。其次，从投资者的角度出发，引入境外公司交易额占交易所总交易额比例这一指标，衡量境外公司对投资者的吸引力。刘克峰（2003）认为，证券市场国际化程度的度量一般有四种方式：证券资本跨国流动总额占国内生产总值的比例，证券交易所中境外上市公司的比例，各国证券市场相关系数，以及资本流动管控制指数。本章选取第一个和第四个作为国家层面的指标。国际资本流动依据资本流出和流入总量占国内生产总值的比例来度量，资本管控则根据金等（Chinn et al.，2008）提出的金融开放度指数 Kaopen 指数来度量。根据杨子晖等（2015）的研究成果，金融深化程度越高，资本开账户开放对国际投资的影响就越大。因此，引入这一指标作为国家层面的指标。依据杨子晖等（2015）的研究，本章采用广义货币占 GDP 的比重加股票市值占 GDP 的比重来度量某国的金融深化程度。所有变量的具体情况如表 16－1 所示。

表 16－1 指标一览表

竞争力	层面	指标名	指标意义
上市竞争力	交易所	上市中	某年年末上市公司总数
		新上市	某年新上市公司总数
		增发融资	上市公司募集资金的成本，用市盈率代替
		可见度	公司上市后对于投资者的可见度，用总市值代替
	国家	政策透明度	衡量相关政策的透明程度
		法律监管	衡量法律监管是否完善
交易竞争力	交易所	流动性	用于衡量交易成本，用换手率代替
		价格发现	衡量交易价格与理论价格的接近程度，用交易量代替
		分红	市场平均股息
		产品多样化	金融衍生产品数量
	国家	易于访问	由于放松管制和技术进步带来的易于访问性
		股东保护	对投资者的保护

续表

竞争力	层面	指标名	指标意义
国际化程度	交易所	上市中比例	某年年底已上市公司中境外公司比例
		新上市比例	某年新上市公司中境外公司比例
		交易额比例	总交易额中境外公司交易额比例
	国家	国际资本流动	证券资本跨国流动总额占国内生产总值比例
		资本管控	金融开放程度，用 Kaopen 指数代替
		金融深化程度	广义货币占 GDP 的比例

三、决策单元的选取

根据 WFE 发布的 2016 年年鉴数据，选取其中市值最大的 45 个证券交易所作为决策单元，包括 9 个美洲地区的交易所，17 个亚太地区的交易所和 19 个欧洲、中东和非洲地区的交易所，各交易所的具体名称和代码如表 16 - 2 所示，其中上海证券交易所和深圳证券交易所的代码分别为 DMU_{20} 和 DMU_{21}。

四、数据来源

选取 WFE 数据库中最大的 45 个交易所为样本，由于 2011 年 WFE 的历史数据无法获取，利用 2008 ~ 2010 年及 2012 ~ 2016 年的面板数据着重研究上海证券交易所和深圳证券交易所相对于世界主要证券交易所的竞争力变化情况。交易所层面数据主要来源于 WFE 发布的年度数据，国家层面数据来源于 WEF 发布的年度竞争力报告。度量金融深化指标所用的数据来源于世界银行的数据库，衡量国际资本流动的数据来源于国际货币基金组织（IMF）发布的国际收支平衡表。采用金等（2008）创建的 Kaopen 指标衡量资本管控，目前该指标统计年份到 2016 年。DEA - Malmquist、Context - Dependent DEA 模型运算分别采用 DEAP2.1 和 DEAFrontierTM 软件实现。

表 16 – 2   45 个交易所（决策单元）及其代码

地区	交易所	代码	地区	交易所	代码
美洲	BM & FBOVESPA	DMU_1	亚太	Taiwan SE	DMU_{24}
	Buenos Aires SE	DMU_2		The Philippine SE	DMU_{25}
	Santiago SE	DMU_3		Thailand SE	DMU_{26}
	Colombia SE	DMU_4	欧洲 中东 非洲	Abu Dhabi SE	DMU_{27}
	Lima SE	DMU_5		Athens SE	DMU_{28}
	Mexicana SE	DMU_6		BME Spanish Exchanges	DMU_{29}
	Nasdaq – US	DMU_7		Borsa Istanbul	DMU_{30}
	NYSE Group	DMU_8		Bourse de Casablanca	DMU_{31}
	TMX Group	DMU_9		Deutsche Börse AG	DMU_{32}
亚太	Australian SE	DMU_{10}		Dubai Financial Market	DMU_{33}
	BSE Limited	DMU_{11}		Euronext	DMU_{34}
	Bursa Malaysia	DMU_{12}		Irish SE	DMU_{35}
	Hochiminh SE	DMU_{13}		Johannesburg SE	DMU_{36}
	Hong Kong Exchanges	DMU_{14}		Kazakhstan SE	DMU_{37}
	Indonesia SE	DMU_{15}		Luxembourg SE	DMU_{38}
	Japan Exchange Group	DMU_{16}		Moscow Exchange	DMU_{39}
	Korea Exchange	DMU_{17}		Nasdaq Nordic Exchanges	DMU_{40}
	National SE of India	DMU_{18}		Oslo Børs	DMU_{41}
	NZX Limited	DMU_{19}		Qatar SE	DMU_{42}
	Shanghai SE	DMU_{20}		Saudi SE	DMU_{43}
	Shenzhen SE	DMU_{21}		SIX Swiss Exchange	DMU_{44}
	Singapore Exchange	DMU_{22}		Tel – Aviv SE	DMU_{45}
	Taipei Exchange	DMU_{23}			

第二节 实 证 分 析

一、上市竞争力

基于 2008 年以来的数据分析（2011 年数据不完整除外），中国证券市场竞争力的变化分析结果如表 16-3 所示，表中均值为几何平均数。沪深交易所的上市竞争力 DEA-Malmquist 指数反映出的规模效率不变，规模效率变化指数均为 1。2008 年至今，上海证券交易所的上市竞争力 Malmquist 指数的几何平均数为 1.0485，说明近九年来其上市竞争力的平均增长速度大约为 4.85%。从近五年的结果来看，除 2015～2016 年外，上海证券交易所的上市竞争力 DEA-Malmquist 指数均大于 1，且其几何平均数为 1.1133，因此其近五年来上市竞争力的平均增速大约为 11.33%，说明上海证券交易所近五年来上市竞争力的增速明显优于其近九年来的增速。深圳证券交易所上市竞争力近五年的增速也明显优于其近九年的增速。但其增速相对于上海证券交易所来说则要小得多，近五年的平均增速为 0.34%，而近九年的平均增速仅为 -0.98%。表明上海证券交易所对公司上市的吸引力好于深圳证券交易所，并且其近五年来中国沪深两个交易所的上市竞争力增速明显优于 2008 年以来的增速。这与一段时期以来的人为调控上市节奏以及主板上市集中于上海证券交易所的监管政策有关。

表 16-3 **2008～2016 年沪深证券交易所上市竞争力的 Malmquist 指数**

交易所	时间	EFFCH	TECHCH	PECH	SECH	TEPCH
上海证券交易所	2008～2009	0.955	1.088	0.955	1.000	1.039
	2009～2010	1.072	0.919	1.072	1.000	0.985
	2010～2012	0.934	0.948	0.934	1.000	0.886
	2012～2013	1.038	1.207	1.038	1.000	1.252

交易所	时间	EFFCH	TECHCH	PECH	SECH	TEPCH
上海证券交易所	2013～2014	1.000	1.146	1.000	1.000	1.146
	2014～2015	1.000	1.071	1.000	1.000	1.071
	2015～2016	1.000	1.000	1.000	1.000	1.000
	均值	0.999	1.050	0.999	1.000	1.049
	五年均值	1.009	1.103	1.009	1.000	1.113
深圳证券交易所	2008～2009	0.806	1.136	0.806	1.000	0.916
	2009～2010	1.241	1.033	1.241	1.000	1.282
	2010～2012	0.984	0.797	0.984	1.000	0.784
	2012～2013	0.748	1.242	0.748	1.000	0.929
	2013～2014	1.342	0.792	1.342	1.000	1.063
	2014～2015	1.000	1.063	1.000	1.000	1.063
	2015～2016	1.000	0.966	1.000	1.000	0.966
	均值	0.998	0.992	0.998	1.000	0.990
	五年均值	1.001	1.003	1.001	1.000	1.003

二、交易竞争力

由表16-4可见，在交易竞争力方面，近九年来，沪深两所的交易竞争力平均增速分别为5.18%和9.05%；而近五年来，沪深两所的交易竞争力平均增速为5.53%和11.67%。因此，无论是上海证券交易所还是深圳证券交易所，其近五年的交易竞争力增速明显优于近九年的增速。不同的是，深圳证券交易所的DEA - Malmquist指数明显大于同期的上海证券交易所数据，表明深圳证券交易所的交易竞争力强于上海证券交易所。此外，从表16-3和表16-4综合来看，2015～2016年两市的DEA - Malmquist指数均处于相对低位，表明此期间发生的"股灾"对竞争力产生了明显的负面影响。

表 16 - 4　　　　　　2012 ~ 2016 年沪深交易所交易竞争力的 DEA - Malmquist 指数

交易所	时间	EFFCH	TECHCH	PECH	SECH	TEPCH
上海证券交易所	2008 ~ 2009	1.118	1.016	1.118	1.000	1.136
	2009 ~ 2010	1.001	0.992	1.001	1.000	0.992
	2010 ~ 2012	1.165	0.875	1.165	1.000	1.019
	2012 ~ 2013	1.006	1.02	1.006	1.000	1.026
	2013 ~ 2014	1.000	1.004	1.000	1.000	1.004
	2014 ~ 2015	1.000	1.248	1.000	1.000	1.248
	2015 ~ 2016	0.929	1.039	0.929	1.000	0.965
	均值	1.029	1.023	1.029	1.000	1.052
	五年均值	0.983	1.073	0.983	1.000	1.055
深圳证券交易所	2008 ~ 2009	1.160	0.969	1.160	1.000	1.124
	2009 ~ 2010	1.252	0.874	1.252	1.000	1.095
	2010 ~ 2012	1.000	0.958	1.000	1.000	0.958
	2012 ~ 2013	1.000	1.084	1.000	1.000	1.084
	2013 ~ 2014	1.000	1.011	1.000	1.000	1.011
	2014 ~ 2015	1.000	1.301	1.000	1.000	1.301
	2015 ~ 2016	1.000	1.091	1.000	1.000	1.091
	均值	1.055	1.034	1.055	1.000	1.091
	五年均值	1.000	1.117	1.000	1.000	1.117

三、竞争力的国际比较

从国际比较视角看，表 16 - 5 显示，上海证券交易所（DMU_{20}）的上市竞争力 DEA - Malmquist 指数和交易竞争力 DEA - Malmquist 指数在 45 个证券交易所中分别位于第 1 位和第 10 位；深圳证券交易所（DMU_{21}）的上市竞争力 DEA - Malmquist 指数和交易竞争力 DEA - Malmquist 指数在 45 个证券交易所中分别位于第 25 位和第 4 位。综合来看，沪深两市的相对竞争力均迅速提升，上海证券交易所的相对竞争力提升速度最快，也表明了近年来中国证券市场规范建设取得了显著成效。但两市的发展并不平衡，尤其是上市竞争力差距明显，这与一段时期以来的暂停上市以及主板上市集中于上海证券交易所的监管政策有关。

表 16 – 5 2012 ~ 2016 年 45 个证券交易所 DEA – Malmquist 指数平均值及其排名

交易所代码	上市竞争力	排名	交易竞争力	排名	交易所代码	上市竞争力	排名	交易竞争力	排名
DMU$_1$	0.9810	42	1.0207	28	DMU$_{24}$	0.9882	40	1.0332	17
DMU$_2$	1.0060	24	1.0007	38	DMU$_{25}$	1.0001	32	1.0166	30
DMU$_3$	0.9954	36	1.0605	8	DMU$_{26}$	1.0099	18	1.0079	35
DMU$_4$	1.0021	28	1.0336	16	DMU$_{27}$	1.0139	13	1.0072	36
DMU$_5$	1.0113	15	1.0104	34	DMU$_{28}$	0.9988	34	1.0323	18
DMU$_6$	1.0004	31	1.0584	9	DMU$_{29}$	1.0381	4	0.9745	45
DMU$_7$	1.0339	5	1.1985	2	DMU$_{30}$	0.9796	44	1.0260	20
DMU$_8$	1.0487	2	1.1360	3	DMU$_{31}$	1.0035	26	0.9840	44
DMU$_9$	0.9921	37	1.0289	19	DMU$_{32}$	1.0128	14	1.2529	1
DMU$_{10}$	1.0106	17	1.0437	15	DMU$_{33}$	1.0150	12	1.0191	29
DMU$_{11}$	1.0085	21	1.0236	23	DMU$_{34}$	1.0195	8	1.0654	6
DMU$_{12}$	1.0026	27	0.9939	40	DMU$_{35}$	1.0072	22	0.9928	41
DMU$_{13}$	1.0007	30	0.9967	39	DMU$_{36}$	0.9914	39	1.0501	13
DMU$_{14}$	1.0183	9	0.9919	42	DMU$_{37}$	0.9793	45	1.0149	32
DMU$_{15}$	0.9999	33	1.0239	22	DMU$_{38}$	1.0092	19	1.0218	26
DMU$_{16}$	1.0280	6	1.0732	5	DMU$_{39}$	1.0087	20	1.0210	27
DMU$_{17}$	1.0196	7	0.9874	43	DMU$_{40}$	1.0408	3	1.0517	11
DMU$_{18}$	0.9824	41	1.0225	25	DMU$_{41}$	1.0173	10	1.0050	37
DMU$_{19}$	1.0071	23	1.0440	14	DMU$_{42}$	0.9984	35	1.0502	12
DMU$_{20}$	**1.1134**	**1**	**1.0554**	**10**	DMU$_{43}$	0.9800	43	1.0144	33
DMU$_{21}$	**1.0035**	**25**	**1.1168**	**4**	DMU$_{44}$	1.0153	11	1.0620	7
DMU$_{22}$	1.0108	16	1.0244	21	DMU$_{45}$	1.0012	29	1.0161	31
DMU$_{23}$	0.9917	38	1.0226	24					

注：粗体 + 下划线为沪深交易所。

四、吸引力和进步力

为深入分析中国证券市场的努力方向，本章在上述竞争力分析框架的基础上创新加入了国际化程度指标，并运用 Context – Dependent DEA 和 2016 年截面数据进行分析，首先，根据公式（16.4）、公式（16.5），分别得到上市竞争力的六个有效前沿面，交易竞争力的五个有效前沿面，具体结果如表 16 – 6 所示。同时，为了比较证券市场开放政策对中国证券市场国际化程度的影响，引入 2013 年的国际化程度指标，将其与 2016 年进行对比，2013 年和 2016 年国际化程度指标的有效前沿面分割如表 16 – 7 所示。

表 16 – 6　　　　2016 年沪深交易所上市竞争力、交易竞争力有效前沿面比较

竞争力	有效前沿面	交易所代码
上市竞争力	E^1	DMU_8；DMU_9；DMU_{11}；DMU_{14}；DMU_{16}；DMU_{19}；**DMU_{20}**；**DMU_{21}**；DMU_{22}；DMU_{36}
	E^2	DMU_7；DMU_{10}；DMU_{23}；DMU_{29}；DMU_{34}；DMU_{38}；DMU_{40}；DMU_{41}；DMU_{44}；DMU_{45}
	E^3	DMU_3；DMU_5；DMU_6；DMU_{12}；DMU_{17}；DMU_{18}；DMU_{24}；DMU_{27}；DMU_{32}；DMU_{33}；DMU_{35}；DMU_{42}
	E^4	DMU_1；DMU_{15}；DMU_{25}；DMU_{26}；DMU_{30}；DMU_{31}；DMU_{37}；DMU_{39}；DMU_{43}
	E^5	DMU_2；DMU_4；DMU_{13}
	E^6	DMU_{28}
交易竞争力	E^1	DMU_3；DMU_4；DMU_7；DMU_{19}；**DMU_{21}**；DMU_{23}；DMU_{32}
	E^2	DMU_5；DMU_8；DMU_9；DMU_{10}；DMU_{16}；**DMU_{20}**；DMU_{22}；DMU_{24}；DMU_{29}；DMU_{30}；DMU_{33}；DMU_{34}；DMU_{40}；DMU_{42}；DMU_{44}
	E^3	DMU_6；DMU_{12}；DMU_{14}；DMU_{17}；DMU_{26}；DMU_{36}；DMU_{38}；DMU_{41}
	E^4	DMU_1；DMU_{13}；DMU_{15}；DMU_{18}；DMU_{25}；DMU_{27}；DMU_{28}；DMU_{35}；DMU_{39}；DMU_{43}；DMU_{45}
	E^5	DMU_2；DMU_{11}；DMU_{31}；DMU_{37}

注：粗体 + 下划线为沪深交易所。

表 16 – 7   2013 年、2016 年沪深交易所国际化程度有效前沿面比较

国际竞争力	有效前沿面	交易所代码
2013 年国际化程度	E^1	DMU_5；DMU_7；DMU_8；DMU_9；DMU_{14}；DMU_{16}；DMU_{19}；DMU_{22}；DMU_{23}；DMU_{24}；DMU_{27}；DMU_{28}；DMU_{29}；DMU_{32}；DMU_{33}；DMU_{34}；DMU_{35}；DMU_{36}；DMU_{38}；DMU_{40}；DMU_{41}；DMU_{42}；DMU_{44}；DMU_{45}
	E^2	DMU_3；DMU_4；DMU_{10}；DMU_{12}；DMU_{17}
	E^3	DMU_6；**DMU_{20}**；**DMU_{21}**；DMU_{25}；DMU_{26}；DMU_{37}；DMU_{39}；DMU_{43}
	E^4	DMU_1；DMU_2；DMU_{11}；DMU_{13}；DMU_{15}；DMU_{18}；DMU_{30}；DMU_{31}
2016 年国际化程度	E^1	DMU_4；DMU_5；DMU_7；DMU_8；DMU_9；DMU_{14}；DMU_{16}；DMU_{19}；DMU_{22}；DMU_{23}；DMU_{24}；DMU_{27}；DMU_{28}；DMU_{29}；DMU_{32}；DMU_{33}；DMU_{34}；DMU_{35}；DMU_{36}；DMU_{38}；DMU_{40}；DMU_{41}；DMU_{42}；DMU_{44}；DMU_{45}
	E^2	DMU_2；DMU_3；DMU_6；DMU_{10}；DMU_{12}；DMU_{17}；**DMU_{20}**；**DMU_{21}**
	E^3	DMU_1；DMU_{11}；DMU_{13}；DMU_{15}；DMU_{18}；DMU_{25}；DMU_{26}；DMU_{30}；DMU_{31}；DMU_{37}；DMU_{39}；DMU_{43}

注：粗体 + 下划线为沪深交易所。

    表 16 – 6 和表 16 – 7 显示，在上市竞争力方面，上海证券交易所和深圳证券交易所均处于第一有效前沿面，因此需要着重对第一有效前沿面中的决策单元进行吸引力分析。在交易竞争力方面，深圳证券交易所处于第一有效前沿面，而上海证券交易所则处于第二有效前沿面，因此，需要对第一有效前沿面中的决策单元进行吸引力分析，同时需要对第二有效前沿面中的决策单元进行吸引力和进步力分析。在国际化程度方面，2013 年，深圳证券交易所和上海证券交易所均位于第三个有效前沿面，因此，需要对前三个有效前沿面进行吸引力和进步力分析；2016 年，深圳证券交易所和上海证券交易所均位于第二有效前沿面，因此需要对前两个有效前沿面进行吸引力和进步力分析。

    上市竞争力的进步力和吸引力分析结果如表 16 – 8 所示，表格中的数字为吸引力或者进步力结果，括号内的数字为排序。对角线位置对应的是决策单元相对于自身前沿面进步力和吸引力的分析结果，因此为空值。对角线左下方是进步力分析结果，右侧为吸引力分析结果，以第一个有效前沿面的分

析结果为例,第三列为1级吸引力,第四列为2级吸引力,以此类推。由于不同评价背景下各决策单元的吸引力排名情况不同,采用其秩和来给定最终排序。结果表明,上海证券交易所和深圳证券交易所的吸引力排名分别为第2位和第10位,排名第一的则是纽约证券交易所,这也可以被认为是上海证券交易所和深圳证券交易所学习的目标。由此可知,在上市竞争力方面,上海证券交易所无论是发展速度还是当前发展水平在45个交易所中都排在比较靠前的位置。与罗(2013)关于2009年的排序相比,上海证券交易所和深圳证券交易所的上市竞争力排名分别上升了42位和33位,表明两市上市竞争力的吸引力均处于45个交易所中排名靠前的位置,并且进一步说明两所上市竞争力近年来的迅速发展。

表 16-8 上市竞争力的进步力和吸引力及其排序

有效前沿	交易所代码	吸引力及其排序						秩和	排序
		E^1	E^2	E^3	E^4	E^5	E^6		
E^1	DMU_8		1.747 (2)	2.837 (1)	3.157 (1)	3.401 (1)	4.631 (7)	12	1
	DMU_9		1.403 (3)	1.555 (4)	1.829 (5)	2.125 (7)	5.621 (4)	23	3
	DMU_{11}		1.370 (4)	1.783 (3)	2.520 (3)	2.796 (3)	3.146 (10)	23	3
	DMU_{14}		1.180 (6)	1.436 (7)	1.648 (8)	2.185 (6)	5.786 (3)	30	6
	DMU_{16}		1.127 (8)	1.452 (5)	1.876 (4)	2.111 (8)	5.291 (6)	29	5
	DMU_{19}		1.034 (10)	1.280 (8)	1.680 (7)	2.303 (5)	5.456 (5)	35	8
	$\underline{DMU_{20}}$		2.165 (1)	2.395 (2)	3.070 (2)	3.162 (2)	3.456 (9)	16	2
	$\underline{DMU_{21}}$		1.346 (5)	1.442 (6)	1.596 (9)	1.667 (10)	3.491 (8)	38	10
	DMU_{22}		1.100 (9)	1.220 (10)	1.718 (6)	2.363 (4)	6.116 (1)	30	6
	DMU_{36}		1.130 (7)	1.267 (9)	1.439 (10)	1.712 (9)	5.951 (2)	37	9
E^2	DMU_7	1.037 (3)		1.627 (1)	1.839 (1)	1.949 (6)	4.631 (8)	19	2
	DMU_{10}	1.035 (2)		1.291 (3)	1.492 (7)	1.694 (9)	5.456 (3)	26	5
	DMU_{23}	1.126 (7)		1.194 (7)	1.300 (10)	1.711 (8)	4.961 (5)	37	9
	DMU_{29}	1.203 (10)		1.322 (2)	1.838 (2)	2.051 (5)	3.146 (10)	29	7
	DMU_{34}	1.041 (4)		1.179 (8)	1.540 (6)	2.126 (4)	4.961 (5)	27	6
	DMU_{38}	1.077 (6)		1.118 (10)	1.589 (4)	2.185 (2)	5.621 (2)	24	4

有效前沿	交易所代码	吸引力及其排序						秩和	排序
		E^1	E^2	E^3	E^4	E^5	E^6		
E^2	DMU_{40}	1.126 (7)		1.231 (5)	1.410 (8)	1.829 (7)	4.631 (8)	36	8
	DMU_{41}	1.056 (5)		1.125 (9)	1.585 (5)	2.185 (2)	5.786 (1)	22	3
	DMU_{44}	1.003 (1)		1.268 (4)	1.639 (3)	2.244 (1)	5.291 (4)	13	1
	DMU_{45}	1.174 (9)		1.197 (6)	1.310 (9)	1.393 (10)	4.796 (7)	41	10
E^3	DMU_3	1.155 (3)	1.048 (2)		1.239 (10)	1.475 (10)	5.126 (2)	27	5
	DMU_5	1.301 (10)	1.211 (12)		1.166 (11)	1.285 (11)	4.466 (6)	50	11
	DMU_6	1.360 (12)	1.093 (8)		1.126 (12)	1.265 (12)	3.641 (9)	53	12
	DMU_{12}	1.256 (8)	1.140 (10)		1.249 (9)	1.652 (7)	4.466 (6)	40	10
	DMU_{17}	1.332 (11)	1.060 (3)		1.413 (3)	1.589 (8)	2.650 (12)	37	9
	DMU_{18}	1.290 (9)	1.040 (1)		1.348 (6)	1.553 (9)	3.146 (11)	36	7
	DMU_{24}	1.175 (5)	1.081 (7)		1.278 (8)	1.711 (6)	4.961 (5)	31	6
	DMU_{27}	1.177 (6)	1.098 (9)		1.412 (4)	1.948 (2)	5.126 (2)	23	4
	DMU_{32}	1.203 (7)	1.149 (11)		1.333 (7)	1.829 (5)	4.466 (6)	36	7
	DMU_{33}	1.174 (4)	1.080 (6)		1.422 (2)	1.948 (2)	5.126 (2)	16	1
	DMU_{35}	1.121 (1)	1.064 (4)		1.455 (1)	2.066 (1)	3.206 (10)	17	2
	DMU_{42}	1.144 (2)	1.077 (5)		1.379 (5)	1.889 (4)	5.291 (1)	17	2
E^4	DMU_1	1.571 (8)	1.344 (7)	1.102 (5)		1.082 (8)	3.311 (5)	33	7
	DMU_{15}	1.514 (6)	1.222 (3)	1.123 (7)		1.178 (6)	3.146 (6)	28	5
	DMU_{25}	1.390 (2)	1.230 (4)	1.074 (3)		1.142 (7)	3.971 (3)	19	4
	DMU_{26}	1.420 (4)	1.158 (1)	1.055 (2)		1.181 (5)	3.641 (4)	16	3
	DMU_{30}	1.537 (7)	1.398 (8)	1.151 (9)		1.296 (3)	2.485 (7)	34	8
	DMU_{31}	1.352 (1)	1.187 (2)	1.037 (1)		1.296 (3)	4.136 (1)	8	1
	DMU_{37}	1.495 (5)	1.331 (6)	1.125 (8)		1.474 (1)	2.287 (8)	28	5
	DMU_{39}	1.759 (9)	1.416 (9)	1.116 (6)		1.064 (9)	1.552 (9)	42	9
	DMU_{43}	1.403 (3)	1.289 (5)	1.093 (4)		1.355 (2)	4.136 (1)	15	2

续表

有效前沿	交易所代码	吸引力及其排序						秩和	排序
		E^1	E^2	E^3	E^4	E^5	E^6		
E^5	DMU$_2$	1.555（2）	1.208（1）	1.109（2）	1.010（1）		2.185（2）	8	2
	DMU$_4$	1.503（1）	1.239（2）	1.106（1）	1.026（2）		3.476（1）	7	1
	DMU$_{13}$	1.863（3）	1.398（3）	1.176（3）	1.030（3）		1.990（3）	15	3
E^6	DMU$_{28}$	2.022（1）	1.502（1）	1.192（1）	1.067（1）	1.005（1）		5	1

注：粗体 + 下划线为沪深交易所。

表 16 – 9 为交易竞争力的进步力和吸引力分析结果。第一个有效前沿面的分析结果均为不同评价背景下的吸引力，第二个有效前沿面的分析结果中的第一列为相对于第一个有效前沿面的进步力，因其表示的是决策单元的可改进程度，所以数值越小，决策单元的绩效越好，因此其排序方式与吸引力相反。从综合排名来看，深圳证券交易所在第一个有效前沿面中与纳斯达克交易所一起排在第 2 位，上海证券交易所在第二个前沿面中排在第 3 位。由此可知，深圳证券交易所的交易竞争力无论从发展速度的还是当前排名来看都处于比较靠前的位置，而上海证券交易所的交易竞争力处于第二个有效前沿面的第三位，且其发展速度也处于第 10 位，这表明其在交易竞争力方面仍未达到足够优秀的水平。

表 16 – 9　　　　　　交易竞争力的进步力和吸引力及其排序

有效前沿	交易所代码	进步力和吸引力及其排序					秩和	排序
		E^1	E^2	E^3	E^4	E^5		
E^1	DMU$_3$		1.203（6）	1.363（4）	1.517（5）	2.063（4）	19	5
	DMU$_4$		1.214（5）	1.290（7）	1.439（6）	1.826（5）	23	6
	DMU$_7$		1.299（4）	2.333（2）	2.439（2）	2.506（3）	10	2
	DMU$_{19}$		1.308（3）	1.350（5）	1.579（4）	2.018（6）	18	4
	DMU$_{21}$		1.452（2）	1.725（3）	2.020（3）	2.696（2）	10	2
	DMU$_{23}$		1.089（7）	1.295（6）	1.375（7）	1.757（7）	27	7
	DMU$_{32}$		2.594（1）	2.715（1）	2.748（1）	2.750（1）	4	1

续表

有效前沿	交易所代码	进步力和吸引力及其排序					秩和	排序
		E^1	E^2	E^3	E^4	E^5		
E^2	DMU$_5$	1.147（14）		1.065（13）	1.239（9）	1.598（6）	42	12
	DMU$_8$	1.017（3）		1.795（1）	1.877（1）	1.929（1）	6	1
	DMU$_9$	1.093（12）		1.101（9）	1.218（10）	1.465（8）	39	11
	DMU$_{10}$	1.024（5）		1.195（6）	1.338（5）	1.395（9）	25	5
	DMU$_{16}$	1.032（8）		1.234（3）	1.272（7）	1.507（7）	25	5
	DMU$_{20}$	1.055（10）		1.268（2）	1.391（2）	1.856（2）	16	3
	DMU$_{22}$	1.031（7）		1.148（8）	1.211（11）	1.338（12）	38	8
	DMU$_{24}$	1.040（9）		1.098（11）	1.165（12）	1.307（13）	43	13
	DMU$_{29}$	1.014（2）		1.175（7）	1.279（6）	1.758（3）	18	4
	DMU$_{30}$	1.005（1）		1.225（4）	1.377（3）	1.746（4）	12	2
	DMU$_{33}$	1.098（13）		1.093（12）	1.254（8）	1.655（5）	38	8
	DMU$_{34}$	1.319（15）		1.054（14）	1.095（15）	1.210（15）	59	15
	DMU$_{40}$	1.027（6）		1.221（5）	1.349（4）	1.395（10）	25	5
	DMU$_{42}$	1.019（4）		1.099（10）	1.156（13）	1.369（11）	38	8
	DMU$_{44}$	1.078（11）		1.047（15）	1.140（14）	1.248（14）	55	14
E^3	DMU$_6$	1.086（1）	1.007（2）		1.220（1）	1.316（4）	8	1
	DMU$_{12}$	1.160（6）	1.002（1）		1.180（4）	1.514（2）	13	2
	DMU$_{14}$	1.186（7）	1.012（4）		1.114（5）	1.163（8）	24	7
	DMU$_{17}$	1.219（8）	1.013（5）		1.205（2）	1.563（1）	16	4
	DMU$_{26}$	1.132（5）	1.011（3）		1.182（3）	1.477（3）	14	3
	DMU$_{36}$	1.091（3）	1.024（6）		1.094（7）	1.246（5）	21	6
	DMU$_{38}$	1.106（4）	1.024（8）		1.061（8）	1.246（5）	25	8
	DMU$_{41}$	1.088（2）	1.024（7）		1.106（6）	1.246（5）	20	5

续表

有效前沿	交易所代码	进步力和吸引力及其排序					秩和	排序
		E^1	E^2	E^3	E^4	E^5		
E^4	DMU_1	1.340（11）	1.043（10）	1.008（8）		1.335（2）	31	9
	DMU_{13}	1.245（5）	1.030（5）	1.013（11）		1.148（9）	30	7
	DMU_{15}	1.221（4）	1.023（3）	1.005（3）		1.254（5）	15	2
	DMU_{18}	1.273（8）	1.036（9）	1.012（10）		1.180（8）	35	10
	DMU_{25}	1.257（7）	1.030（4）	1.005（4）		1.315（4）	19	5
	DMU_{27}	1.149（1）	1.033（6）	1.004（2）		1.184（7）	16	3
	DMU_{28}	1.175（2）	1.023（2）	1.001（1）		1.473（1）	6	1
	DMU_{25}	1.246（6）	1.021（1）	1.007（5）		1.226（6）	18	4
	DMU_{39}	1.313（9）	1.035（8）	1.012（9）		1.086（11）	37	11
	DMU_{43}	1.333（10）	1.044（11）	1.008（6）		1.325（3）	30	7
	DMU_{45}	1.221（3）	1.033（7）	1.008（7）		1.092（10）	27	6
E^5	DMU_2	1.430（4）	1.056（4）	1.013（1）	1.001（2）		11	4
	DMU_{11}	1.313（1）	1.036（1）	1.013（4）	1.001（1）		7	1
	DMU_{31}	1.429（2）	1.056（3）	1.013（1）	1.001（2）		8	2
	DMU_{37}	1.430（3）	1.048（2）	1.013（1）	1.001（2）		8	2

注：粗体＋下划线为沪深交易所。

表 16－10 和表 16－11 分别为 2013 年和 2016 年交易所国际化程度包含沪深两所的有效前沿面中决策单元的进步力和竞争力分析结果。从 2016 年的结果来看，上海证券交易所和深圳证券交易所并列位于第二个有效前沿面的第 7，总体来看，深圳证券交易所和上海证券交易所的国际化程度分别位于 45 个交易所的 32 位。在本篇设定的三个绩效层面中，上海证券交易所和深圳证券交易所在交易所国际化程度这一绩效层面的表现是最差的，说明这是制约中国市场竞争力提升的关键要素。但是，与 2013 年的总体排名相比，国际化程度均上升了 3 位，这说明 QFII 以及 2014 年以来的沪港通、深港通等推进资本市场国际化政策对市场国际化程度提升产生了积极影响。

表16－10 2013年交易所国际化程度的进步力和吸引力及其排名

有效前沿	交易所代码	进步力和吸引力及其排名				秩和	排序
		E^1	E^2	E^3	E^4		
E^1	DMU$_5$		1.277（13）	1.642（14）	2.134（10）	37	13
	DMU$_7$		1.219（17）	1.410（18）	2.134（10）	45	18
	DMU$_8$		1.278（12）	1.643（13）	2.134（10）	35	12
	DMU$_9$		1.213（18）	1.377（20）	2.134（10）	48	19
	DMU$_{14}$		3.365（2）	3.892（2）	4.426（2）	6	2
	DMU$_{16}$		1.271（14）	1.544（16）	2.134（10）	40	14
	DMU$_{19}$		1.232（15）	1.412（17）	2.134（10）	42	16
	DMU$_{22}$		1.471（9）	2.120（6）	2.403（7）	22	8
	DMU$_{23}$		1.452（10）	1.773（11）	2.157（9）	30	10
	DMU$_{24}$		1.479（8）	1.848（9）	2.157（9）	26	9
	DMU$_{27}$		1.213（23）	1.377（21）	2.134（10）	54	22
	DMU$_{28}$		2.357（3）	3.131（3）	3.905（3）	9	3
	DMU$_{29}$		1.213（19）	1.377（21）	2.134（10）	50	20
	DMU$_{32}$		1.480（7）	2.123（5）	2.452（6）	18	5
	DMU$_{33}$		1.213（20）	1.377（24）	2.134（10）	54	22
	DMU$_{34}$		1.221（16）	1.551（15）	2.134（10）	41	15
	DMU$_{35}$		1.537（5）	1.922（8）	2.162（8）	21	7
	DMU$_{36}$		1.923（4）	2.548（4）	3.085（4）	12	4
	DMU$_{38}$		4.621（1）	4.721（1）	4.751（1）	3	1
	DMU$_{40}$		1.213（21）	1.402（19）	2.134（10）	50	20
	DMU$_{41}$		1.521（6）	1.996（7）	2.888（5）	18	5
	DMU$_{42}$		1.213（24）	1.377（22）	2.134（10）	56	24
	DMU$_{44}$		1.405（11）	1.715（12）	2.134（10）	33	11
	DMU$_{45}$		1.213（22）	1.787（10）	2.134（10）	42	16

续表

有效前沿	交易所代码	进步力和吸引力及其排名				秩和	排序
		E^1	E^2	E^3	E^4		
E^2	DMU$_3$	1.413（4）		1.650（2）	1.884（2）	8	3
	DMU$_4$	1.241（2）		1.752（1）	2.415（1）	4	1
	DMU$_{10}$	1.213（1）		1.498（3）	1.760（3）	7	2
	DMU$_{12}$	2.154（5）		1.151（5）	1.338（5）	15	5
	DMU$_{17}$	1.377（3）		1.233（4）	1.549（4）	11	4
E^3	DMU$_6$	1.413（2）	1.018（1）		1.600（1）	4	1
	DMU$_{20}$	2.304（5）	1.028（6）		1.162（6）	17	6
	DMU$_{21}$	2.304（5）	1.028（6）		1.162（6）	17	6
	DMU$_{25}$	2.185（4）	1.026（4）		1.323（4）	12	4
	DMU$_{26}$	2.348（7）	1.021（3）		1.115（8）	18	8
	DMU$_{37}$	2.581（8）	1.019（2）		1.189（5）	15	5
	DMU$_{39}$	1.377（1）	1.031（8）		1.549（2）	11	3
	DMU$_{40}$	1.413（2）	1.027（5）		1.510（3）	10	2
E^4	DMU$_1$	2.305（4）	1.028（1）	1.005（1）		6	1
	DMU$_2$	2.465（6）	1.032（4）	1.011（7）		17	5
	DMU$_{11}$	2.526（7）	1.033（5）	1.009（6）		18	7
	DMU$_{13}$	2.305（3）	1.035（8）	1.012（8）		19	8
	DMU$_{15}$	2.305（2）	1.029（2）	1.007（2）		6	1
	DMU$_{18}$	2.526（7）	1.033（5）	1.009（5）		17	5
	DMU$_{30}$	2.134（1）	1.030（3）	1.008（3）		7	3
	DMU$_{31}$	2.458（5）	1.033（7）	1.009（4）		16	4

表16-11 **2016年交易所国际化程度的进步力和吸引力及其排名**

有效前沿	交易所代码	进步力和吸引力及其排名			秩和	排序
		E^1	E^2	E^3		
E[1]	DMU$_4$		1.141（17）	2.627（3）	20	9
	DMU$_5$		1.256（10）	2.328（5）	15	5
	DMU$_7$		1.185（12）	1.655（10）	22	11
	DMU$_8$		1.170（14）	1.471（15）	29	15
	DMU$_9$		1.099（22）	1.267（23）	45	22
	DMU$_{14}$		2.647（2）	2.818（2）	4	2
	DMU$_{16}$		1.174（13）	1.346（18）	31	18
	DMU$_{19}$		1.099（23）	1.267（24）	47	24
	DMU$_{22}$		1.276（8）	1.705（8）	16	7
	DMU$_{23}$		1.317（5）	1.487（14）	19	8
	DMU$_{24}$		1.331（4）	1.620（11）	15	6
	DMU$_{27}$		1.099（24）	1.267（25）	49	25
	DMU$_{28}$		1.153（15）	1.813（7）	22	12
	DMU$_{29}$		1.099（19）	1.267（19）	38	19
	DMU$_{32}$		1.146（16）	1.534（13）	29	16
	DMU$_{33}$		1.099（20）	1.267（20）	40	20
	DMU$_{34}$		1.305（6）	2.048（6）	12	4
	DMU$_{35}$		1.283（7）	1.449（16）	23	13
	DMU$_{36}$		1.502（3）	2.419（4）	7	3
	DMU$_{38}$		3.336（1）	3.383（1）	2	1
	DMU$_{40}$		1.099（25）	1.267（21）	46	23
	DMU$_{41}$		1.230（11）	1.678（9）	20	10
	DMU$_{42}$		1.099（21）	1.267（22）	43	21
	DMU$_{44}$		1.273（9）	1.443（17）	26	14
	DMU$_{45}$		1.129（18）	1.610（12）	30	17

有效前沿	交易所代码	进步力和吸引力及其排名			秩和	排序
		E^1	E^2	E^3		
E^2	DMU$_2$	1.113（3）		2.108（2）	5	2
	DMU$_3$	1.290（5）		1.449（3）	8	4
	DMU$_6$	1.036（1）		2.301（1）	2	1
	DMU$_{10}$	1.099（2）		1.247（4）	6	3
	DMU$_{12}$	1.607（6）		1.085（6）	12	6
	DMU$_{17}$	1.267（4）		1.135（5）	9	5
	DMU$_{20}$	1.627（7）		1.065（7）	14	7
	DMU$_{21}$	1.627（7）		1.065（7）	14	7
E^3	DMU$_1$	1.705（8）	1.020（5）		13	6
	DMU$_{11}$	1.728（10）	1.024（10）		20	10
	DMU$_{13}$	1.709（9）	1.025（12）		21	12
	DMU$_{15}$	1.766（12）	1.021（6）		18	9
	DMU$_{18}$	1.728（10）	1.024（10）		20	10
	DMU$_{25}$	1.690（5）	1.020（4）		9	5
	DMU$_{26}$	1.657（3）	1.011（2）		5	1
	DMU$_{30}$	1.690（5）	1.022（8）		13	6
	DMU$_{31}$	1.697（7）	1.023（9）		16	8
	DMU$_{37}$	1.675（4）	1.011（1）		5	1
	DMU$_{39}$	1.267（1）	1.022（7）		8	4
	DMU$_{43}$	1.290（2）	1.019（3）		5	1

注：粗体＋下划线为沪深交易所。

第三节 本章小结

本章主要从国际比较的视角，以上海证券交易所和深圳证券交易所为主要研究对象，研究了中国证券市场竞争力近年来相对于全球主要证券交易所的发展状况以及当前具体排名。DEA – Malmquist 模型结果显示，上海证券交易所的上市竞争力和交易竞争力发展速度分别位于 45 个证券交易所的第 1 位和第 10 位，而深圳证券交易所的上市竞争力和交易竞争力发展速度分别位于第 25 为和第 4 位。Context – Dependent DEA 模型显示，2016 年，上海证券交易所的上市竞争力和交易竞争力分别位于第 2 位和第 10 位，深圳证券交易所的上市竞争力和交易竞争力分别位于第 10 位和第 2 位。总体而言，相对于罗（2013）对 2009 年 45 个主要证券交易所的研究结果，上海证券交易所和深圳证券交易所的上市竞争力和交易竞争力都有了较为明显的提升。但是，两市的发展并不平衡，上海证券交易所在上市竞争力方面的发展明显优于其自身在交易竞争力方面的发展以及深圳证券交易所在上市竞争力方面的发展，而深圳证券交易所的情况正好相反，深圳证券交易所在交易竞争力方面的发展明显优于其自身在上市竞争力方面的发展以及上海证券交易所在交易竞争力方面的发展。这表明中国证券市场在上市竞争力和交易竞争力方面都有了较为明显的进步，但是上海证券交易所和深圳证券交易所的竞争力发展并不平衡。

此外，考虑到中国内地证券市场环境相对封闭，通过引入交易所国际化程度层面指标，以考察中国证券市场在国际化程度方面的差距。结果显示，上海证券交易所和深圳证券交易所在国际化程度方面的排名仅为 33，相较于两所在上市及交易竞争力方面的排名，明显较为落后。这里上海证券交易所和深圳证券交易所在国际化程度的排名相同，是因为在交易所层面，两所均未开通国际板，因此，两所在交易所层面的数据均为 0，导致两所的国际化程度排名只能由国家层面的数据确定。本章同时计算了两所在 2013 年的国际化程度，结果两所排名均为 35，这说明近年来沪港通，深港通，QFII 等证券市场开放政策对中国证券市场的国际化程度有所提升，但是提升速度缓慢。

第十七章

IPO 定价效率评价

第一节 引 言

自 2005 年中国证券市场启用询价制度至 2017 年底，证监会对询价制度先后实施过 7 次改革。2009 年 6 月 10 日，证监会发布《关于进一步改革和完善新股发行体制的指导意见》，询价制度改革进入第一阶段，此次改革主要内容包括完善询价和申购过程中的报价约束机制，淡化行政指导，形成进一步市场化的价格形成机制；理顺承销机制，强化承销商的责任，逐步改变完全按照资金量配售股份；优化网上发行制度，增加中小投资者配股数量等。2010 年 10 与 11 月，证监会发布《关于深化新股发行体制改革的指导意见》，此时进入第二阶段改革，此次改革主要内容包括，完善报价和配售中的约束机制；扩大询价对象范围，充实网下机构投资者；增强定价信息透明度等。2012 年 4 月 28 日，证监会发布《关于进一步深化新股发行制度改革的指导意见》，主要内容有强化信息披露的真实性、准确性、充分性和完善性；扩大询价范围，提高网下投资者配售比例，加强询价过程监管；增加新上市公司流通股数量，取消网下配售股份 3 个月的锁定期以提高股票流通性；加大对炒新等行为的监管以及对违法违规行为的惩治。2013 年 11 月 30 日，证券会发布《中国证监会关于进一步推进新股发行体制改革的意见》，此次改革被誉为"IPO 新政"，改革主要内容包括改革新股配售方式，将新股的自主配售权交由承销商；改进网上配售方式，综合考虑投资者持有非限售股份的市值和申购资金量；设置新股上市首日涨跌幅等。不到半年的时间内，2014 年

1月12日，证监会又发布了《关于加强新股发行监管的措施》，同年3月21日，又修改了《证券发行与承销管理办法》，即第5次改革。此次改革增加了对网下投资者参与报价的要求，移除了参与报价投资者数量的上限；调整了回拨机制及网下投资者配售比例；同时对询价、定价过程和发行价格设置了限定。2015年12月30日，证监会修改了《首次公开发行股票并上市管理办法》《首次公开发行股票并在创业板上市管理办法》《证券发行与承销管理办法》。此次改革主要目的是强化中介机构责任，防止巨额资金打新，包括设置中签后缴款期限，限制未交款投资人参与新股申购等措施。2017年9月8日，证监会再次修改了《证券发行与承销管理办法》，这是2017年年底之前对询价制度的最后一次改革，即第七次询价制度改革。

为了研究上述IPO询价制度改革对A股IPO定价效率的影响，本章将采用SFA模型对现有的IPO数据进行分析，检验改革前后平均IPO定价效率的变化情况。此外，为了给IPO询价制度后续的改革提供有效的方向，本章还分析了相对成熟的香港市场IPO定价效率，以找出两个市场之间的差距并对其制度差异的进行分析，为A股IPO定价制度改革提供参考依据。

第二节　研究设计

一、方法模型选择

历史文献大多采用IPO抑价率作为IPO定价效率的代理变量，但是2013年第四次改革后，中国A股市场新股的首日涨跌幅被限制在44%以内。因此对于A股市场而言，采用IPO抑价率代表IPO定价效率显然不再合理。此外，也有学者利用传统的OLS模型，将首发价格作为被解释变量，将公司内在价值变量，市场环境变量及其他控制变量作为解释变量，分析公司内在价值特征变量等对首发价格的解释程度。罗小龙（2012）认为，A股市场的发行制度还存在一定缺陷，为了获得更多利益，发行人和承销商可能对发行价格的最终确定进行人为操纵，导致股票发行价格无法体现公司的实际价值。

由此带来的单边误差将被包含在随机误差向内，使得随机误差项无法服从正态分布，由此造成较为严重的内生性问题，因此，传统的 OLS 模型不适用于研究 IPO 定价效率问题。在现有的计量经济学方法和效率评估方法中，随机前沿分析方法（Stochastic Frontier Analysis，SFA）将误差分为随机影响和无效影响，即随机误差项和单边误差项，可以有效避免上述问题。此外，SFA 可以同时测量市场的无效程度及其影响因素，鉴于此，采用 SFA 方法计算 IPO 定价效率。

随机前沿分析最早由缪森等（Meeusen et al.，1977）和艾格纳等（Aigne et al.，1977）分别提出，最早应用于生产函数关系，用于解决利润最大化，成本最小化和生产效率问题，后逐渐扩展到商业银行、医院、企业等机构的技术效率及其影响因素的评估，从而扩展到经济金融领域，成为目前应用最广的参数分析方法，其具体形式如下：

$$Y_i = f(x_i, \beta) \exp(v_i) \exp(u_i)，i = 1，\cdots，N \tag{17.1}$$

其中，Y_i 为产出，x_i 为投入，β 为模型参数。此模型中，随机扰动项被分为两部分：一部分用于表示统计误差，即随机误差项，用 v_i 表示，主要表示由不可控因素引起的误差；一部分用于表示技术的无效率，即非负误差项，用 u_i 表示。当式中的 $f(x_i, \beta)$ 满足柯布——道格拉斯生产函数形式，并对等式两边取对数时，式（17.1）可以写成以下形式：

$$\ln Y_i = \beta_0 + \sum_j \beta_j \ln x_{ij} + v_i - u_i，i = 1，\cdots，N \tag{17.2}$$

其中，随机误差项 $v_i \sim iidN(0, \sigma_v^2)$，非负误差项 $u_i \sim iidN^+(0, \sigma_u^2)$，$v_i$、$u_i$ 相互独立，且 v_i、u_i 与解释变量 x_i 相互独立。则技术效率的计算式为：

$$TE_i = \exp(-U) = \frac{Y_i}{f(x_i, \beta) \exp(v_i)} \tag{17.3}$$

二、变量与样本选取

参考亨特（Hunt et al.，1996）对一级市场定价效率的研究，采用基于 SFA 的对数线性模型，具体表达式如下：

$$\ln(Y_i) = \beta_0 + \beta_1 \ln(age_i) + \beta_2 \ln(eps_i) + \beta_3 \ln(bps_i)$$
$$+ \beta_4 \ln(profit_i) + \beta_5 \ln(plev_i) + \beta_6 \ln(ratio_i)$$

$$+\beta_7\ln(num_i)+\beta_8\ln(size_i)+\beta_9\ln(lot_i)$$
$$+\beta_{10}\ln(market_i) \tag{17.4}$$

本章选取的解释变量分为三类。第一类用于度量公司的内在价值："age"为公司年龄，表示公司从成立到上市的存续时间；"eps"为每股收益，反映公司的经营成果；"bps"为每股净资产，反映公司股东拥有的资产价值；"profit"为公司 IPO 前三年的平均净利润增长率，反映公司的成长性；"plev"为资产负债率，反映公司的资本结构；"ratio"为第一大股东持股比例，反映公司的股权结构。第二类用于衡量 IPO 发行的特征："num"为公司发行前的总股本，因公司上市前已有股本，这个比例越大，对股价的影响也就越大；"size"为 IPO 发行数量；"lot"为网上发行中签率，用于度量新股发行的供求关系。第三类变量 "market" 为 IPO 前三十日市场的累计收益，用于度量公司 IPO 时市场环境的变化。选取的被解释变量主要有两类，第一类是学术研究常用的 IPO 首发价格。此外，为了研究公司基本估值要素和上市事件对公司上市后一段时间内市场表现的解释能力，引入 IPO 公司上市后三十日、六十日以及九十日的累计超额收益率（CAR_{30}，CAR_{60}，CAR_{90}）作为另一类被解释变量。由于没有估计窗口数据，计算累计超额收益率时，本章用市场收益代替正常收益。

由于港股的数据缺失较为严重，故剔除数据不全和数据异常的公司，选取 2000 年以来共 663 家 IPO 公司作为港股的研究样本。为了研究中国新股发行制度对 IPO 定价效率的影响，本章选取的 A 股样本公司较多，从 2005 年至 2017 年，共选取 2152 家 IPO 公司作为 A 股的研究总样本。表 17 – 1 和表 17 – 2 为样本描述性统计分析结果。

值得注意的是，两个市场之间的超额累计收益和中签率有较大差异，香港市场中 30 天，60 天和 90 天的超额累计收益率仅为 8.94%，8.66% 和 9.43%；而在 A 股市场，对应的超额累计收益率则为 94.96%，94.58% 和 94.68%，这在很大程度上与 A 股市场超高的 IPO 抑价率有关。此外，香港市场和 A 股市场的平均中签率分别为 29.35% 和 0.68%，有着巨大的差异。

表 17 - 1 港股样本公司描述性统计分析结果

变量	极小值	极大值	均值	标准差
$Ipoprice$（元）	0.13	84.00	4.13	7.41
Car_{30}（%）	-79.09	215.23	8.94	33.17
Car_{60}（%）	-91.17	312.68	8.66	41.74
Car_{90}（%）	-120.56	363.67	9.43	49.10
Age（天）	7.00	12309.00	1482.33	2247.08
Eps（元）	-1.45	89.63	0.91	5.29
Bps（元）	-0.02	51.83	1.94	3.36
$Profit$（%）	-610.66	115246.51	375.48	5171.18
$Plev$（%）	5.09	155.87	58.30	22.91
$Ratio$（%）	3.73	89.34	51.56	19.05
Num（百万股）	24.00	295262.21	2940.09	16635.47
$Size$（百万股）	8.00	32559.72	652.67	2005.84
Lot（%）	0.12	100.00	29.35	35.21
$Market$（%）	-26.52	28.74	-0.76	5.25

表 17 - 2 A 股样本公司描述性统计分析结果

变量	极小值	极大值	均值	标准差
$Ipoprice$（元）	1.26	148.00	17.33	12.82
Car_{30}（%）	-43.45	592.77	94.96	78.23
Car_{60}（%）	-49.09	608.21	94.58	77.64
Car_{90}（%）	-59.50	594.82	94.68	77.78
Age（天）	4.00	20440.00	4161.73	2042.11
Eps（元）	0.03	10.97	0.81	0.56
Bps（元）	0.28	27.07	3.67	2.04
$Profit$（%）	-82.64	5746.88	34.34	129.24
$Plev$（%）	1.78	98.20	45.94	17.64
$Ratio$（%）	4.36	88.55	39.08	15.14

变量	极小值	极大值	均值	标准差
Num（百万股）	26.00	270000.00	740.70	9503.55
Size（百万股）	8.67	25570.59	102.85	675.05
Lot（%）	0.01	65.52	0.68	1.95
Market（%）	−21.29	26.64	−0.23	5.39

第三节 A 股与港股市场 IPO 定价效率比较

一、A 股与港股 IPO 定价制度的比较

2005 年以来，中国 A 股市场主要采用询价制度对新股进行定价，询价制度主要分为两个阶段：首先采用初步询价方式确定发行价格的区间，最终的发行价格则通过累计投标询价的方式来确定。根据 2017 年年底之前最后一个版本的《证券发行与承销管理办法》，股票发行数量在 2000 万股及 2000 万股以下，并且无老股转让计划的，由承销商与发行人协商直接确定发行价格，并在招投意向书中对定价方式进行披露，采用该定价方式的股票不进行线下配售，全部向网上投资者发行。股票发行数量在 4 亿股及 4 亿股以下的，有效报价投资者数量不少于 10 家；股票发行数量在 4 亿股以上的，有效投资者数量不少于 20 家。此外，管理办法还对询价对象资格，网下配售比例，回拨机制等做了详细规定。

1995 年之后，港股的发行开始采用累计招标和公开认购混合的招标机制。港股发行股票的份额主要分为两部分，一部分用于公开认购，一部分用于国际配售，定价过程主要在国际配售的路演阶段完成。发行人和承销商通过对全球投资者发布不带价格区间的招股书，获取全球投资者对估值方法、可比公司以及公司基本估值信息相关考虑的反馈，获得初步的价格区间，从而获得带有价格区间的招投书。然后在进行管理层路演，使投资者通过与管理层的接触，对公司有更具体的了解，从而获得更准确的定价，同时为公司

获取尽量多的订单。

余强（2008）认为，A 股市场的 IPO 定价机制与港股市场之间的差异主要有四点。第一点是承销商权利的不同，A 股市场的承销商不具有自主配售的权利，而港股市场的承销商可以根据投资者的报价和需求决定对其配售的股票数量。中国证监会曾于 2013 年 11 月 30 日的询价制度改革中将自主配售权交由承销商，但是并未达到预期效果，甚至出现了新股疯涨，老股减持过高等一系列问题。因此仅在不到五个月的时间后，2014 年 3 月 21 日，中国证监会修改了《证券发行与承销管理办法》，对承销商的配售权添加了诸多限制。第二点是询价对象不同，即机构投资者的不同。A 股市场的询价对象和网下配售范围主要是国内的投资者，而港股市场的网下配售面向全球投资者，较大的配售范围增加了定价过程的合理性，同时减少了发行人，承销商与询价对象合谋获取最大利益的可能性。第三点是预路演之前部分程序的不同，A 股市场中初步价格由保荐人的调查确定，由此产生的《招投意向书》和《预路演公告》不具有较强的真实性，而港股市场中，这一步骤则由公司管理层、分析师和投资者合力决定。第四点主要是 IPO 配套发行措施的不同。

二、基于 SFA 的 A 股与港股 IPO 定价效率比较

表 17-3 为港股样本的 SFA 分析结果，当被解释变量分别选取首发价格、CAR_{30}、CAR_{60} 和 CAR_{90} 时，模型中的单边误差项 u 均不显著，四个模型结果均接受了 $H_0: \sigma_u^2 = 0$ 的原假设，其平均效率分别为 0.9952、0.9987、0.9981 和 0.9981，因此，对于上述四个被解释变量而言，香港市场均为有效市场。进一步地，公司特征变量 bps、eps 和 num 均与首发价呈正相关关系，说明公司本身的基本估值信息对首发价有较强的解释能力；两个发行特征变量 size 和 lot 均与首发价格呈显著的负相关关系，说明股票发行数量越高，中签率越高，则首发价格越低，这个结果也符合市场基本的运作规则；市场特征变量与首发价呈显著的负相关关系。对于 CAR_{30} 而言，除了 num 与 CAR_{30} 呈显著负相关关系外，plev 与 CAR_{30} 呈显著负相关关系，与市场特征变量相关不显著，其他结果的特征与首发价基本相同。CAR_{60} 和 CAR_{90} 分析结果的显著性逐渐降低，这可能是因为随着公司的发展，累计收益与公司发展情况越

来越相关，而与公司发行前的关系逐渐减弱的原因。

表 17 –3 港股 SFA 分析结果

变量	首发价		CAR₃₀		CAR₆₀		CAR₉₀	
	系数	Z 值	系数	Z 值	系数	Z 值	系数	Z 值
$\ln(age)$	– 0.11	– 0.68	– 0.01	– 0.47	– 0.01	– 0.91	– 0.01	– 0.57
$\ln(eps)$	0.4 ***	11.3	0.02 *	1.00	– 0.01	– 0.26	0.01	0.06
$\ln(bps)$	0.81 ***	47.48	0.03 **	2.00	0.00	0.03	– 0.01	– 0.15
$\ln(profit)$	0.02	0.5	– 0.02	– 0.64	0.01	0.12	– 0.01	– 0.17
$\ln(plev)$	0.04	1.11	– 0.05 **	– 1.95	– 0.07 **	– 1.96	– 0.04	– 1.04
$\ln(ratio)$	– 0.02	– 0.65	0.02	0.65	0.01	0.25	0.03	0.64
$\ln(num)$	0.33 ***	7.61	– 0.05 *	– 1.66	– 0.08 *	– 1.82	– 0.07	– 1.48
$\ln(size)$	– 0.29 ***	– 6.53	0.07 **	2.02	0.09 **	2.05	0.09 *	1.67
$\ln(lot)$	– 0.04 ***	– 4.03	– 0.04 ***	– 4.46	– 0.02 *	– 1.71	– 0.01	– 0.87
$\ln(market)$	– 0.15 **	– 2.25	– 0.01	– 0.21	– 0.01	– 0.06	0.06	0.84
$cons$	0.09	0.18	0.30	0.82	0.29	0.63	0.06	– 0.10
$lnsig2v$	– 1.72 ***	– 31.11	– 2.27 ***	– 41.26	– 1.77 ***	– 32.09	– 1.43 ***	– 26.13
$lnsig2u$	– 10.22	– 0.12	– 12.91	– 0.07	– 12.13	– 0.01	– 12.09	– 0.08
$L\text{-}r\ test$	0.00		0.00		0.00		0.00	
$Prob \geqslant chibar2$	1.00		1.00		1.00		1.00	
TE	0.9952		0.9987		0.9981		0.9981	

注：*** 、** 、* 分别表示在 1%、5% 和 10% 水平上显著相关。

表 17 –4 为 A 股全部样本的 SFA 分析结果，当被解释变量分别选取首发价格、CAR₃₀、CAR₆₀ 和 CAR₉₀ 时，模型中的单边误差项 u 均为显著，四个模型结果均拒绝了 $H_0: \sigma_u^2 = 0$ 的原假设，其平均效率分别为 0.7306、0.6737、0.6462 和 0.6121，因此，对于上述四个被解释变量而言，A 股市场均表现为无效率市场。其次，我们注意到，在描述性统计分析结果中，A 股市场与港股市场之间的中签率存在显著差异，A 股市场的中签率均值为 0.68%，而在

港股市场，这一数值高达 29.35%，为 A 股市场的 43.16 倍。从 SFA 分析结果来看，港股市场中，中签率与首发价和 CAR 均为显著的负相关关系，这表明越高的中签率带来越低的首发价，同时收益也越低，也使更多的投资者分享到了新股发行的收益；而在 A 股市场中，中签率与首发价呈显著的正相关关系，而与 CAR 呈显著的负相关关系，表明越高的中签率带来越高的首发价，而其收益却越低，这就导致了 A 股市场中新股发行收益分配的不均衡问题，不利于市场的稳定。

表 17 – 4 　　　　　　　　　　　A 股 SFA 分析结果

变量	首发价		CAR_{30}		CAR_{60}		CAR_{90}	
	系数	Z 值	系数	Z 值	系数	Z 值	系数	Z 值
$\ln(age)$	0.07 ***	4.67	− 0.05 **	− 3.27	− 0.06 ***	− 4.2	− 0.08 ***	− 3.76
$\ln(eps)$	0.69 ***	18.53	− 0.37 ***	− 14.42	− 0.37 ***	− 13.96	− 0.33 ***	− 14.13
$\ln(bps)$	− 0.01	− 0.09	0.31 ***	10.30	0.31 ***	10.07	0.28 ***	10.55
$\ln(profit)$	0.03	1.00	− 0.01	− 0.30	− 0.02	− 0.56	− 0.01	− 0.23
$\ln(plev)$	− 0.05 **	− 2.21	− 0.03	− 1.34	− 0.02	− 0.74	− 0.02	− 0.87
$\ln(ratio)$	− 0.05	− 1.98	0.02	0.81	0.02	0.97	0.02	0.98
$\ln(num)$	0.28 ***	8.48	0.11 ***	3.61	0.10 ***	3.31	0.10 ***	3.96
$\ln(size)$	− 0.55 ***	− 14.36	− 0.19 ***	− 5.24	− 0.19 ***	− 5.08	− 0.19 ***	− 5.97
$\ln(lot)$	0.19 ***	19.94	− 0.16 ***	− 23.74	− 0.16 ***	− 23.21	− 0.13 ***	− 22.30
$\ln(market)$	0.34	1.01	− 0.20 ***	− 6.12	− 0.16 ***	− 4.96	− 0.13 ***	− 4.32
$cons$	6.97 ***	22.1	2.33 ***	7.79	2.37 ***	7.99	2.36 ***	8.86
$\ln sig2v$	− 2.40 ***	− 20.73	− 2.10 ***	− 23.49	− 2.23 ***	− 26.32	− 2.25 ***	− 28.40
$\ln sig2u$	− 1.67 ***	− 9.91	− 1.16 ***	− 10.61	− 0.91 ***	− 11.62	− 1.49 ***	− 13.24
$L\text{-}r\ test$	21.32		45.00		46.52		47.43	
$Prob \geqslant chibar2$	0.00		0.00		0.00		0.00	
TE	0.7306		0.6737		0.6462		0.6121	

注：*** 、** 、* 分别表示在 1%、5% 和 10% 水平上显著相关。

第四节 IPO 定价效率的政策影响

一、IPO 询价制度改革简述

由于第一次新股发行制度对之后改革的影响较为深远，因此，本章选取 2009 年第一次改革为第一个时间节点。其次，对于 2010 年第二次改革和 2012 年第三次改革，已有部分学者做出较为详细的研究，故不再设置时间节点，2013 年第四次改革与 2014 年第五次改革的间隔时间较短，并且有较长时间的 IPO 暂停，导致期间没有足够的 IPO 样本，因此将两次改革合并为一个时间节点。最后，由于 2017 年最后一次改革后，IPO 样本数量有限，因此将 2015 年第六次改革作为最后一个时间节点。由此，将 2005 年以来中国的 IPO 样本由上述三个节点分为四个阶段，对比政策前后 IPO 定价效率的变化情况，以明确改革是否有效。各阶段的时间点及政策如表 17 – 5 所示，其中，IPO 暂停的时间未被包含在内。

表 17 –5　　　　　　　　　　　A 股 IPO 各阶段时间点及政策

阶段	时间	起始政策
第一阶段	2005 年 1 月 ~ 2008 年 12 月	《关于首次公开发行股票试行询价制度若干问题的通知》
第二阶段	2009 年 6 月 ~ 2012 年 10 月	《关于进一步改革和完善新股发行体制的指导意见》
第三阶段	2014 年 1 月 ~ 2015 年 7 月	2014 年 3 月 21 日《关于修改〈证券发行与承销管理办法〉的决定》
第四阶段	2015 年 12 月 ~ 2017 年 12 月	2015 年 12 月 31 日《关于修改〈证券发行与承销管理办法〉的决定》

二、基于 SFA 的 IPO 询价制度成效研究

当被解释变量为 IPO 首发价格时，其 SFA 具体分析结果如表 17 - 6 所示。从整体来看，四个阶段的平均定价效率为 0.7370、0.7405、0.8418 和 0.8449，处于稳步提升的状态，但是四个阶段的单边误差项 u 均显著，均拒绝了 $H_0: \sigma_u^2 = 0$ 的原假设。因此，对于首发价格而言，四个阶段 A 股市场都是相对无效率的市场。从具体结果来看，在第一阶段中，仅有 eps、ratio、num 三个公司特征变量以及两个 IPO 特征变量与首发价格显著相关；在第二阶段中，有 age、eps、profit、num 四个公司特征变量和两个 IPO 特征变量与首发价显著相关；在第三阶段中，有 eps、plev、ratio、num 四个公司特征变量，两个 IPO 特征变量和一个市场特征变量与首发价显著相关；在第四阶段中，有 eps、bps、profit、ratio、num 五个公司特征变量和 size 一个 IPO 特征变量与首发价显著相关。

表 17 - 6　　　　　　　　A 股分阶段 SFA 分析结果（IPO 首发价）

变量	第一阶段		第二阶段		第三阶段		第四阶段	
	系数	Z 值	系数	Z 值	系数	Z 值	系数	Z 值
$\ln(age)$	0.03	0.89	− 0.07 **	− 2.28	0.01	0.26	− 0.01	− 0.63
$\ln(eps)$	0.88 ***	11.60	0.60 ***	13.94	0.84 ***	23.98	0.89 ***	49.27
$\ln(bps)$	− 0.01	− 0.18	− 0.00	0.01	0.01	0.24	0.05 **	2.15
$\ln(profit)$	0.08	1.64	0.07 *	1.67	0.07	1.58	− 0.07 ***	− 3.38
$\ln(plev)$	0.01	0.22	− 0.04	− 1.40	− 0.04 *	− 1.87	− 0.01	− 0.36
$\ln(ratio)$	− 0.12 ***	− 2.60	− 0.02	− 0.74	− 0.05 **	− 2.25	0.04 **	2.39
$\ln(num)$	0.48 ***	7.48	0.09 *	1.76	0.18 ***	4.35	0.19 ***	7.63
$\ln(size)$	− 0.56 ***	− 7.45	− 0.35 ***	− 6.07	− 0.29 ***	− 5.91	− 0.18 ***	− 4.96
$\ln(lot)$	0.04 **	2.06	0.05 **	2.46	0.16 ***	9.30	− 0.04	− 1.45
$\ln(market)$	− 0.01	− 0.16	− 0.02	− 0.32	0.10 ***	3.26	0.05	1.11
$cons$	3.23 ***	5.18	8.31 ***	17.02	4.59 ***	11.68	2.08 ***	3.95
$lnsig2v$	− 3.39 ***	− 12.78	− 2.52 ***	− 17.87	− 4.26 ***	− 19.54	− 4.46 ***	− 34.83

变量	第一阶段		第二阶段		第三阶段		第四阶段	
	系数	Z值	系数	Z值	系数	Z值	系数	Z值
$lnsig2u$	−1.62***	−8.79	−1.76***	−8.81	−2.83***	−15.01	−2.73***	−27.85
L-r test	21.21		15.58		18.38		49.04	
$Prob \geqslant$ *chibar2*	0.00		0.00		0.00		0.00	
TE	0.7370		0.7405		0.8418		0.8449	

注：***、**、* 分别表示在1%、5%和10%水平上显著相关。

纵观历年来的询价制度改革，发现改革的渐进性。例如，从第一次改革将网上和网下投资者分开，到后来的历次改革对询价对象设置更多限制，如扩大询价范围以及对股票发行量达到一定数量的公司设置询价对象数量的下限等措施。而从实证结果来看，第一阶段与第二阶段的新股定价效率没有明显的改变，这可能是因为改革处于初始阶段，各项措施并不完善，导致定价效率没有明显的提升。而当我们跳过第二阶段的第二次和第三次改革，直接将第二阶段与第四次改革后的第三阶段对比，定价效率有了较为明显的提升，此时的《证券发行与承销管理办法》已经对网下投资者的选取有了较为具体的条件。由于第五次改革与第四次改革的时间点较为接近，并且中间有较长时间的IPO暂停，因此，基本可以视为同一次改革。实证结果显示，2015年的第六次改革对新股定价效率没有较为显著的影响，但是在一定程度上增加了公司估值要素对首发价格的解释能力。

表17-7，表17-8和表17-9为被解释变量分别为上市后30日、60日和90日超额累计收益率时的SFA分析结果。在第一个模型中，前两个阶段的单边误差项较为显著，而后两个阶段的单边误差项不显著，因此，对于30日累计超额收益而言，第三次新股发行制度改革后，A股市场就一直处于有效的状态。在第二个模型中，只有第三阶段的A股市场有效，而在第三个模型中，只有第四个阶段的A股市场有效。总体而言，与首发价的SFA分析结果相似，以上三个模型的分析结果中，前两个阶段的IPO定价效率与后两个阶段有着较大的差异。

表 17 – 7　　　　　　　　　A 股分阶段 SFA 分析结果（上市后 30 日 CAR）

变量	第一阶段		第二阶段		第三阶段		第四阶段	
	系数	Z 值	系数	Z 值	系数	Z 值	系数	Z 值
$\ln(age)$	- 0. 02	- 0. 39	- 0. 06	- 1. 63	- 0. 09 ***	- 2. 97	- 0. 06 **	- 2. 44
$\ln(eps)$	- 0. 23 ***	- 2. 87	- 0. 27 ***	- 5. 25	- 0. 20 ***	- 5. 73	- 0. 31 ***	- 13. 38
$\ln(bps)$	0. 02	0. 02	0. 00	0. 03	0. 08 *	1. 81	0. 06 **	2. 10
$\ln(profit)$	0. 18 **	2. 22	0. 08	1. 46	0. 07	1. 41	0. 09 ***	3. 29
$\ln(plev)$	- 0. 10	- 1. 14	- 0. 00	- 0. 06	- 0. 02	- 0. 88	- 0. 02	- 1. 05
$\ln(ratio)$	0. 02	0. 26	- 0. 04	- 1. 12	- 0. 04	- 1. 55	- 0. 03 *	- 1. 77
$\ln(num)$	0. 08	0. 95	0. 13 ***	2. 37	- 0. 05	- 1. 11	- 0. 43	- 1. 45
$\ln(size)$	- 0. 23 **	- 2. 22	- 0. 24 ***	- 3. 57	0. 01	0. 28	- 0. 34 ***	- 7. 74
$\ln(lot)$	- 0. 01	0. 17	- 0. 16 ***	- 7. 05	- 0. 26 ***	- 15. 13	0. 29 ***	8. 03
$\ln(market)$	- 0. 09	- 1. 08	- 0. 35 ***	- 5. 83	- 0. 34 ***	- 9. 68	- 0. 06	- 1. 20
$cons$	3. 97 ***	4. 14	3. 44 ***	5. 94	2. 94 ***	6. 63	9. 17 ***	13. 24
$lnsig2v$	- 1. 77 ***	- 4. 74	- 2. 17 ***	- 15. 06	- 3. 33 ***	- 43. 01	- 3. 02 ***	- 52. 23
$lnsig2u$	- 1. 61 *	- 1. 79	- 1. 26 ***	- 6. 99	11. 18	- 0. 12	- 9. 98	- 0. 19
$L\text{-}r\ test$	0. 55		17. 12		0. 00		0. 00	
$Prob \geqslant chibar2$	0. 23		0. 00		1. 00		1. 00	
TE	0. 7235		0. 6853		0. 9965		0. 9946	

注：*** 、** 、* 分别表示在 1% 、5% 和 10% 水平上显著相关。

表 17 – 8　　　　　　　　　A 股分阶段 SFA 分析结果（上市后 60 日 CAR）

变量	第一阶段		第二阶段		第三阶段		第四阶段	
	系数	Z 值	系数	Z 值	系数	Z 值	系数	Z 值
$\ln(age)$	- 0. 06	- 1. 01	- 0. 00	- 0. 11	- 0. 10 ***	- 2. 79	- 0. 07 ***	- 2. 73
$\ln(eps)$	- 0. 21 ***	- 2. 61	- 0. 06 ***	- 4. 94	- 0. 14 ***	- 3. 43	- 0. 31 ***	- 12. 89
$\ln(bps)$	- 0. 02	- 0. 19	0. 01	0. 59	0. 07	1. 23	0. 08 ***	2. 61
$\ln(profit)$	0. 20 **	2. 49	0. 02	1. 39	0. 02	0. 43	0. 10 ***	3. 43

续表

变量	第一阶段		第二阶段		第三阶段		第四阶段	
	系数	Z 值	系数	Z 值	系数	Z 值	系数	Z 值
$\ln(plev)$	-0.14	-1.60	0.01	0.95	0.00	0.10	-0.01	-0.58
$\ln(ratio)$	0.05	0.70	-0.01	-1.49	-0.04	-1.52	-0.01	-0.47
$\ln(num)$	0.12	1.41	0.03 **	2.05	-0.06	-1.27	-0.05 *	-1.66
$\ln(size)$	-0.26 ***	-2.60	-0.05 ***	-3.27	0.06	1.02	-0.36 ***	-7.78
$\ln(lot)$	-0.04	-1.02	-0.03 ***	-6.47	-0.33 ***	-15.98	0.32 ***	8.35
$\ln(market)$	-0.14 *	-1.77	-0.06 ***	-3.29	-0.19 ***	-4.64	-0.03	-0.49
$cons$	4.46 ***	4.74	2.16 ***	15.41	2.03 ***	4.16	9.61 ***	13.47
$lnsig2v$	-2.11 ***	-8.06	-6.41 ***	-34.22	-3.22 ***	-8.71	-3.36 ***	-18.11
$lnsig2u$	-1.06 ***	-3.59	-2.85 ***	-49.34	-4.17	-1.61	-2.99 ***	-8.12
$L\text{-}r\ test$	6.04		46.34		0.06		3.49	
$Prob \geq chibar2$	0.007		0.00		0.402		0.031	
TE	0.6625		0.6844		0.9080		0.8439	

注：*** 、 ** 、 * 分别表示在1%、5%和10%水平上显著相关。

表 17 -9　　A 股分阶段 SFA 分析结果（上市后 90 日 CAR）

变量	第一阶段		第二阶段		第三阶段		第四阶段	
	系数	Z 值	系数	Z 值	系数	Z 值	系数	Z 值
$\ln(age)$	-0.07	-1.21	-0.02	-0.61	-0.09 ***	-2.73	-0.06 ***	-2.79
$\ln(eps)$	-0.22 ***	-2.81	-0.20 ***	-4.41	-0.12 ***	-2.98	-0.29 ***	-13.88
$\ln(bps)$	0.04	0.44	-0.01	-0.18	0.03	0.61	0.06 **	2.26
$\ln(profit)$	0.17 **	2.35	0.03	0.67	0.02	0.46	0.11 ***	4.35
$\ln(plev)$	-0.11	-1.37	0.01	0.42	0.02	0.94	-0.01	-0.42
$\ln(ratio)$	0.06	0.86	-0.04	-1.22	-0.05 *	-1.75	-0.02	-1.25
$\ln(num)$	0.12	1.52	0.12 **	2.58	-0.04	-0.80	-0.03	-0.97
$\ln(size)$	-0.26 ***	-2.74	-0.22 ***	-3.83	0.01	0.26	-0.38 ***	-9.22

续表

变量	第一阶段		第二阶段		第三阶段		第四阶段	
	系数	Z 值	系数	Z 值	系数	Z 值	系数	Z 值
$\ln(lot)$	−0.03	−0.78	−0.14***	−7.18	−0.30***	−15.63	0.29***	8.98
$\ln(market)$	−0.07	−0.95	−0.24***	−4.69	−0.09**	−2.29	0.03	0.71
cons	4.16***	4.72	2.79***	5.54	2.20***	4.91	9.08***	14.27
lnsig2v	−2.28***	−8.94	−2.62***	−19.39	−3.47***	−13.72	−3.22***	−53.98
lnsig2u	−1.11***	−4.21	−1.30***	−10.30	−3.52***	−4.79	−10.17	−0.15
L-r test	8.21		44.22		0.81		0.00	
$Prob \geqslant chibar2$	0.002		0.00		0.184		1.00	
TE	0.6691		0.6916		0.8763		0.9951	

注：***、**、*分别表示在1%、5%和10%水平上显著相关。

第五节　本章小结

　　本章主要研究了内地 A 股市场 IPO 定价效率与香港上市 IPO 定价效率的差距，同时从政策影响的视角，研究了 2009 年第一次询价制度改革，2013 年第四次改革以及 2015 年第六次改革对内地 A 股市场定价效率的影响。结果表明，无论以首发价格为被解释变量还是以发行后超额累计收益率为被解释变量，内地 A 股市场均为无效率市场，而相对成熟的港股市场则为有效市场，这与二者在 IPO 定价制度上的差异以及证券市场发展的完善程度有关。此外，对于政策影响的实证研究结果表明，内地询价制度的改革具有渐进性，单次改革对 A 股 IPO 定价效率无法产生显著的影响，多次改革后，IPO 定价效率才有较为明显的提升，充分说明有关改革大方向是正确的，成效也是比较显著的，进一步的改革是必要的，香港市场为这一改革提供了制度参照。

第十八章

A + H 股逆向交叉上市
IPO 定价模型研究

第一节　A + H 股逆向交叉上市 IPO 定价
概况及其套利机制分析

表18-1 为历年 A + H 股逆向交叉上市的发展情况，从 1993 年至 2012 年，逆向交叉上市公司数量持续增长，但是在 2012 年之后有一段时间的暂停，2016 年至 2017 年逐渐恢复。对比 A 股和 H 股的平均发行价格，A 股的发行价格一直高于 H 股的发行价格，但溢价程度逐渐降低。68 家 A + H 股逆向交叉上市公司 A 股的平均发行价格为 H 股的 2.31 倍，A 股的平均 IPO 抑价率为 H 股的 7.65 倍。如：浙江宝世的 A 股发行价格为 H 股发行价格的 1.72 倍，而其 A 股的 IPO 抑价率为 H 股的 85.47 倍；山东墨龙的 A 股发行价格为 H 股发行价格的 25.71 倍，其 A 股的 IPO 抑价率为 H 股的 4.92 倍。由此可见，A + H 股逆向交叉上市公司在 A 股的发行价格远高于其在 H 股的发行价格，并且其在 A 股市场 IPO 首日的上涨幅度也远远高于 H 股市场。这导致 A + H 股逆向交叉上市公司在 A 股市场的 IPO 定价以及流通价都远远高于 H 股市场，从而形成"国内溢价，海外折价"的特殊现象。

表 18-1　　　　　　　A + H 股逆向交叉上市公司 IPO 定价一览表

年度	上市公司数	H 股平均发行价	A 股平均发行价	IPO 定价方法
1993 ~ 2000	18	2.01	4.36	跟随 H 股定价
2001 ~ 2010	34	2.67	8.77	跟随 H 股定价

续表

年度	上市公司数	H 股平均发行价	A 股平均发行价	IPO 定价方法
2011	4	12.94	15.81	跟随 H 股定价
2012	6	3.11	11.41	跟随 H 股定价
2016	1	5.08	7.12	跟随 H 股定价
2017	5	5.67	5.80	跟随 H 股定价

现行 H 股回归 A 股的定价机制是以 H 股流通价格作为 A 股 IPO 价格的参照系，即以 H 股 20 个交易日平均价的 90% 作为回归 A 股的发行价。这一操作简单、看似公平的定价方法却被广为诟病，导致了内地投资者权益流失以及内地财富向境外市场转移，其套利机制可以归纳为：境外投机资金通过操纵市场短期推高 H 股股价→A 股高 IPO 定价→提升 H 股每股净资产和每股收益→A 股高 IPO 定价导致 A 股高流通价→A 股高流通价支撑 H 股高流通价→境外投机机构高价减持 H 股实现套利→H 股股价下跌→A 股股价跟随下跌。

为了回答该套利机制的现实经济后果，以全部 H 股回归 A 股公司为研究对象，采用事件研究法进行实证检验。

第二节 套利检验

一、模型构建

采用法玛（1991）标准事件研究法，从超额收益率的视角，比较回归上市事件后，逆向交叉上市公司与单一 A 股上市公司在 A 股市场的市场表现差异以及其与单一 H 股上市公司在香港市场的市场表现差异。定义估计窗口为（ -360， -180），事件窗口为（ -180，180），事后窗口为（180，720），使用 180 天的收盘价日数据进行回归分析，正常收益率的测度模型为：

$$R_{it} = \alpha_i + \beta_i R_{mt} + \varepsilon_{it} \qquad (18.1)$$

$$E[\varepsilon_{it}] = 0, \quad Var[\varepsilon_{it}] = \delta_i \varepsilon_i \qquad (18.2)$$

其中，R_{it} 和 R_{mt} 分别为证券 i 合在 t 期的收益率，内地和香港的市场收益率分别由上证指数和恒生指数的收益率代替。ε_{it} 为扰动项，α_i 和 β_i 为正常收益率测度模型的参数，由上述估计窗口计算得出，在计算 A 股正常收益率时，由于 IPO 之前没有 A 股数据，故用同股票 H 股的数据代替。超额收益率（AR）及累计超额收益率（CAR）的测度模型为：

$$AR_{it} = R_{it} - E[R_{it}] = R_{it} - (\alpha_i + \beta_i R_{mt}) \qquad (18.3)$$

$$CAR(t_1, t_2) = \sum_{t_1}^{t_2} AR_i \qquad (18.4)$$

其中，AR_{it} 为事件发生时的超额收益率，R_{it} 为事件发生时的实际收益率，$E[R_{it}]$ 为上述正常收益模型预测的正常收益率，$CAR(t_1, t_2)$ 为从 t_1 到 t_2 时期的累计超额收益率。

二、样本选取

截至 2017 年底，共有 69 家先发行 H 股再发行 A 股的逆向交叉上市公司，参照科特等（2013）的样本筛选方法，剔除金融、证券和保险行业以及通过合并、收购或资产置换回归 A 股上市的公司。同时为了满足样本前后有足够的观察窗口，剔除近三年在 A 股回归上市的公司，最终确定 46 家逆向交叉上市公司作为样本公司。此外，参照郭等（2010）对于配对样本的选取要求，以逆向交叉上市年为基准点，按照行业相似、资产规模相近标准选取 46 家单一发行 A 股的内地公司和 46 家单一发行 H 股的内地公司作为配对样本。本章所用数据主要来源于 Wind 数据库。

三、实证分析

图 18－1 为回归上市事件发生前后逆向交叉上市公司与单一 H 股上市公司在香港市场的平均累计超额收益率（ACAR）的变化情况，具体数值如表 18－2 所示。回归上市事件发生时，（－180，180）天内，逆向交叉上市公司的 ACAR 明显高于单一 H 股上市公司。图 18－2 为回归上市事件发生后逆向

交叉上市公司与单一A股上市公司在A股市场的ACAR的变化情况，具体数值如表18 - 2所示。逆向交叉上市公司的ACAR明显大于单一A股上市公司，并且在回归上市事件发生后的一段时间内，二者之间的差距不断扩大。表18 - 3为逆向交叉上市事件前后逆向交叉上市公司在香港市场ACAR变化的显著性检验，结果显示，逆向交叉上市前后的ACAR发生了显著变化，说明逆向交叉上市事件对逆向交叉上市公司的市场表现产生了显著影响。

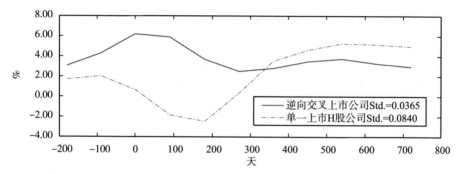

图18 - 1   逆向交叉上市公司与单一上市H股公司长期ACAR变化趋势

表18 - 2   逆向交叉上市后样本公司及配对样本公司ACAR变化情况

时间（天）	逆向交叉上市公司（%）		H股配对样本（%）	差值	A股配对样本（%）	差值
	香港市场	A股市场				
（-180，-90）	3.06	—	1.71	1.35	—	
（-90，0）	4.29	—	2.03	3.17	—	
（0，90）	6.19	2.37	0.67	7.86	1.16	1.21
（90，180）	5.89	3.02	-1.83	7.56	1.54	1.76
（180，270）	3.69	3.13	-2.46	4.73	1.55	1.40
（270，360）	2.51	3.20	0.35	-0.41	1.20	2.60
（360，450）	2.82	4.43	3.53	-1.00	1.83	2.59
（450，540）	3.48	5.26	4.62	-1.28	2.48	2.97
（540，630）	3.75	5.09	5.27	-1.76	2.59	2.04
（630，720）	3.28	4.27	5.18	-2.03	2.67	1.15

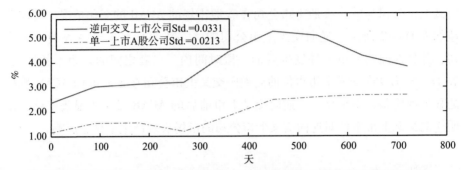

图 18-2　逆向交叉上市公司与单一上市 A 股公司长期 ACAR 变化趋势

表 18-3　　　　　　　　逆向交叉上市前后 ACAR 变化的显著性检验

变量	均值	标准差	下限	上限	T 值	P 值
逆向交叉上市前 ACAR	0.0103	0.0005	0.0092	0.0112	31.8685	0.0000
逆向交叉上市后 ACAR	0.0339	0.0003	0.0332	0.0345		
事件前后 ACAR 变化	0.0236	-0.0002	0.0240	0.0233		

　　值得注意的是，在 H 股公司发行 A 股之前，其 ACAR 有幅度较大的增长，并在发行 A 股之后逐渐下降至单一 H 股公司的 ACAR 之下，这也从侧面反映出其股票价格在发行 A 股之前的大幅增长，以及在发行 A 股之后的迅速回落。此外，在逆向交叉上市公司发行 A 股后的很长一段时间内，即（270，720）天内，逆向交叉上市公司与单一 A 股上市公司 ACAR 的差值明显高于其与单一 H 股上市公司 ACAR 的差值，说明其在 A 股市场的表现明显优于其在香港市场的表现。可见，跟随 H 股定价方法给境外投机机构提供了操纵回归上市发行价的机会，通过短期操纵香港市场 H 股股价迫使回归上市 A 股高溢价发行和流通，进而利用两市比价效应在香港市场实现高价减持套利，导致内地投资者权益流失以及内地财富向境外市场转移的经济后果。

第三节　基于 DEA 的逆向交叉
上市定价方法研究

一、模型构建

鉴于跟随 H 股定价方法对本土市场投资者存在信息不对称、不公平、估值操纵和利益损害等问题，本章按照"以我为主"的思路，基于综合估值要素和相对估值的理论框架，运用 DEA 理论，创新提出了一种兼顾公司、市场和投资者三方利益，综合考虑公司特质和本土市场估值水平的 IPO 定价方法。

根据 DEA 的特点，将上市公司视为决策单元，公司股票价格为在特定本土市场估值水平下，市场对具备一定特质和内在价值的公司股票的相对定价。假设逆向交叉上市对现有市场的影响可以忽略不计，其参考约束集为本土市场（母国市场）已有流通股票。由此，基于超效率 BCC 模型的回归上市定价模型为：

$$\max \left[\alpha + \varepsilon \left(\sum_{i=1}^{m} s_i^- + \sum_{r=1}^{s} s_r^+ \right) \right]$$

$$\text{s. t. } \sum_{\substack{j=1 \\ j \neq k}}^{n} \lambda_j x_{ij} + s_i^- = x_0;$$

$$\sum_{\substack{j=1 \\ j \neq k}}^{n} x_{ij} \lambda_j - s_r^+ = y_0; \tag{18.5}$$

$$\sum_{\substack{j=1 \\ j \neq k}}^{n} \lambda_{ij} = 1;$$

$$\lambda_j \geqslant 0, \ j = 1, 2, 3, \cdots, n, \ s_i^- \geqslant 0, \ s_r^+ \geqslant 0;$$

其中 X 为输入变量，即 IPO 公司的估值要素，Y 为输出变量，即 IPO 价格。s_i^- 和 s_r^+ 分别为输入变量和输出变量的松弛变量，m 和 s 分别为输入变量和输出变量的数量，n 为决策单元数量，ε 为阿基米德无穷小量。k 为 IPO 公司，与传统 BCC 模型相比，本模型中增加了 $j \neq k$ 这一限制条件，从约束集中剔除了 IPO 公司，这是基于 IPO 公司的股价是相对于其他同类公司决定的。α 为回归 IPO 定价的相对估值效率，若 $\alpha^* = 1$，说明 y_0 为相对有效定价，否则，定价过高或过低。进一步地，按照 DEA 模型的性质，若模型的最优解为 λ^*，s^{-*}，s^{+*}，α^*，则回归上市的相对有效定价为：$y_0^* = \alpha^* y_0 + s^{+*}$，一般而言，$y_0^*$ 可视为上市定价参考基准的上限。进一步的灵敏度分析可以获得最优基不变时 y_0^* 的变化范围，在其上界和下界范围内均被视为相对合理的定价区间。y_0 初始价格采用跟随 H 股定价。

二、变量选择及样本选取

在实际应用中，考虑到市场可能对不同行业存在估值偏好，选取逆向交叉上市公司 IPO 前三年内在主板上市并且与其同行业的公司作为决策单元。并且选取 IPO 公司的资产总额，IPO 发行数量，每股收益以及每股净资产作为输入变量，以综合反映公司规模实力、经营能力、收益能力与成长性，同时用上证指数来衡量市场环境的变化。这里所用的数据均为 IPO 前一年的数据。考虑到 DEA 模型对决策单元数量的要求，在 46 家逆向交叉上市样本公司的基础上剔除属于能源行业的公司以及由于时间较早导致决策单元数量不足的公司，同时增加 2012 年之后回归上市的 6 家公司，最终确定 28 家逆向交叉上市公司作为定价模型检验的样本。为了检验逆向交叉上市定价模型的有效性，我们使用 lingo 软件计算了这 28 家逆向交叉上市公司的预测价格，并且分别采用原首发价格和预测首发价计算了股票的短期（30 天）、中期（180 天）以及长期（360 天）累计收益率。

三、累计收益率比较

表 18-4 为原首发价和预测首发价下逆向交叉上市公司短中长期累计收益率的对比，由于部分股票的上市时间较晚，故无法获取其中期以及长期累计收益率。整体来看，原首发价下逆向交叉上市公司的短中长期累计收益率分别为 106%，109% 和 104%，而基于本篇提出模型预测首发价下，其短中

长期的累计收益率分别为 53%，56% 和 51%，明显低于原首发价下的累计收益率。可见，采用本篇提出的逆向交叉上市 IPO 定价模型得出的收益率较低，这也表明其首发价格与新股发行的稳定市场价格更为接近，由此可见，本章提出的 IPO 定价模型更合理，即逆向交叉上市 IPO 定价应该主要以母国市场同类股票参照，而不是以境外上市市场为参照，这样做有助于避免跟随 H 股定价方法对本土市场投资者存在信息不对称、不公平、估值操纵和利益损害等问题。

表 18 - 4　　　　　　　　　累计收益率对比

名称	原30日	预测30日	原180日	预测180日	原360日	预测360日
庄园牧场	1.07	0.83	—	—	—	—
拉夏贝尔	1.14	0.26	—	—	—	—
秦港股份	1.00	0.74	0.57	0.31	—	—
中国银河	0.81	0.04	0.89	0.12	—	—
中原证券	0.69	0.14	0.61	0.05	—	—
新华文轩	1.05	0.62	0.58	0.14	0.38	-0.05
浙江世宝	5.93	0.29	6.27	0.64	6.48	0.84
洛阳钼业	1.94	-0.71	1.94	-0.71	1.79	-0.85
一拖股份	0.52	-0.13	0.69	0.05	0.81	0.16
东江环保	0.22	-0.01	0.44	0.21	0.17	-0.06
广汽集团	-0.09	-0.66	-0.38	-0.95	0.07	-0.50
中国交建	0.12	-0.57	-0.20	-0.89	-0.22	-0.91
长城汽车	-0.07	-0.53	0.31	-0.14	1.04	0.59
比亚迪	0.59	0.29	0.37	0.07	-0.02	-0.32
金隅集团	0.76	0.00	0.35	-0.40	-0.10	-0.85
大连港	0.09	-0.45	-0.02	-0.56	-0.03	-0.57
四川成渝	1.74	0.37	1.92	0.54	1.66	0.28
上海电气	0.35	-0.14	0.89	0.39	0.74	0.24
紫金矿业	0.57	1.96	0.05	1.44	0.85	2.24
中远海发	0.61	1.36	-0.30	0.45	0.01	0.76

续表

名称	原 30 日	预测 30 日	原 180 日	预测 180 日	原 360 日	预测 360 日
中远海控	1.23	1.13	1.65	1.55	0.84	0.75
潍柴动力	2.47	6.44	2.51	6.48	1.67	5.63
中国铝业	2.05	1.43	2.62	2.01	1.19	0.57
*ST 重钢	1.43	−0.43	1.60	−0.26	1.21	−0.66
广深铁路	0.82	2.39	1.22	2.79	0.38	1.95
中国国航	0.19	−0.02	1.50	1.29	2.37	2.16
皖通高速	1.20	−0.19	1.19	−0.19	1.28	−0.11
中远海能	1.36	0.37	1.16	0.16	1.43	0.43
平均值	1.06	0.53	1.09	0.56	1.04	0.51

第四节　本章小结

　　基于事件研究法的套利检验结果表明，逆向交叉上市公司在发行 A 股之前，其 H 股股价的大幅上涨将导致其 A 股发行价的大幅溢价现象，而其在 A 股市场的长期市场表现也在回归上市后的很长一段时间内优于香港市场。这表明，跟随 H 股定价方法给境外投机机构提供了操纵回归上市发行价的机会，通过短期操纵香港市场 H 股股价迫使回归上市 A 股高溢价发行和流通，进而利用两市比价效应在香港市场实现高价减持套利，导致内地投资者权益流失以及内地财富向境外市场转移，A 股市场股票投资价值降低和 A 股市场泡沫增长的经济后果。

　　为了完善回归上市的合理定价问题，本章提出了基于超效率 DEA 方法，综合考虑公司特质和本土市场估值水平的 IPO 定价模型。相同样本的后验结果表明，采用本模型所得出的预测首发价与 30 日后的股价更为接近，并且其短中长期累计收益率也大幅低于原首发价下的累计收益率。因此，综合考虑公司特质和本土市场估值水平的逆向交叉上市 IPO 模型比跟随 H 股定价方法能够更合理地反映公司估值，避免人为操纵对定价的影响。

第十九章

本篇总结与展望

第一节 研究结论

一、交易所竞争力

本篇分别从上市公司和投资者的角度，创新组合运用 DEA – Malmquist 方法和 Context – Dependent DEA 方法，分析了中国内地证券市场相对于全球主要交易所的竞争力变化情况。同时，根据中国内地证券市场目前相对封闭的情况，本篇引入交易所国际化程度作为第三个竞争力层面，分析中国内地证券市场发展中的不足之处与发展方向。结果表明：

（1）两市的竞争力均处于快速提升过程中，其中，上海证券交易所的上市竞争力和深圳证券交易所的交易竞争力已经跻身前列，与罗（2013）2009年的评价结果相比，两个交易所的综合排名进步显著，说明近年来中国内地证券市场规范建设取得了显著成效。但两市的发展并不平衡，尤其是上市竞争力差距明显，这一现象可能与一段时间以来人为调整上市节奏以及主板上市集中于上海证券交易所等监管政策有关。此外，我们注意到，2015 年至2016 年，上海证券交易所和深圳证券交易所在两个竞争力的发展速度上都出现了低谷，说明 2015 年至 2016 年期间的股灾对中国内地证券市场的竞争力产生了负面影响。

（2）中国内地证券市场国际化程度相对较为落后，并且发展较为缓慢。

两所在国际化程度方面的落后，也必将影响到上市竞争力和交易竞争力的发展，特别是在上市竞争力方面。目前中国内地证券市场所采用的 QFII 等政策只能增加其对境外投资者的吸引力，即只对交易竞争力有一定影响。由于中国内地证券市场的国际板一直未开通，境外优秀公司无法在上海证券交易所和深圳证券交易所上市，这就导致中国内地证券市场对上市公司的吸引力仅仅是对境内公司的吸引力。

二、IPO 制度改革与定价效率

本篇利用 A 股市场 2005 年至今的 IPO 数据，分别从 IPO 首发价格以及发行后 30 日、60 日和 90 日 CAR 的角度分析了 2009 年 6 月第一次新股发行制度改革，2013 年 11 月第四次改革和 2015 年 12 月第六次改革前后 A 股市场 IPO 定价效率的变化。结果表明，就首发价格而言，前两个阶段的 IPO 定价效率与后两个阶段有着较为显著的差异，而在第一阶段和第二阶段以及第三阶段和第四阶段之间的差异并不明显，本篇认为这可能是中国新股发行制度改革的渐进性造成的。总体来看，A 股市场的定价效率虽然一直处于非有效市场状态，但是随着改革的逐步推进，其平均定价效率也在稳步提升，并且公司特征和 IPO 特征对首发价格的解释能力也逐渐增强；就发行后 CAR 而言，IPO 定价效率的变化与首发价类似，前两个阶段的定价效率与后两个阶段有较为明显的差异。

综上，中国新股发行政策改革对 A 股市场定价效率的提升有积极影响。其次，本篇将相对成熟的香港市场与 A 股市场的定价效率进行比较，结果表明，无论从首发价格的角度还是发行后 CAR 的角度来看，香港市场的 IPO 定价效率均优于 A 股市场。此外，香港市场的新股中签率远高于 A 股市场，模型结果也表明 A 股市场的网上配售机制可能造成新股发行利益分配的不均衡。

三、逆向交叉上市 IPO 定价方法

本篇分析了当前跟随 H 股定价方法的弊端以及可能被人为操纵价格的可能性，并用事件研究法对其进行了证明，同时，基于超效率 DEA 模型给出了

一个综合考虑本土市场估值水平和公司特质的逆向交叉上市 IPO 定价模型，并且采用现有 IPO 数据检验了其合理性。实证研究结果表明，相较于跟随 H 股定价方法，采用本篇提出的定价模型得到的 IPO 定价与公司的价值更为接近，上市后的波动也更小，因此认为本篇提出的逆向交叉上市 IPO 定价模型更合理。

第二节　对策与建议

一、交易所竞争力的提升

为了尽快打造世界一流的证券市场，实现资本强国目标，中国内地应该借鉴新加坡、中国香港、印度等市场的成功做法，重点做好去"政策市"和推进国际化两方面的工作，尤其是分红政策和股东保护监管，丰富交易品种，扩大互联互通，开设"国际板"等。

（1）做好去"政策市"工作。包括建立市场化的运行机制和监管机制等。中国资本市场目前还不具备完善的资源配置功能以及价格发现功能，需要充分发挥资本市场的功能，在资本市场制度逐渐完善，股市逐渐稳定的基础上，逐步减少政府干预，加强资源配置和价格发现的市场化。

（2）推进中国内地证券市场的国际化进程。虽然沪港通、深港通以及 QFII 等政策增加了国内投资者对境外优质公司投资的机会以及境外投资者对中国内地上市公司投资的机会，但中国内地证券市场的国际板始终没有开通，因此，国际化进程没有取得较大进展。我们需要学习新加坡、中国香港、印度等市场成功实现国际化的方法和路径，丰富金融衍生产品的交易品种，扩大互联互通，在做好人民币国际化、利率市场化等准备工作后，逐步开设国际板。

二、IPO 定价效率提升

在新股发行制度方面，我们应学习效率较高的香港市场，着重从降低询价制度中人为操纵价格的可能性，推进 IPO 定价的市场化和提高新股发售网上中签率这三个方面入手，借鉴其他成熟市场的成功经验，同时考虑中国内地证券市场发展现状以及中国 A 股市场询价制度改革的渐进性，面向国际，脚踏实地，制定更为合理的改革措施。

（1）加快中国内地证券市场国际化进程，扩大询价范围。中国 A 股市场 IPO 定价效率与香港市场相比，很大的一个不同点就在于询价对象的不同，A 股市场 IPO 的询价对象主要是国内的机构投资者以及少数合格的境外投资者，这就导致发行人和承销商与询价对象合谋获取利益的可能性增加，从而影响 IPO 定价的准确性。因此，有必要引入更多优秀的境外投资者，同时推进境外公司在中国内地市场的上市，使内地企业在上市前有更多可比较的对象。

（2）继续推进 IPO 定价的市场化，逐步将配售权利交由承销商。承销商的配售权也是 A 股市场与香港市场之间的主要差异。虽然证监会曾在 2013 年的第四次改革中将配售权交给承销商，但取得的效果并不理想，本篇认为这主要是因为 A 股市场定价机制的不完善，但是随着中国新股发行制度改革的不断深入，IPO 市场化的推进也需要同步进行。

（3）选用更合理的网上配售方法。我们注意到，A 股市场与香港市场之间的新股中签率有较大的差异，有必要对 A 股市场的网上配售制度进行改革，使更多的投资者享受到新股发行的收益。目前在 A 股市场上，上海证券交易所的最小申购单位为 1000 股，深圳证券交易所的最小申购单位为 500 股，同时采用"市值配售申报 + 摇号中签"的方式发售新股。而在港股市场，最小申购单位由发行股票的公司决定。本篇认为可以适当减少 A 股市场新股申购的最小股数，同时调整回拨机制，使线上投资者能够获取更多的新股配售机会。

三、逆向交叉上市 IPO 定价方法改革

随着中国内地证券市场国际化进程的加快，境外公司上市、回归上市等交叉上市将不断增加，IPO 定价制度的合理性和有效性将极大地影响中国内地证券市场的发展，为此，基于本篇研究结论提出三点政策建议。

（1）延长"跟随"时间。现行的定价机制以 H 股 20 个交易日平均价的

90% 作为回归 A 股的发行价，作为回归 A 股定价的参考系，这里采用的"跟随"时间越短，则越容易被境外投资机构和投资者采用人为操纵的方式抬高发行价并从中套利。因此，延长"跟随"时间可以从一定程度上减少境外投资者人为操纵的影响。

（2）避免简单化"跟随"定价。股票价格是在特定市场环境下的公司特质信息价值的反映，是相对决定机制下的结果，简单地移植另一个市场对股票价值的估计是不合理的。因此，建议定价时综合考虑公司特质及本土市场和同类公司的估值水平。

（3）结合"跟随定价"与"综合定价"。结合上述两条意见，我们认为可以将"跟随定价"方法和"综合定价"方法结合使用的思路来改革逆向交叉上市 IPO 定价制度。例如：采用延长"跟随"时间的"跟随定价"方法确定初始发行价格，在利用"综合定价"方法对发行价格进行调整。

第三节 后续研究展望

一、不足之处

（1）在交易所竞争力研究方面，本篇选取的数据从 2008 年开始到 2016 年，并且其中 2011 年的数据无法获取，且 2008 年以前的数据目前也无法获取。故这部分对于中国内地证券市场竞争力的发展研究未包含 2008 年以前的竞争力研究，因此相对于中国内地证券市场发展的整体历史，并不完善。此外，2008 年以来各大证券交易所的并购等事件的发生，使 2008 年以来全球最大 45 个交易所中的部分成员不断变动，给数据的统计和整理带来了极大的难度，因此可能存在个别数据缺失的情况。

（2）在 IPO 定价研究方面，由于数据环境的限制，本篇选择的比较对象只有中国香港市场，未包含英国和美国等发达国家的 IPO 数据，因此可能有一定局限性。如本篇用于与 A 股市场对比的香港市场所采用的 IPO 制度都是审核制，没有与其他采用注册制的市场进行对比。

二、后续研究展望

根据本篇的具体研究内容以及上述两个不足点，后续的研究工作可以从以下几个方面开展。

（1）继续研究学习新加坡、中国香港、印度等市场成功进行证券市场国际化的路径和经验，同时研究日本等国失败的证券市场国际化进程，提取其中的经验，结合中国内地证券市场的实际情况，研究适合中国内地证券市场国际化路径。

（2）进一步将 A 股市场的 IPO 效率和 IPO 发行制度与其他成熟市场进行比较研究。证监会曾于 2018 年 2 月宣布，将股票发行注册制授权决定期限延长两年，因此可以着重研究 A 股市场与其他采用 IPO 注册制的市场之间的差异。

参 考 文 献

[1] 程敏. 制度环境、现金股利政策和投资者保护——来自 A 股和 H 股上市公司的经验证据 [J]. 上海立信会计学院学报，2009，23 (2)：61 -72.

[2] 陈训波，贺炎林. 中国 IPO 定价效率研究——基于 IPO 抑价率和 EFF 值的比较分析 [J]. 经济理论与经济管理，2013 (8)：47 -59.

[3] 陈薪宇，潘小军. 从双边市场角度看证券交易所竞争力的提高——基于上海证券交易所数据的协整检验和格兰特因果检验 [J]. 科学技术与工程，2012，12 (3)：720 -723.

[4] 邓红军. 中国概念股私有化退市问题研究 [D]. 广州：暨南大学，2014.

[5] 董秀良，曹凤岐. 交叉上市、股价反应与投资者预期——基于 H 股回归 A 股的经验研究 [J]. 财贸经济，2009 (8)：29 -35.

[6] 董秀良，张婷，杨巍. 境外上市企业回归 A 股市场首发融资定价研究 [J]. 中国软科学，2012 (7)：134 -147.

[7] 董秀良，张婷，孙佳辉. 中国企业跨境交义上市改善了公司治理水平吗？——基于分析师预测准确度的实证检验 [J]. 中国软科学，2016 (9)：99 -111.

[8] 范钛. 中国企业海外上市的绩效与风险 [J]. 统计与决策，2006 (9)：69 -71.

[9] 郭嵘. 浅析中国概念股的发展现状及原因 [J]. 中国电子商务，2011 (8)：217 -217.

[10] 韩德宗. A 股和 H 股市场软分割因素研究——兼论推出 QDII 的步骤和时机 [J]. 商业经济与管理，2006 (3)：42 -46.

[11] 何丹，张力上，陈卫. 交叉上市、投资者保护与企业价值 [J]. 财

经科学，2010（3）：16 – 22.

　　[12] 计方，刘星. 交叉上市、绑定假说与大股东利益侵占——基于关联交易视角的实证研究 [J]. 当代经济科学，2011，33（4）：105 – 114，128.

　　[13] 简建辉，吴蔚. 上市公司私有化：动因与实践分析 [J]. 财会月刊，2007，10（456）：9 – 10.

　　[14] 柯昌文. 股权结构上的柔性和上市公司私有化 [J]. 价值工程，2010，19：27 – 29.

　　[15] 孔宁宁，王晶心. 中国在美上市公司私有化退市动因研究 [J]. 财会月刊（下），2015（10）：77 – 79.

　　[16] 刘克峰. 国际资本流动与中国证券市场国际化 [D]. 北京：中国社会科学院研究生院，2003.

　　[17] 卢文莹. 跨境上市与公司治理相关性研究 [M]. 上海：复旦大学出版社，2004.

　　[18] 刘昕. 信息不对称与 H 股折价关系的定量研究 [J]. 财经研究，2004，30（4）：39 – 49.

　　[19] 罗小龙. 第七次 IPO 重启过程中 IPO 定价效率和新股破发根源的研究 [D]. 成都：西南财经大学，2012.

　　[20] 刘向东，常德鹏. 中国境外上市企业私有化退市问题研究 [J]. 南方金融，2012（7）：53 – 56，60.

　　[21] 刘彦来，陈琛，何瑞卿. 全球主要证券交易所监管模式、组织形式与竞争力研究 [J]. 上海金融，2014（9）：62 – 67.

　　[22] 李欢丽，李石凯. 中国崩溃论与美国做空机构对中国概念股的狙击 [J]. 新金融，2013（3）：21 – 26.

　　[23] 李大伟，朱志军，陈金贤. H 股相对于 A 股的折让研究 [J]. 中国软科学，2004（1）：37 – 42.

　　[24] 刘志远，郑凯，何亚南. 询价制度第一阶段改革有效吗 [J]. 金融研究，2011（4）：158 – 173.

　　[25] 潘晓丽. 浅析我国 A 股市场 IPO 抑价现象 [J]. 价格理论与实践，2014（2）：100 – 102.

　　[26] 乔扬，戴洛特，朱宏泉. A + H 交叉上市股票涨跌幅度的溢出效应

[J]．金融论坛，2017，22（03）：66－80.

[27] 孙铮，刘浩．中国概念股：资本市场的泡沫与修正 [J]．上海立信会计学院学报，2011，25（6）：10－16.

[28] 沈红波，廖冠民，廖理．境外上市，投资者监督与盈余质量 [J]．世界经济，2009（3）：72－81.

[29] 宋思勤，曾乔．中概股私有化退市及原因分析 [J]．中国市场，2013（23）：55－58.

[30] 田素华．境内外交叉上市企业 IPO 价格差异研究 [J]．世界经济，2002（10）：49－56.

[31] 田利辉．海外上市、制度跃迁和银行绩效 [J]．管理世界，2006（2）：110－122，133，172.

[32] 唐炳南．市场化改革下的 IPO 定价走向及效率研究——基于2009年新股发行体制改革的分析 [J]．系统工程，2016（4）：18－25.

[33] 王冰：中国企业交叉上市研究 [D]．沈阳：辽宁大学，2014.

[34] 王木之．上市公司私有化行为背后的回购股票动机探讨——基于阿里巴巴网络有限公司股票回购的案例分析 [J]．会计之友，2012（34）：74－77.

[35] 魏浩．我国中小企业海外上市原因及因素分析 [D]．济南：山东大学，2014.

[36] 汪炜，李兴建，封丽萍．境外上市企业国内 IPO 融资机制及其监管 [J]．经济社会体制比较，2003（1）：59－65.

[37] 王晓初，俞伟峰．企业收购绩效与公司治理——内地和香港上市的中国企业实证分析 [J]．会计研究，2007（8）：51－59，96.

[38] 徐旭永，崔永梅，张金鑫．华晨汽车海外上市退市始末 [J]．财务与会计：理财版，2008（7）：21－22.

[39] 谢赤，宫梦影．境外上市企业回归发行 A 股的公告效应研究 [J]．华东经济管理，2011，25（11）：67－70.

[40] 肖珉，沈艺峰．跨地上市公司具有较低的权益资本成本吗——基于"法与金融"的视角 [J]．金融研究，2008（10）：93－103.

[41] 杨毅．港台股票市场间的波动溢出与市场整合 [J]．求索，2008（1）：11－13.

[42] 余强. 香港与内地股市 IPO 融资定价机制比较研究 [D]. 成都：西南财经大学，2009.

[43] 叶伟. 中国公司在美上市私有化问题解析 [J]. 国际商务财会，2012 (7)：60 - 63.

[44] 余波. 境外中概股危机：背景、成因与影响 [J]. 证券市场导报，2013 (1)：51 - 57.

[45] 杨子晖，陈创练. 金融深化条件下的跨境资本流动效应研究 [J]. 金融研究，2015 (5)：34 - 49.

[46] 袁显平，柯大钢. 事件研究方法及其在金融经济研究中的应用 [J]. 统计研究，2006 (10)：31 - 35.

[47] 易宪容，卢婷. 内地企业海外上市有助国有资产保值增值 [N]. 上海报，2006 - 08 - 17 (A15).

[48] 张碧琼. 中国股票市场信息国际化：基于 EGARCH 模型的检验 [J]. 国际金融研究，2005 (5)：68 - 73.

[49] 张锐. 跨国公司海外"退市"的台前幕后 [J]. 国际商务财会，2007 (2)：37 - 38.

[50] 邹颖. 中国公司交叉上市财务动因分析 [J]. 财会通讯，2009 (3)：19 - 21.

[51] 张剑. 中国 IPO 询价制下发行效率的随机前沿分析 [J]. 金融经济学研究，2014，29 (2)：53 - 61，118.

[52] 祝继高，端杨，李鑫. 中概股公司私有化研究：动机与经济后果 [J]. 财经研究，2015，41 (4)：110 - 121.

[53] 朱宏泉，卢祖帝，汪寿阳. 中国股市的 Granger 因果关系分析 [J]. 管理科学学报，2001，4 (5)：7 - 12.

[54] 张妍妍，刘峥，周倪波. 我国上市公司主动退市的效应分析 [J]. 中南财经政法大学学报，2012，4 (1)：2009 - 2011.

[55] 张峥，欧阳珊. 发行定价制度与 IPO 折价 [J]. 经济科学，2012 (1)：73 - 85.

[56] 周煊，申星. 中国企业海外退市思考：进退之间的徘徊 [J]. 国际经济评论，2012 (4)：135 - 146，8.

［57］祝继高，隋津，汤谷良. 上市公司为什么要退市——基于盛大互动和阿里巴巴的案例研究［J］. 中国工业经济，2014（01）：127－139.

［58］周开国，王建军. A、H 股交叉上市能提高流动性吗？［J］. 证券市场导报，2011（12）：65－73.

［59］周孝华，赵炜科，刘星. 我国股票发行审批制与核准制下 IPO 定价效率的比较研究［J］. 管理世界，2006（11）：13－18.

［60］张瑞锋，张世英，唐勇. 金融市场波动溢出分析及实证研究［J］. 中国管理科学，2006，14（5）：14－22.

［61］Adolphson D L. A unified framework for classifying DEA models［J］. Operational Research'90，1991.

［62］Ahrend R. Foreign Direct Investment into Russia – Pain Without Gain？ A Survey of Foreign Direct Investors［J］. Social Science Electronic Publishing，2000，9（2）：26－33.

［63］AI－Moosa S. Governing insiders going private on Inside information［J］. Columbia Business Law Review，2004，2：601.

［64］Azzam I. Stock exchange demutualization and performance［J］. Global Finance Journal，2011，21（2）：211－222.

［65］Atje R，Jovanovic B. Stock markets and development［J］. European Economic Review，1993，37（2－3）：632－640.

［66］Amihud Y，Mendelosn H. Asset pricing and the bid-ask spread［J］. Journal of Financial Economics，1986，17（2）：223－249.

［67］Amira K，Muzere M L. Competition among stock exchanges for equity［J］. Journal of Banking & Finance，2011，35（9）：2355－2373.

［68］Baron，D P. A Model of the Demand for Investment Banking Advising and Distribution Services for New Issues［J］. Journal of Finance，1982，37（4）：955－976.

［69］Bollerslev，T. Generalised Autoregressive Conditional Heteroskedasticity［J］. Econometric，1986，31（302）：2－27.

［70］Barry，C B. Initial Public Offering Underpricing：The Issuer's View – A Comment［J］. Journal of Finance，1989，44：1099－1103.

［71］Bernard, B S. The legal and institutional preconditions for strong securities markets ［J］. UCLA Law Review, 2001, 48: 781 – 816.

［72］Burns, N. B. B. Francis. Cross – Listing and Legal Bonding: Evidence from Mergers and Acquisitions ［J］. Journal of Banking & Finance. 2007, 31 (4): 1003 – 1031.

［73］Banker, R D, Charnes A, Cooper W W. Some models for estimating technical and scale inefficiencies in data envelopment analysis ［J］. Management science, 1984, 30 (9): 1078 – 1092.

［74］Bharath, S T, Dittmar A K. Why Do Firms Use Private Equity to Opt Out of Public Markets? ［J］. Review of Financial Studies, 2010, 23 (5): 1771 – 1818.

［75］Berle A, Means G. The modern corporate and private property ［J］. McMillian, New York, NY, 1932.

［76］BoothG G, Martikainen T, Tse Y. Price and volatility spillovers inscand in avian stock markets ［J］. Journal of Banking & Finance, 1997, 21: 811 – 823.

［77］Bancel F, Mittoo C. European managerial perceptions of the net benefits of foreign stock listings ［J］. European financial management, 2001, 7 (2): 213 – 236.

［78］Baker H K, Nofsinger J R, Weaver D G. International Cross – Listing and Visibility ［J］. Journal of Financial & Quantitative Analysis, 2002, 37 (3): 495 – 521.

［79］Benveniste L M, Wilhelm W J. A comparative analysis of IPO proceeds under alternative regulatory environments ［J］. Journal of Financial Economics, 1990, 28 (1): 173 – 207.

［80］Baker M, Stein J C, Wurgler J. When does the market matter? Stock prices and the investment of equity-dependent firms ［R］. National Bureau of Economic Research, 2002.

［81］Coffee, J. The future as history: the prospects for global convergence in corporate governance and its implications ［J］. Northwestern University Law Review, 1999, 93: 641 – 707.

［82］Coffee, John C. Racing towards the Top? The Impact of Cross – Listings and Stock Market Competition on International Corporate Governance ［J］. Columbia Law Review, 2002, 102 (7): 1757 – 1831.

[83] Connor, T. G. O. Does Cross – Listing in the U. S. Cause Value? [R]. Working Paper, 2005.

[84] Charnes A, Cooper W W, Rhodes E. Measuring the efficiency of decision making units [J]. European Journal of Operational Research, 1978, 2 (6): 429 – 444.

[85] Chan, J. S. P. , D. Hong, M. G. Subrahmanyam. A tale of two prices: Liquidity and asset prices in multiple markets [J]. Journal of Banking & Finance, 2008 (32): 947 – 960.

[86] Croci E, Giudice A D. Delistings, controlling shareholders and firm performance in Europe [J]. European Financial Management, 2014, 20 (2): 374 – 405.

[87] Claessens, S. , D. Klingebiel, S. Schmukler. Accessing International Equity Markets: What Firms from Which Countries Go Abroad? [A]. Working paper, World Bank, 2003.

[88] Charitou A, Louca C, Panayides S. Cross – Listing, bonding hypothesis and Corporate Governance [J]. Journal of Business Finance & Accounting, 2007, 34 (7 – 8): 1281 – 1306.

[89] Charles L. Moore. Going private-techniques and problems of elimination the public shareholder [J]. Journal of Corporation Law, 1976 (1): 321 – 323.

[90] Chung K H, Pruitt S W. A Simple Approximation of Tobin's q [J]. Financial Management, 1994, 23 (3): 70.

[91] Chandar N, Patro D K, Yezegel A. Crises, contagion and cross-listings [J]. Journal of Banking & Finance, 2009, 33 (9): 1709 – 1729.

[92] Calcagno R, Renneboog L. The incentive to give incentives: on the relative seniority of debt claims and managerial compensation [J]. Journal of Banking & Finance, 2007, 31 (6): 1795 – 1815.

[93] Chaplinsky S, Ramchand L. What drives delistings of foreign firms from U. S. Exchanges? [J]. Journal of International Financial Markets, Institutions & Money, 2012, 22: 1126 – 1148.

[94] Chandy P R, Sarkar S K, Tripathy N. Empirical evidence on the effects of delisting from the national market system [J]. Journal of Economics and Finance, 2004, 28 (1): 46 - 55.

[95] Chen J, Zhang X, Guan Y. Sweet Home? An Empirical Study on Reverse Cross - Listing [J]. Social Science Electronic Publishing, 2010.

[96] Deangelo H, Deangelo L, Rice E M. Going Private: Minority Freeze-outs and Stockholder Wealth [J]. The Journal of Law and Economics, 1984, 27 (2): 367 - 401.

[97] Darrough M, Huang R, Z hao S. The spillover effect of fraud allegations against Chinese reverse mergers [R]. Working paper, 2013.

[98] Doidge, C., Karolyi, A. and Stulze, R. Why are Foreign Firms Listed in the U. S. Worth More [J]. Journal of Financial Economics, 2004, 71 (2): 205 - 238.

[99] Doidge, C., Karolyi. G. A., Lins. K. V., D. P. Miller and Stulz. R. M., Private Benefits of Control, Ownership, and the Cross - Listing Decision [J]. Journal of Finance, 2009, 64: 425 - 466.

[100] Doidge C, Karolyi G, Stulz R M. Why do countries matter so much for corporate governance? [J]. Journal of Financial Economics, 2007, 86: 1 - 39.

[101] Doidge C, Karolyi G A, Stulz R M. Why do foreign firms leave US equity markets? [J]. The Journal of Finance, 2010, 65 (4): 1507 - 1553.

[102] Domowitz, G. J., Madhavan, A. International Cross-listing and Order Flow Migration: Evidence from an Emerging Market [J]. Journal of Finance, 1998, 53 (6): 2001 - 2027.

[103] Djankov, S., R. La Porta, F. Lopez - de - Silanes, and A. Shleifer. The Law and Economics of Self-dealing [J]. Journal of Financial Economics, 2008 (88): 430 - 465.

[104] Das S, Saudagaran, S M, Sinha R. An empirical examination of NYSE stocks voluntarily de-listing from the Tokyo stock exchange [J]. Review of Accounting and Finance, 2004, 3 (4): 47 - 72.

[105] Easterbrook F H, Fischel D R. Voting in corporate law [J]. The Jour-

nal of Law & Economics, 1983, 26 (2): 395 – 427.

[106] Engel E, Hayes R M, Wang X. The Sarbanes – Oxley Act and firms' going-private decisions [J]. Journal of Accounting and Economics, 2007, 44 (1): 116 – 145.

[107] Engle R F, Ito T, Lin W L. Meteor showers or heat waves? [J]. Heteroskedastic intra-daily volatility in the foreign exchange market. Econometric. 1993, 58: 525 – 542.

[108] Engle, R. F. , Kroner, R. F. , Multivariate Simultaneous Generalized ARCH [J]. Econ. Theory, 1995, 11: 122 – 150.

[109] Fama E F. Efficient capital markets: II [J]. The journal of finance, 1991, 46 (5): 1575 – 1617.

[110] Fuerst O. A Theoretical Analysis of the Investor Protection Regulations Argument for Global Listing of Stocks [R]. Ssrn Electronic Journal, 1998.

[111] Fernandes. N. , Ferreira. M. Does Inernational cross-listing really improve the information environment? [R]. Working Paper, 2005.

[112] Fuchs – Schündeln N, Funke N. Stock market liberalizations: Financial and macroeconomic implications [J]. Review of World Economics, 2003, 139 (4): 730 – 761.

[113] Fernandes, N. , Ferreira, M. Does International Cross-listing Improve the Information Environment [J]. Journal of Financial Economics, 2008, 88 (2): 216 – 244.

[114] Foerster S R, Karolyi G A. International listings of stocks: The case of Canada and the US [J]. Journal of International Business Studies, 1993, 24 (4): 763 – 784.

[115] Foester, S. , Karolyi. A. The Effects of Market Segmentation and Illiquidity on Asset Prices: Evidence from Foreign Stocks Listing in the U. S. [J]. Journal of Finance. 1999, 54: 981 – 1013.

[116] Fernandes, Nuno, and Miguel A. Ferreira, Does international cross-listing improve the information environment? [J]. Journal of Financial Economics 2008, 88: 216 – 244.

[117] Forbes Kristin J. Roberto Rigobon. No contagion, only interdependence: measuring stock market comments [J]. Journal of Finance, 2002, 57: 2223 –2261.

[118] Foucault, Thierry, and Thomas Gehrig, Stock price informativeness, cross-listings, and investment decisions [J]. Journal of Financial Economics, 2008, 88: 146 –168.

[119] Gannon C R. Evaluation of the SEC's new going private rule [J]. J. Corp. L. , 1981, 7: 55.

[120] Graham. J. R. , Campbell Harvey. The theory and practice of corporate finance: Evidence from the field [J]. Journal of Financial Economics 2001, 60: 187 –243.

[121] Grossman S J, Hart O D. One share-one vote and the market for corporate control [J]. Journal of financial economics, 1988, 20: 175 –202.

[122] Guo, L. , Sun, Z. and Yu, T. Why do Chinese Companies Dual-list their Stocks? [R]. Working-paper, University of Rhode Island, 2010.

[123] Hahn S L. International Transmission of Stock Market Movements: A Wavelet Analysis on MENA Stock Markets [C]. ERF's Eighth Annual Conference. Cairo, 2002.

[124] Huddart S, Hughes J, Brunnermeier M. Disclosure requirements and stock exchange listing choice in an international context [J]. Journal of Accounting and Economics, 1999, 26 (1 –3): 237 –269

[125] Huntmccool J, Koh S C, Francis B B. Testing for Deliberate Underpricing in the IPO Premarket: A Stochastic Frontier Approach [J]. Review of Financial Studies, 1996, 9 (4): 1251 –1269.

[126] Howson, N. C. , Khanna, V. S. Reverse Cross – listings – The Coming Race to List in Emerging Markets and an Enhanced Understanding of Classical Bonding [J]. Cornell Int'l LJ, 2014, 47: 607.

[127] Halpern P, Kieschnick R, Rotenberg W. On the heterogeneity of leveraged going private transactions [J]. Review of Financial Studies, 1999, 12 (2): 281 –309.

[128] Hail, Luzi, and Christian Leuz. Cost of capital effects and changes in growth expectations around U. S. cross-listings [J]. Journal of Financial Economics 2009, 93: 428 –454.

[129] Hamao Y, Masulis RW, Ng VK. Correlation inprice changes and volatility across international stock markets [J]. Review of Financial Studies, 1990, 3: 281 –307.

[130] HerJiun Sheu, ShihFang Lo, HueiHsieh Lin. Linking Diversification Strategy to Performance [J]. Journal of Transnational Management, 2006, 11 (3): 61 –79.

[131] Hughes P J, Thakor A V. Litigation Risk, Intermediation, and the Underpricing of Initial Public Offerings [J]. Review of Financial Studies, 1992, 5 (4): 709 –742.

[132] Ibbotson R G. Price performance of common stock new issues [J]. Journal of financial economics, 1975, 2 (3): 235 –272.

[133] Jensen, M. C. Agency costs of free cash flow, corporate finance and takeovers [J]. American Economic Review, 1986, 76: 323 –329.

[134] Jensen M C, Ruback R S. The market for corporate control: The scientific evidence [J]. Journal of Financial economics, 1983, 11 (1): 5 –50.

[135] Kleinbard E D. Going Private [J]. Yale Law Journal, 1975.

[136] Kaplan S. The Effects of management buyouts on operating performance and value [J]. Journal of Financial Economics, 1989, 24: 217 –254.

[137] Kim, et al. Going –Private: Corporate restructuring under information asymmetry and agency problems [J]. Journal of Business Finance and Accounting, 1991, 18 (5): 637 –648.

[138] Karolyi, G. Andrew. Why do companies list shares abroad? A survey of the evidence and its managerial implications [J]. Financial Markets, Institutions & Instruments, 1998, 7: 1 –60.

[139] Kanas A. Volatility spillovers across equity market: European evidence [J]. Applied Financial Economics, 1998, 8: 245 –256.

[140] Koenig J M. Brief Roadmap to Going Private, A [J]. Colum.

Bus. L. Rev. , 2004: 505.

[141] Klein E. Stock exchanges, IPO's and mutual funds [M]. Nova Publishers, 2005.

[142] Karolyi, G. Andrew, The world of cross-listings and cross-listings of the world: Challenging conventional wisdom [J]. Review of Finance 2006, 10: 99 – 152.

[143] Kim, O. , The Global Recognition Strategy of Blue Chips of the Russian and Commonwealth of Independent States (CIS) Markets [J]. Journal of Contemporary Accounting & Economics, 2013, 9: 151 – 169.

[144] Karreman B, Bert V D K. The Financial Centres of Shanghai and Hong Kong: Competition or Complementarity? [J] . Environment and Planning A, 2009, 41 (3): 563 – 580.

[145] Kennedy V A, Limmack R J. Takeover activity, CEO turnover, and the market for corporate control [J]. Journal of Business Finance & Accounting, 1996, 23 (2): 267 – 285.

[146] Kodres, L. , Pritsker, M. , A Rational Expectations Model of Financial Contagion [J]. Journal of Finance, 2002, 57 (2): 769 – 799.

[147] Kim, O. , Pinnuck, M. Competition among Exchanges through Simplified Disclosure Requirements: Competitive Advantage or Race to the Bottom? Evidence from the American and Global Depositary Receipts [R]. Working Paper, 2012.

[148] Kot H W, Tam L. What Factors Influence the Reverse Cross – Listing Decision? [J]. Social Science Electronic Publishing, 2011.

[149] Kim E H, Singal V. Stock Market Openings: Experience of Emerging Economies [J]. Journal of Business, 2000, 73 (1): 25 – 66.

[150] Krishnamurti C, Sequeira J M, Fu F. Stock exchange governance and market quality [J]. Journal of Banking & Finance, 2003, 27 (9): 1859 – 1878.

[151] King, M. R. , Segal, D. The Long – Term Effects of Cross – Listing, Investor Recognition, and Ownership Structure on Valuation [A]. Working Paper, 2006.

[152] King M, Sentana E, Wadhwani S. Volatility and Links between National Stock Markets [J]. Econometric, 1994, 62 (4): 901 – 933.

[153] Lowenstein L. Management buyouts [J]. Columbia Law Review, 1985, 85 (4): 730 – 784.

[154] Lawrence E C. A comparative analysis of public firms going private [J]. Review of Financial Economics, 1986, 21 (2): 1 – 17.

[155] Lo S F. Which stock exchanges are more attractive? The competition analysis of listing and trading performance [J]. Economic Modelling, 2013, 30 (1): 501 – 509.

[156] Lin, W. S. Modeling Volatility Linkages between Shanghai and Hong Kong Stock Markets Before and After the Connect Program [J]. Economic Modelling, 2017, 67: 346 – 354.

[157] Lang. M. H. , K. V. Lins, and D. P. Miller. ADRs, Analysts, and Accuracy: Does Cross Listing in the United States Improve a Firm's Information Environment and Increase Market Value [J]. Journal of Accounting Research. 2003, 41 (2): 317 – 345.

[158] Luo C, Ouyang Z. Estimating IPO pricing efficiency by Bayesian stochastic frontier analysis: The ChiNext market case [J]. Economic Modelling, 2014, 40 (40): 152 – 157.

[159] Lehn K, Poulsen A. Free cash flow and stockholder gains in going private transactions [J]. The Journal of Finance, 1989, 44 (3): 771 – 787.

[160] Lin H L, Pukthuanthong K, Walker T J. An international look at the lawsuit avoidance hypothesis of IPO underpricing [J]. Journal of Corporate Finance, 2013, 19: 56 – 77.

[161] Levine R, Schmukler S L. Internationalization and Stock Market Liquidity [J]. Journal of Banking & Finance, 2005, 31 (6): 1595 – 1612.

[162] Lowry M, Shu S. Litigation risk and IPO underpricing [J]. Journal of Financial Economics, 2011, 65 (3): 309 – 335.

[163] Liu S H, Stowe J D, Hung K. Why U. S. Firms delist from the Tokyo Stock Exchange: An empirical analysis [J]. International Review of Economics

and Finance, 2012, 24: 62 – 70.

[164] Lin Z J, Tian Z. Accounting conservatism and IPO underpricing: China evidence [J]. Journal of International Accounting Auditing & Taxation, 2012, 21 (2): 127 – 144.

[165] Lee, P., Taylor, S. L., Walters, T. S., Australian IPO pricing in the short-and long-run [J]. Journal of Banking and Finance 1996, 20: 1189 – 1210.

[166] Malmquist S. Index Numbers and Difference Surfaces [J]. Trabajos de Estadistica, 1953, 4 (2): 209 – 242.

[167] Mittoo U R. Managerial perceptions of the net benefits of foreign listing: Canadian evidence [J]. Journal of International Financial Management & Accounting, 1992, 4 (1): 40 – 62.

[168] Miller, D. The Market Reaction to International Cross – Listings: Evidence from Depositary Receipts [J]. Journal of Financial Economics, 1999, 51 (1): 103 – 123.

[169] Mitton. U. R. Globalization and the value of US listing: Revisiting Canadian evidence [J]. Journal of Banking and Finance, 2003, 27 (9): 1629 – 1661.

[170] Meeusen W, Broeck J V D. Efficiency Estimation from Cobb – Douglas Production Functions with Composed Error [J]. International Economic Review, 1977, 18 (2): 435 – 444.

[171] Menzie D. Chinn, Hiro Ito. A New Measure of Financial Openness [J]. Journal of Comparative Policy Analysis Research & Practice, 2008, 10 (3): 309 – 322.

[172] Megginson W L, Nash R C, Netter J M, et al. The Choice of Private Versus Public Capital Markets: Evidence from Privatizations [J]. The Journal of Finance, 2004, 59 (6): 2835 – 2870.

[173] Marosi A, Massoud N. "You Can Enter but You Cannot Leave…": US Securities Markets and Foreign Firms [J]. The Journal of Finance, 2008, 63 (5): 2477 – 2506.

[174] Martin K J, McConnell J J. Corporate performance, corporate takeovers, and management turnover [J]. The Journal of Finance, 1991, 46 (2):

671 - 687.

[175] Mehran H, Peristiani S. Financial visibility and the decision to go private [J]. Review of Financial Studies, 2010, 23 (2): 519 - 547.

[176] Morsy A, Rwegasira K. An Empirical Investigation of the Demutualization Impact on Market Performance Stock Exchanges [J]. International Research Journal of Finance and Economics, 2010, 40: 38 - 58.

[177] Martell T F, Rodriguez L, Webb G P. The impact of listing Latin American ADRs on the risks and returns of the underlying shares [J]. Global Finance Journal, 2000, 10 (2): 147 - 160.

[178] Marais L, Schipper K, Smith A. Wealth effects of going private for senior securities [J]. Journal of Financial Economics, 1989, 23 (1): 155 - 191.

[179] Nuno G. F. Market Liberalization at the Firm Level: Spillovers from ADRs and Implications for Local Markets, IESE Business School [R]. Working Paper, 2005.

[180] Naceur S B, Ghazouani S, Omran M. Does stock market liberalization spur financial and economic development in the MENA region? [J]. Journal of Comparative Economics, 2008, 36 (4): 673 - 693.

[181] Nicola C, Stavros P. Firm Value and Cross Listings: The Impact of Stock Market Prestige [J]. Journal of Risk and Financial Management, 2015, 8 (1): 150 - 180.

[182] Oksana Kim, The global recognition strategy of blue chips of the Russian and Commonwealth of Independent States (CIS) markets [J]. Journal of Contemporary Accounting & Economics 2013, 9: 151 - 169.

[183] Otchere I, Abou - Zied K. Stock exchange demutualization, self-listing and performance: The case of the Australian Stock Exchange [J]. Journal of Banking & Finance, 2008, 32 (4): 512 - 525.

[184] Posner E. Making Rules for Global Finance: Transatlantic Regulatory Cooperation at the Turn of the Millennium [J]. International Organization, 2009, 63 (4): 665 - 699.

[185] Porta R L, Lopez - De - Silanes F, Shleifer A. Corporate Ownership

Around the World [J]. The Journal of Finance, 1999, 54 (2): 471 – 517.

[186] Pagano M, Randl O, Röell A A, et al. What makes stock exchanges succeed? Evidence from cross-listing decisions [J]. European Economic Review, 2001, 45 (4): 770 – 782.

[187] Pagano, M. , Roell. A. , Zechner. J. , The Geography of Equity Listing: Why Do Companies List Abroad [J]. Journal of Finance, 2002: 2651 – 2694.

[188] Purnanandam, A. K. , Swaminathan, B. Are IPOs Really Underpriced [J]. The Review of Financial Studies, 2004, 17: 811 – 848.

[189] Roll, R. A critic of the Pricing Theory's Tests [J]. Journal of Financial Economics, 1977: 879 – 888.

[190] Rock K. Why new issues are underpriced [J]. Journal of Financial Economics, 1986, 15 (1): 187 – 212.

[191] Robert Merton. A simple model of Capital Market Equilibrium with Incomplete Information [J]. Journal of Finance, 1987, 42: 483 – 510.

[192] Reese, W. A. , Weisbach. M. S. Protection of Minority Shareholder Interests, Cross – Listings in the United States, and Subsequent Equity Offerings [J]. Journal of Financial Economics, 2002, 66 (1): 65 – 104.

[193] Renneboog, L. , Simons, T. Public – to – Private transactions: LBOs, MBOs, MBIs and IBOs [R]. Working Paper, 2005.

[194] Renneboog L, Simons T, Wright M. Why do public firms go private in the UK? The impact of private equity investors, incentive realignment and undervaluation [J]. Journal of Corporate Finance, 2007, 13 (4): 591 – 628.

[195] Smith A. The Wealth of Nations [M]. The Wealth of nations: Penguin, 2015.

[196] Smith A. Capital ownership structure and performance: the case of management buyouts [J]. Journal of Financial Economics, 1990, 13: 143 – 165.

[197] Stulz R M. Globalization, corporate finance, and the coat of capital [J]. Journal of Applied Corporate Finance, 1999, 26: 3 – 28.

[198] Statman M. Foreign Stocks in Behavioral Portfolios [J]. Financial Analysts Journal, 1999, 55 (2): 12 – 16.

[199] Siegel, J. Can foreign firms bond themselves effectively by submitting to U. S. law? [J]. Journal of Financial Economics, 2005, 75 (2): 319 – 360.

[200] Serifsoy B. Stock exchange business models and their operative performance [J]. Journal of Banking & Finance, 2007, 31 (10): 2978 – 3012.

[201] Serifsoy B. Demutualization, outsider ownership, and stock exchange performance: empirical evidence [J]. Economics of Governance, 2008, 9 (4): 305.

[202] Sannajust A. Motivations of Public to Private Transactions: an international study [C] //A la recherche de la performance: de l'auto-entreprise à la PME partenariale. 2010.

[203] Silva A C, Gonzalo A. Chávez. Cross-listing and liquidity in emerging market stocks [J]. Journal of Banking & Finance, 2008, 32 (3): 0 – 433.

[204] Sheu H J, Lo S F, Lin H H. Linking diversification strategy to performance: A case for financial holding companies in Taiwan [J]. Journal of Transnational Management, 2006, 11 (3): 61 – 79.

[205] Stapleton R C, Subrahmanyam M G. Market imperfections, capital equilibrium and corporate finance [J]. Journal of Finance, 1977, 32 (2): 307 – 319.

[206] Shleifer A, Summers L H. Breach of Trust in Hostile Takeovers [J]. Social Science Electronic Publishing, 1987, 11 (1): 33 – 68.

[207] Spatt C, Srivastava S. Preplay Communication, Participation Restrictions, and Efficiency in Initial Public Offerings [J]. Review of Financial Studies, 1991, 4 (4): 709 – 726.

[208] SEHA M. TINIÇ. Anatomy of Initial Public Offerings of Common Stock [J]. Journal of Finance, 1988, 43 (4): 789 – 822.

[209] Shleifer, A. , Vishny R W. Lang Shareholders and Corporate Control [J]. Journal of Politic-al Economy, 1986, 94: 461 – 488.

[210] Shleifer A, Vishny R W. A survey of corporate governance [J]. The Journal of Finance, 1997, 52: 737 – 783.

[211] Sun Q, Wu Y, Tong W H S. Why Would Chinese Firms List Overseas? [J]. SSRN Electronic Journal, 2008.

［212］ Seiford L M, Zhu J. Context-dependent data envelopment analysis-measuring attractiveness and progress ［J］. Omega, 2003, 31 (5): 397 – 408.

［213］ Thaddenb R E L V. Stock exchange competition in a simple model of capital market equilibrium ［J］. Journal of Financial Markets, 2008, 11 (3): 284 – 307.

［214］ Tian L. Regulatory underpricing: Determinants of Chinese extreme IPO returns ［J］. Journal of Empirical Finance, 2011, 18 (1): 78 – 90.

［215］ Tutino. M., et al. Key factors in delisting process in Italy: empirical evidence ［J］. Journal on Business Review, 2013, 2 (4): 218 – 223.

［216］ Travlos N G, Cornett M M. Going private buyouts and determinants of shareholders' returns ［J］. Journal of Accounting, Auditing & Finance, 1993, 8 (1): 1 – 25.

［217］ Tourani – Rad A, Gilbert A, Chen J. Are foreign IPOs really foreign? Price efficiency and information asymmetry of Chinese foreign IPOs ［J］. Journal of Banking & Finance, 2016, 63: 95 – 106.

［218］ Theodosiou P, Lee U. Meanand volatility spillovers across major national stock markets: Further empirical evidence ［J］. Journal of Financial Research, 1993, 16 (4): 337 – 350.

［219］ Thaler R H, Shefrin H M. An Economic Theory of Self – Control ［J］. Social Science Electronic Publishing, 1981, 89 (2): 392 – 406.

［220］ Welch I. Seasoned offerings, imitation costs, and the underpricing of initial public offerings ［J］. The Journal of Finance, 1989, 44 (2): 421 – 449.

［221］ Witmer J L. Why do Firms Cross – (de) list? An Examination of the Determinants and Effects of Cross-delisting ［J］. Social Science Electronic Publishing, 2006.

［222］ Wang C A. What Makes Some Stock Markets More Attractive? An International Cross – Listing Analysis ［R］. National Chi – Nan University working paper, 2008.

［223］ Weir C, Laing D, Wright M. Incentive effects, monitoring mechanisms and the market for corporate control: An analysis of the factors affecting public to private transactions in the UK [J]. Journal of Business Finance & Accounting, 2005, 32 (5 – 6): 909 – 943.

[224] Walker T, Turtle H J, Pukthuanthong K, et al. Legal opportunism, litigation risk, and IPO underpricing [J]. Journal of Business Research, 2015, 68 (2): 326 – 340.

[225] Wang J, Zhou H. The determinants of trading volume distribution: Evidence from globally cross-listed stocks [J]. Journal of Multinational Financial Management, 2014, 25 – 26: 64 – 94.

[226] You L, Parhizgari A M, Srivastava S. Cross-listing and subsequent delisting in foreign markets [J]. Journal of Empirical Finance, 2012, 19 (2): 200 – 216.

[227] Zhu Y. The Relation between IPO Underpricing and Litigation Risk Revisited: Changes between 1990 and 2002 [J]. Financial Management, 2010, 38 (2): 323 – 355.

[228] Zhang, X. , King, T. H. D. The Decision to List Abroad: The Case of ADRs and Foreign IPOs by Chinese Companies [J]. Journal of Multinational Financial Management, 2010, 20 (1): 71 – 92.